法律和社会科学

法律人类学在中国（学说）

第20卷第1辑

—

侯猛　王伟臣　主编

法律出版社
——北京——

图书在版编目(CIP)数据

法律和社会科学. 第20卷. 第1辑, 法律人类学在中国：学说 / 侯猛, 王伟臣主编. -- 北京：法律出版社, 2023
ISBN 978-7-5197-7983-2

Ⅰ. ①法… Ⅱ. ①侯… ②王… Ⅲ. ①法律—文集 Ⅳ. ①D9-53

中国国家版本馆CIP数据核字（2023）第101653号

法律和社会科学(第20卷第1辑)
法律人类学在中国:学说
FALÜ HE SHEHUI KEXUE
(DI-20 JUAN DI-1 JI)
FALÜ RENLEIXUE ZAIZHONGGUO:
XUESHUO

侯　猛
王伟臣　主编

责任编辑　屈　瑶
　　　　　刘梦瑀
装帧设计　鲍龙卉

出版发行　法律出版社
编辑统筹　学术·对外出版分社
责任校对　王晓萍　王语童
责任印制　陶　松
经　　销　新华书店

开本　880毫米×1230毫米　1/32
印张　12.75　字数　270千
版本　2023年8月第1版
印次　2023年8月第1次印刷
印刷　天津嘉恒印务有限公司

地址:北京市丰台区莲花池西里7号(100073)
网址:www.lawpress.com.cn
投稿邮箱:info@lawpress.com.cn
举报盗版邮箱:jbwq@lawpress.com.cn
销售电话:010-83938349
客服电话:010-83938350
咨询电话:010-63939796

书号:ISBN 978-7-5197-7983-2　定价:68.00元
凡购买本社图书,如有印装错误,我社负责退换。电话:010-83938349

法律和社会科学 第20卷第1辑

主 办 单 位

中国人民大学法学院法律与社会跨学科研究中心

中南财经政法大学基层法治研究所

北京大学比较法与法社会学研究所

投稿系统： https://flsk.cbpt.cnki.net/

微信公号： LSS_2014

“法律人类学在中国（学说）”专号

目 录

Contents

《法律和社会科学》(2023)　第20卷第1辑,第1~61页

问答:法律人类学的传统

[美]劳拉·纳德(Laura Nader)

[英]弗朗西斯·斯奈德(Francis G. Snyder)

[法]诺伯特·鲁兰(Norbert Rouland)

[美]马克·古德尔(Mark Goodale)

[英]尹孟修(Matthew S. Erie)

[日]石田慎一郎　[日]饭田高*

编者按:"法律人类学在中国",可以有多种理解方式。比如,可以理解为"法律人类学的传统"在中国的传播与影响。所以,我们首先以书面问答的方式采访了劳拉·纳德、弗朗西斯·斯奈德、诺伯特·鲁兰、马克·古德尔、尹孟修、石田慎一郎、饭田高七位来自美国、英国、法国、日本的外国学者。他们的回答呈现出当今世界法律人类学丰富而多元的研究进路,其中有不少可以成为我们中国学者着力的方向。

* 劳拉·纳德为加利福尼亚大学伯克利分校人类学系教授;弗朗西斯·斯奈德为北京大学国际法学院教授;诺伯特·鲁兰为法兰西大学研究院院士、艾克斯-马赛大学法律人类学教授;马克·古德尔为洛桑大学文化和社会人类学教授;尹孟修为牛津大学现代中国研究副教授和社会法律研究中心副研究员;石田慎一郎为东京都立大学人文科学研究科教授;饭田高为东京大学法学政治研究科、东京大学社会科学研究所比较现代法部门法学教授。

劳拉·纳德*

[一]法律人类学这门学科的基本特点是什么?您认为法律人类学与政治人类学以及法律社会学等邻近学科是怎样的关系?

法律人类学的基本特征是民族志、历史与比较研究。就这个意义而言,人类学的研究结合了诸如社会学、历史学和法理学等相邻学科的研究成果。

[二]英文关于法律人类学的表述有 legal anthropology, law and anthropology, anthropology of law, or anthropological study of law,这么多表述当中您更倾向于用哪一个,有什么理由?

基于我的学科用语偏好,我更喜欢"法律的人类学"(anthropology of law)这个用语。而"法律人类学"(legal anthropology)这个用语,是否意味着有非法律(illegal)的人类学研究存在呢?

---

* 本文由云南师范大学马克思主义学院副研究员王静宜翻译。

［三］能否分享您最为深刻的一次田野调查的经历？以及对您有怎样的影响？包括完成了什么研究作品？

我最为持久的田野经验来自对墨西哥瓦哈卡州林康（Rincon）地区的萨巴特克人（Zapotec）的调查。我调查的那个村子约有 2000 人。地方政府为了保持村庄秩序的和谐而不受外来力量的影响（尤其是墨西哥政府的干涉），因而把与非地方政府的关系视为一种对外关系。我出版的《和谐的意识形态——萨巴特克山区村庄的正义与控制》①（1990）一书和两部纪录片《使其平衡》（*To Make the Balance*）与《微小的不公》（*Little Injustices*）详细呈现了我的这项民族志研究。

［四］人类学和法学两门学科如何互相获得有效的知识？

法学和民族志这两个学科在以多种方式相互借鉴。就我而言，我曾与比较法教授乌戈·马太（Ugo Mattei）于 2008 年合作出版了《西方的掠夺：当法治非法时》②（*Punder-When the Rule of Law is Illegal*）一书，这本书已经被翻译成中文了。

［五］能否简要评述 2000 年以来法律人类学的进展？

自 2000 年以来，法律人类学有了许多新的议题，例如在

① Laura Nader, *Harmony Ideology: Justice and Control in a Zapotec Mountain Village*, Stanford University Press, 1990.

② ［美］乌戈·马太、［美］劳拉·纳德：《西方的掠夺：当法治非法时》，苟海莹译，社会科学文献出版社 2012 年版。

人权研究方面,将比较研究的范围扩展到诸如非洲的国际法庭这样的组织,详情可参看卡马里·克拉克(Kamari Clark)的著作①。

[六]能否推荐几本对您影响比较大的经典著作(不限于法律人类学著作)?

对我影响最大的著作是我在哈佛大学的导师克莱德·克拉克洪(Clyde Kluckhohn)所写的《人类之镜》(*Mirror for Man*)②,还有安东尼奥·葛兰西(Antonio Gramsci)的《狱中札记》(*Prison Notebooks*)③,以及埃德蒙·R.利奇(Edmund Leach)在本学科领域关于权力的讨论④。但对我影响最为深远的还数我与父母在餐桌上的对话,尤其是那些关于西方的殖民主义和傲慢自大的话题。

---

① 例如Kamari Clark,*Fictions of Justice:The International Criminal Court and the Challenge of Legal Pluralism in Sub-Saharan Africa*, New York: Cambridge University Press, 2009. Kamari Clark, edited with Abel Knottnerous and Eefje de Volder,*Africa and the ICC: Perceptions of Justice*, Cambridge/London: Cambridge University Press, 2016. Kamari Clark, *Affective Justice: The International Criminal Court and the Pan-Africanist Pushback*, Duke University Press, 2019. Kamari Clark, edited with Charles Jalloh and Vincent Nmehielle, *The African Court for Human and Peoples'Rights: Development and Challenges*, Cambridge University Press, 2019。——编者注

② Clyde Kluckhohn, *Mirror for Man*, Routledge Press, 2017.

③ [意]安东尼奥·葛兰西:《狱中札记》,曹雷雨、姜丽、张跣译,河南大学出版社2016年版。

④ [英]埃德蒙·R.利奇:《缅甸高地诸政治体系——对克钦社会结构的一项研究》,杨春宇、周歆红译,商务印书馆2012年版。

[七]对中国的法律人类学研究或中国同行有什么建议?

我对中国的法律人类学研究建议是:专注于优秀的民族志作品,与中国之外的田野点进行比较研究,以及气候变化中的法律角色。

弗朗西斯·斯奈德*

[一]法律人类学这门学科的基本特点是什么?您认为法律人类学与政治人类学以及法律社会学等邻近学科是怎样的关系?

在我看来,法律人类学的基本特征是:(1)研究领域范围通常较小,但也有一些例外,比如对国际组织的人类学研究;(2)基于个人田野调查和参与观察的研究方法,通常结合其他方法,如图书馆或档案研究方法,并运用来自经济学、社会学、政治学的理论;(3)试图理解观念,例如,从研究对象自己的立场理解假想、信仰、世界观、概念范畴以及被研究对象的活动,同时也会从观察者的立场或所谓的"客观"或"科学"的立场来思考问题:这是被称为"主位"和"客位"分析的问题。

那么它与其他学科的联系如何?法律人类学通常重申或使用政治人类学(涉及权力关系)或法律社会学(通常规模较大的研究领域)的概念,但法律人类学一般会优先考虑主位或客位问题,以及争端解决或规范的其他用途,还有被研究对象的社会分类系统。法律人类学在开始时是殖民主义的一部分,但如今法律人类学家无论身处哪里,都可以从

* 本文由东北林业大学文法学院副教授荆珍翻译。

事研究,即他们研究所有的社会,包括自己所处的社会。

[二] 英文关于法律人类学的表述有 legal anthropology, law and anthropology, anthropology of law, or anthropological study of law, 这么多表述当中您更倾向于用哪一个, 有什么理由?

我把"法律的人类学"(anthropology of law)和"法律人类学"(legal anthropology)等同起来。然而,每种表达都有缺点。例如,"法律的人类学"(anthropology of law)给人的印象是,研究人员把国家、法律制度或法律专业人员所界定的"法律"领域作为研究对象;然而事实上,这些概念("法律""软法""规范""习惯法"等)是一个长期的、可持续讨论和辩论的一部分。"法律人类学"(legal anthropology)给人的可能印象是,它是为了与"非法律人类学"(illegal anthropology)形成对比。在我看来,"法律与人类学"(law and anthropology)传达了一个错误的观点,即学者打算把这两门不同的学科结合起来;学科是我们通常的学术和制度的一部分,但是"法律的人类学"(anthropology of law)不一定能使它们合并起来。

[三] 能否分享您最为深刻的一次田野调查的经历? 以及对您有怎样的影响? 包括完成了什么研究作品?

我曾经在西非的一个以种植水稻为主的村庄里工作了两年多,这是我印象最深刻的田野工作经历。那里此前是一个农业王国。我的博士学位论文和接下来近 10 年的研究都与此有关。我 20 岁在耶鲁大学读本科时就开始了这项田野调查,为此还获得了一个奖项。博士期间的田野工作经历改变了我的生活,无论是日常生活还是职业发展。田野研究强调尊重他人以及其他文化和社会的重要性。因为我们迫切需要在世界不同地区、不同社会阶层、不同视角和活动之间架起桥梁;从那时起,无论研究的主题如何,它都影响了我的日常生活和学术研究(教学和研究)。由此,我完成了很多研究工作。

[四] 人类学和法学两门学科如何互相获得有效的知识?

这可以通过教学、研究、跨学科会议、出版物等获得,具体可以参见马上将要出版的由福勒特斯(Foblets)等人主编的《法律人类学教学的探索与典范》(*The Trials and Triumphs of Teaching Legal Anthropology*)。

[五] 能否简要评述 2000 年以来法律人类学的进展?

2000 年以来的法律人类学更多地关注世界各国,包括美国、欧盟;更多地关注跨国进程和其他社会变化;法律人类学家更加关注法律概念和规则的细节。

[六] 能否推荐几本对您影响比较大的经典著作(不限于法律人类学著作)?

马克斯·韦伯的《论经济与社会中的法律》(*Law in*

Economy in Society);①卡尔·马克思的《资本论》(*Das Kapital*);②马克斯·格拉克曼(Max Gluckman)③、保罗·博安南(Paul Bohannan)④和劳拉·纳德的作品⑤。

---

① 参见[德]马克斯·韦伯:《论经济与社会中的法律》,张乃根译,中国大百科全书出版社1998年版。

② 参见[德]卡尔·马克思:《资本论》,何小禾编译,重庆出版社2021年版。

③ 例如 Max Gluckman, *The Lozi of Barotseland in North-western Rhodesia*, Manchester: Manchester University Press, 1951. Max Gluckman, *Ritual Tribes of Barotes Central Africa*, Manchester: Manchester University Press, 1954. Max Gluckman, *The Judicial Process among the Barotes of Northern Rhodesia*, Manchester: Manchester University Press, 1955. Max Gluckman, *Custom and Conflict in Africa*, Oxford: Basil Blackwell, 1956. Max Gluckman, *Analysis of a social situation in modern zululand*, Manchester: Manchester University Press, 1958. Max Gluckman, *Order and Rebellion in Tribal Africa*, New York: the Free Press of Glencoe, 1963. Max Gluckman, *The Ideal in Barotse Jurisprudence*, New Heaven and London: Yale University Press, 1965. Max Gluckman, *Ideas and Procedure in Africa Customary Law*, London: Oxford University Press, 1969. Max Gluckman, *Politics, Law and Ritual in Tribe Society*, Chicago: Basil Blackwell, 1977. Max Gluckman, *The kindom of the Zulu of South Africa*, Oxford: Oxford University Press, 1987。——编者注

④ 例如 Laura Bohannan and Paul Bohannan, *The Tiv of Central Nigeria*, International African Institute, 1953. Paul Bohannan, *Justice and Judgment Among the Tiv*, Oxford: Oxford University Press, 1957. Paul Bohannan, *Social Anthropology*, New York: Holt, Rinehart and Winston, 1963。——编者注

⑤ 例如 Laura Nader, *Tale and Juauila: A Comparison of Zapotec Social Organization*, California: University of California Press, 1964. Laura Nader and Harry F. Todd JR, *The Disputing Process—Law in ten Socitries*, New York: Columbia University Press, 1978. Laura Nader editor, *No Access to Law: Alternatives to the American Judicial System*, New York: Academic press, 1980. Laura Nader, *Harmony Ideology: Justice and Control in Zapotec Mountain Village*, California: Stanford University Press, 1990. Laura Nader, *Naked Science: Anthropological Inquiry into Boundaries, Power, and Knowledge*, New York: Routledge, 1996. Laura Nader Edited, *Law in Culture and Society*, Berkeley: University of California Press, 1997. Laura Nader, *The Life of Law*, Anthropological Projects University of California Press, 2002. Laura Nader edited, *The Energy Reader*, Chichester: Wiley-Blackwell: 2010. Laura Nader, *Culture and Dignity: Dialogues Between the Middle East and the West*, Chichester: Wiley-Blackwell: 2012. Laura Nader, *Laura Nader: A Life of Teaching, Investigation, Scholarship and Scope*, Interviews conducted by Lisa Rubens and Samuel Redman University of California, 2014。——编者注

[七]对中国的法律人类学研究或中国同行有什么建议?

我建议人类学系与法学院的教师一起建立经典著作阅读小组;在法学院开设法律人类学的入门课程;运用人类学视角,并结合中国城乡的人类学研究,改良法律事务方面的课程。

诺伯特·鲁兰*

[一] 法律人类学这门学科的基本特点是什么?您认为法律人类学与政治人类学以及法律社会学等邻近学科是怎样的关系?

法律人类学是一门比较不同法律制度以及其具体应用的学科,由法律民族学衍生而来。后者通过田野调查,在尽可能多的社会中收集数据。从历史角度来看,它也是殖民行为的产物。西方人主要通过殖民行为,第一次接触到了非西方社会。在被殖民的土地上,军队、商人、官员和传教士们接踵而至。为了更好地理解当地风俗,殖民列强会经常将它们记录下来,而记录的过程常常会曲解这些风俗的含义。从相信进步概念的进化观点来看,原始社会(传统的非西方社会)和文明社会(现代西方社会)之间存在区别。一种错误的想法认为,前者只知道大家庭制度、法定关系、复仇和集体财产,而相反地,文明社会以核心家庭制度、契约关系、惩罚和私人财产为其特征。事实上,更详细的观察表明,这些不同的类别会在不同程度上有所叠加。例如,法定关系也会在现代社会中存在:拥有大学学位保证了学生在获得学位后会

---

* 本文由复旦附中 WLSA 国际课程班高中生刘浩成根据鲁兰教授提供的英文本翻译,由南京大学新闻传播学院学生葛孝根据鲁兰教授提供的法文本校对。

处于不同于之前的社会地位。

20世纪时,研究方向发生了变化。

从一方面来讲,人们不再相信这种不成熟的进化论。所有的社会都会演变,但不一定会朝着进步的方向发展。另外,每个社会都会顺应自己的节奏发展,且有可能经历或长或短的停滞阶段,有时甚至会有所退步。强盛的帝国在南美洲、西方和东方都曾崩溃过,而随之而来的便是又一次的进化。

最初的国家都是脆弱而短命的。如今,北美的一些作家甚至质疑持续了数个世纪且在世界不同地区开始的时间不同的新石器革命是否是进步的:人口的集中助长了流行病的传播;最初的国家都以谷物为主食,只种植谷物让人们更加依赖于单一的食物来源;工作的持续时间和繁重程度都有所增加;税务官会为了城市统治阶级的利益要求农民进行更多劳作。

在这些情况下,有些人可能会感到疑惑:即使这些社会经历了男女之间、主仆之间的不平等,为什么人类没有回到更加平等的无国家社会?

首先,这种情况有时确实会发生:早期国家的崩溃。其次,统治阶级会设法延续他们的权力。最后,新石器革命作为一场实际上持续了数个世纪的转变,有着极长的时间跨度:最初的记忆已被忘却。

从另一方面来说,20世纪的法律人类学拓宽了法律民族学的领域。更进一步说,非殖民化让民族学家失去了他们的研究领域。他们因此开始关注现代社会中的某些特定群体:农民、富人、失业者,以及现在的移民。

让我们再补充一点:自20世纪初以来,研究方法就已经改变了。最初的法律人类学家,比如亨利·萨姆纳·梅因(Henry Sumner Maine)或摩根(Morgan)并未进行过(现代)人类学意义上的实地考察。他们根据书面资料,如旅行笔记进行研究。但他们终究是局限在自己的图书馆里。从马林诺斯基(Malinowski)着重研究冲突的解决方法开始,人类学家必须前往实地进行考察。有些人会在那里驻留数十年;另外一些人,如到巴西去的克劳德·列维-施特劳斯(Claude Lévi-Strauss),只在那里短暂停留过。综上所述,根据20年前去世的法国法律人类学家米歇尔·阿利奥特(Michel Alliot)给出的定义,法律人类学有三个分析层次。首先是规则层面,有时是明示的,或者用于纠纷解决。其次是实践层面,即人们应用或不应用规则的不同情况。最后是表征层面,即共同价值观。举个例子:一个好父亲、好儿子、好妻子的心理形象应该是什么?法国的国名在中文里的意思是指法律之国,在这个法律之国里,法学家的研究重点是“规则”。就我而言,令我尤其感兴趣的是“实践”:规则变成了人们的行为准则。这就是法律人类学与比较法学之间的区别:比较法学几乎只着重研究“法则”这一层面。

在20世纪,由于某些研究的重心重新转向西方世界,法律社会学与法律人类学的区别不再十分明显。我认为两者的区别在于研究方法不同。社会学家通过调查问卷进行研究,而人类学家必须待在他所研究的社群之中。此外,社会学家研究的是他自身所属的社会:因此,他与其中的人们说一样的语言、有着一套共同的观念。对于人类学家来说,大多数情况可能并非如此。

最后应该指出的是,在20世纪,国际法律人类学界组成了“民间法与法律多元委员会”(Commission on Folk Law and legal Pluralism),其自我定位为促进法律多元化。法律多元主义是一套宣称反对将法律认定为国家的理论。在同一个社会中,存在多个法律体系——它们多多少少是自治的,而这些体系甚至可以比国家法律更加严格。

该委员会目前有 350 多名会员,他们大多来自北美洲。委员会出版有刊物《法律多元与非官方法律杂志》①。该委员会组织了多场国际研讨会。例如,2002 年在泰国清迈举行的关于宗教、民主和人权的研讨会;2018 年在加拿大渥太华举行的关于法律多元和全球化、各国反腐败的研讨会。

该委员会出版了众多成果:1988 年出版的《土著人民权利和国家》(*Indigenous Peoples' Rights and States*);1990 年出版的《妇女社会和法律地位的演变》(*The Evolution of the Social and Legal Status of Women*);1993 年出版的《现代社会中的法律多元》(*Legal Pluralism in Modern Societies*);1996 年出版的《土著人民的自决权和法律多元主义——解决族裔群体之间的冲突》(*The Right to Self-determination of Indigenous Peoples and Legal Pluralism, Conflict Resolution Among Ethnic Groups*);2005 年出版的《印度的法律多元化》(*Legal Pluralism in India*);2007 年出版的《法律人类学中的腐败》(*Corruption in Legal Anthropology*)。

① Commission on Folk Law and legal Pluralism, *Journal of Legal Pluralism and Unofficial Law*, Taylor & Francis.

［二］英文关于法律人类学的表述有 legal anthropology，law and anthropology，anthropology of law，or anthropological study of law，这么多表述当中您更倾向于用哪一个，有什么理由？

“法律和人类学”（law and anthropology）这一理解是错误的。不幸的是，在法国大多数法学家对人类学并不感兴趣，且人类学家也不会与法学家有所交流。我对克劳德·列维-施特劳斯的了解不多，他曾学过法律，但他根本记不住那些法律条文。对他来说，法学家只生活在抽象的世界里。

我更倾向于“法律的人类学”（anthropology of law）。正如我在之前的回答中所说，人类学与法律有很大的关系。19世纪伟大的人类学家的著作都非常重视亲属关系，且家庭法在法国民法中占有重要地位。近年来，我在法国教授家庭法的历史以及世界各地不同的家庭制度模式。与此同时，一位专攻法国民法的同事给我的学生教授法国家庭法。这种方法很受学生的欢迎。如果同时开设政治人类学课程与政治科学课程，将会是非常理想的，但这事从未发生过。

大约20年前，我在法国开设了一门法律史导论课程。我写了一本关于这一主题的教科书①。其中，我不仅研究了法国法律的历史，还研究了西方和非西方的主要法律体系的历史。这本教科书已翻译成俄文并在莫斯科出版。

---

① Norbert Rouland, *Introduction historique au droit*, Presses universitaires de France, Paris, 1998.

[三]能否分享您最为深刻的一次田野调查的经历?以及对您有怎样的影响?包括完成了什么研究作品?

正如我在回答第一个问题时所说,法律人类学及法律民族学与殖民行为有着直接的联系。美国和加拿大的学者是幸运的,因为土著民族(印第安人和因纽特人)生活在他们自己的领地上,而观察他们这件事也变得相对更加容易。欧洲人的殖民地则更远,如被英国殖民的印度。在 19 世纪,身为较早一批伟大法律人类学家之一的梅因就曾在印度殖民政府中担任一个重要职务;法国的殖民地则主要分布在非洲和越南,法国也曾有过一所著名的东方学校。在巴黎,至今还有巴黎东方语言文化学院(L'Institut National des Langues et Civilisations Orientales),它起源于 1795 年法国大革命时期。这所学府教授亚洲(当然也包括中国)的伟大文化。你可以在那里学习中文,但也可以学习因纽特语,因为后者也是东方的语言。

在我所著的《少数民族和土著人民法手册》(*Manuel de droit des Minorités et des Peuples Autochtones*)中,我对中国的发展及其各民族的关系进行了历史回顾。这本书已在巴西翻译成葡萄牙语并出版。

大多数研究法国法律的人类学家及所有的法律历史学家,都对撒哈拉沙漠以南非洲,尤其是科特迪瓦、塞内加尔和马里感兴趣,但我并不是这样。我的父母都是律师,在 20 世纪中叶,他们带着我在斯堪的纳维亚半岛游历了很多地方。我非常喜欢北欧的风景,尤其是位于挪威和瑞典北部的拉普兰德,那里还住着一支土著民族:萨米人。

但我想往更北的地方走。1971 年,当我开始写我的罗马法博士学位论文时，我第一次去了格陵兰岛。在当时那是一场相当新颖的旅行。如今，我已经去过格陵兰岛好几次。春天的时候，我就会在那里的东西海岸玩狗拉雪橇，我在那儿有着美好的回忆。当时，GPS 或卫星电话还未出现，我们在完全没有任何设备的情况下旅行了几天。我还乘坐狗拉雪橇去了加拿大北极的巴芬岛（Baffin's Land）。我上次回到格陵兰是在 2017 年 6 月，并在那里目睹了全球变暖的影响。

我于 1977 年完成了博士学位论文。而后，我本想在格陵兰岛的一个叫奥卡塔舒克（Oqaatsuk）的小村庄待上一年（我于 2017 年回到那里，学习与法语截然不同的当地语言），可不幸的是，这是不可能的。在法国，论文涉及的是法学还是人类学，会使整个大学生涯会变得完全不同。

在格陵兰岛我主要研究民族史。在一本于加拿大出版的作品《格陵兰因纽特人解决冲突的方法》（*Conflict Resolution Among the Inuit of Greenland*）中，我研究了 19 世纪末因纽特人解决冲突的方法，其中包括歌唱比赛。

我正式的实地考察是在 1976 年，于加拿大魁北克省的北极地区进行的。当地的语言障碍问题要比格陵兰岛少：格陵兰岛的因纽特人使用因纽特语或丹麦语，因为格陵兰岛是自治领土，仍然属于丹麦；在加拿大，一些因纽特人会说英语。而在面对那些不使用英语的因纽特人时，我则会通过一位翻译的帮助来进行沟通。

1975 年，加拿大国家政府、魁北克省政府（加拿大是一个联邦国家）与土著民族因纽特人和印第安人的代表签署了一项重要条约。这个条约被称为《詹姆斯湾和北魁北克协定》（*James Bay and Northern Quebec Agreement*）。这是一项关于加拿大北极地区水电开发的协议，涉及重大工程：通过建造大型水坝来蓄水。因此,有必要确认土著人民对其祖传土地所拥有的权利,以及加拿大政府应给予他们的财政补偿。我乘小型飞机调查了哈德逊湾的各个村庄,询问当地土著人对这个条约有什么看法,是打算合作还是反对。与此同时,北美开始了一场承认土著人民权利的重大运动。我在村庄中受到了很好的接待。回到法国后,我写了一本关于该条约的书,这是关于该主题的第一本著作,并取得了一些成功。后来,我又多次回到加拿大,上一次是在2016年,当时我是蒙特利尔麦吉尔大学的客座教授,教授一门法律人类学的课程。

最后,我想说,我在格陵兰岛和加拿大的经历改变了我对法律的看法。我在那里受到了实证主义和法律观的熏陶,并成了法律现实主义的支持者。联合国的主要宣言和国际条约都非常重要,但最重要的是普通人如何理解它们,而律师使用的专业措辞对一般人来说并不容易理解。简而言之,不应由法律来造就人,而是应由人来制定法律。

此外,道德往往比法律更重要。在西方,正是由于1968年以来男女关系的演变才导致了家庭法的根本改革:丈夫不再是一家之主;配偶之间可能存在强奸;私生子女的继承权变得与合法子女平等;同性恋不再是一种刑事犯罪。

[四]人类学和法学两门学科如何互相获得有效的知识?

对于多数不熟悉人类学的法国法学家来说,这个问题压根就不会出现。与中国不同,在法国法律理论的讨论空间非常小。法律社会学或比较法方面的课程很少。比较法主要讲的是大陆法系与英美法系(西方法系)之间的关系,非西方的法律体系则很少被讨论。宪法的比较法很少或没有被教授,少数民族和土著民族的法律也是如此。法国公法坚决反对在法国领土上承认少数民族或土著人民的权利,自治权则只涉及距离本土遥远的地区,如塔希提岛或新喀里多尼亚。我必须指出,由我撰写并被翻译成葡萄牙语并在巴西出版的《少数民族和土著人民法手册》是法国的一项开创性工作。

简而言之,一种理想主义的法律观念在法国占据了主导地位。这就解释了为什么法国人很容易成为普遍主义者:当我们忽视文化和历史之间的差异时,我们就会更加支持普遍主义。

法律人类学则建立在完全相反的态度之上。它并非来自什么集合概念,而是从对差异的具体观察开始的:男人和女人之间、土著人和殖民者之间、文化之间、意识形态之间的差异,等等。在我看来,有关这门学科的研究应该加强,因为全球化会对其造成负面影响。全球化可能导致少数民族文化的消失,而人类学家的作用就是在这个问题上向世人作出警示。全球化也会导致基于身份认同的反抗加剧:加泰罗尼亚想要从西班牙分离;苏格兰想要从英国分离;科西嘉岛、塔希提岛和新喀里多尼亚想要从法国分离;等等。人类学家和社会学家的作用是更好地去了解这些分离主义运动,并找出在这些身份(认同)主张中想象和历史的部分。

[五] 能否简要评述2000年以来法律人类学的进展?

在我看来,这涉及两个领域:男女关系和人权。

首先,在男女关系领域。从20世纪70年代开始,男女关系开始朝着更加平等的方向发展,先是在美国,然后是在欧洲。在法国,人类学家弗朗索瓦·赫利提(Françoise Héritier)[克劳德·列维-施特劳斯和阿兰·泰斯塔尔(Alain Testart)的学生]研究了男女之间不平等的形式和持续时间。大多数人类社会是父系社会,反过来说母系社会并不存在。然而人类社会也存在母系社会,即女性和男性的权力差不多相等的社会,云南的摩梭人尤其如此。

在今天的法国,男女平等存在于法律中,却不存在于现实中:失业对女性的影响更大;攻读同样的学位后,女性的收入却要低于男性;男性比以前更多地参与孩子的养育,但大部分家务仍由女性来做。

其次,在人权领域。人类学家经常批评法学家的普遍主义。1983年,克劳德·列维-施特劳斯写道:"将一种生活和思考方式置于所有其他方式之上,对某些人缺乏吸引力,这并不是一种罪过,这些人的生活本身是值得尊敬的,但却与传统上所依附的生活方式相去甚远。这种无法交流甚至可能是为保持每个精神家庭或每个社区的价值体系而付出的代价。"人权问题是人类学的一个新领域。我们真的可以讨论每一个人吗,还是说那些人必须与他们所属的特定的文化、特定的历史联系在一起?可以肯定的是,在任何一个国家,人们都不希望在没有事先判决的情况下被奴役、被折磨、被关进监狱。妇女不想被强奸,不想成为家庭暴力的受害者,也不想做那些使她们的身体受到伤害的事情。

此外,人权正被用作一种工具以达到与征服而非与哲学有关的目的。比起法学家和政治家最爱的论战,构建一种有关人权的人类学方法则更为明智。今天,人类学家谴责这种对人权的政治利用。他们正在研究诸如杀婴、切割女性生殖器官、使妇女屈服于男子等做法出现的条件,以便在可能的情况下予以消灭。他们比较不同的文化,以找出其中关于人权内容的异同。人类学家谴责进化论,因为进化论使西方社会成为所有其他社会都可以达到的模式。他们正确地主张用现实主义方法来界定人权。人权的具体定义是什么?在哪个国家?什么时候?哪个社会类别?是否有可能像法国法学家米海依尔·戴尔玛斯-马蒂(Mireille Delmas-Marty)所认为的那样,就这些权利的"基本核心"达成一致?我们绝不能满足于政治领导人对此的看法或联合国宣言:普遍性是无法被确定的。这就需要由了解所研究社会的语言(如果可能的话)的人类学家来进行田野调查,并远离争议和政治动乱。

[六]能否推荐几本对您影响比较大的经典著作(不限于法律人类学著作)?

我只能列举其中几个,它们的性质各不相同,与我感兴趣的多个领域相对应。

关于田野调查:马林诺夫斯基的著作,还有1947年出生的英国人类学家奈吉尔·巴利(Nigel Barley)的幽默作品。①巴利是非洲问题专家,他以一种有趣而又真实的方式展示了田野调查所带来的所有问题。

---

① 参见[英]奈吉尔·巴利:《天真的人类学家 小泥屋笔记&重返多瓦悠兰》,何颖怡译,广西师范大学出版社2011年版;Nigel Barley, *Not a Hazardous Sport: Misadventures of an Anthropologist in Indonesia Nigel Barley*, Eland Publishing Limited, 2019。

关于北极:让·马劳里(Jean Malaurie)所著的《极北之地的最后几位国王》①(*Les Derniers Rois de Thulé*),写的是格陵兰岛的因纽特人。现年 98 岁的马劳里是一位法国人类学家,1976 年我和他一起去了格陵兰岛。

用英语写的几卷《极北之地探险记》(*Thule Expeditions*),由克努德·拉斯穆森(Knud Rasmussen)这位 20 世纪上半叶的格陵兰人类学家所著,他乘坐狗拉雪橇完成了从西伯利亚旅行到格陵兰的壮举。沿途收集了因纽特人所有的风俗和传说,而这些人很久以前就从西伯利亚来到了美洲。

值得一提的还有弗朗茨·博厄斯(Franz Boas,1858—1942)的著作,②他是一位有着德国血统的美国人类学家,1883 年在加拿大北极地区的巴芬率先进行过田野调查:这比马林诺夫斯基在澳大利亚附近岛屿上进行的田野调查要早得多。还有必要提到俄国学者马·科瓦列夫斯基(Maxime Kovalevsky),他的作品曾被其友人卡尔·马克思和弗里德里希·恩格斯所引用。③ 他也曾在高加索山区做过田野调查,并在俄罗斯几所著名的大学里担任法学教授。

关于人类学。

法语类:列维-施特劳斯的著作;专攻新几内亚问题的马克思主义人类学家莫里斯·古德利尔(Maurice Godelier)的著作;④专攻澳大利亚问题的阿兰·泰斯塔尔的著作:他的

① Jean Malaurie, *Les Derniers Rois de Thulé*, Jstor, 2006.

② 参见[美]弗朗茨·博厄斯:《种族、语言与文化》,余华导读、注释,上海译文出版社 2022 年版。

③ 参见[俄]马·科瓦列夫斯基:《公社土地占有制,其解体的原因、进程和结果》,李毅夫、金地译,中国社会科学出版社 1993 年版。

④ 参见[法]莫里斯·古德利尔:《礼物之谜》,王毅译,上海人民出版社 2007 年版;Maurice Godelier, *The Making of Great Men. Male domination and Power among the New Guinea Baruya*, Cambridge University Press, 1986。

著作涉及社会的一般分类以及性别劳动分工;马歇尔·萨林斯(Marshall Sahlins)的法语版著作①,他是一位研究传统社会经济学的美国人类学家。此外,还有法国法律人类学协会第一届研讨会论文集《法官:权威人物》(*Le juge: une figure d'autorité*)②以及《法律文化》(*Droit et Cultures*)杂志于2005年2月发表的"俄国法律人类学特刊(*L'anthropologie juridique en Russie*)"③,其中刊登了阿纳托利·科夫勒(Anatoli Kovler)的文章。

英语类:霍贝尔的《原始人的法》④、马克斯·格拉克曼的《部落社会的政治、法律与仪式》⑤以及保罗·博安南的《提夫人的正义与审判》⑥。

俄语类:阿纳托利·科夫勒的《法律人类学》⑦。

关于法律社会学:让·卡波尼埃(Jean Carbonnier)的《法律社会学》(*Sociologie du Droit*)、《灵活的法律》(*Flexible Droit*)。

---

① 例如[美]托马斯·哈定等:《文化与进化》,韩建军、商戈令译,浙江人民出版社1987年版;[美]马歇尔·萨林斯:《甜蜜的悲哀:西方自由观的本土人类学探讨》,王铭铭、胡宗泽译,生活·读书·新知三联书店2000年版;[美]马歇尔·萨林斯:《文化与实践理性》,赵丙祥译,上海人民出版社2002年版;[美]马歇尔·萨林斯:《历史之岛》,蓝达居等译,上海人民出版社2003年版;[美]萨林斯:《"土著"如何思考:以库克船长为例》,张宏明译,上海人民出版社2003年版;[美]马歇尔·萨林斯:《石器时代经济学》,张经纬、郑少雄、张帆译,生活·读书·新知三联书店2009年版。

② Association française d'anthropologie du droit. Congrès mondial(1st:1994:Paris, France), *Le juge: une figure d'autorité*, L'Harmattan, 1996.

③ Anatoli Kovler, *L'anthropologie juridique en Russie*, Droit et Cultures, L'Harmattan, 2005, p. 13-28.

④ 参见[美]霍贝尔:《原始人的法》,严存生等译,法律出版社2012年版。

⑤ Max Gluckman, *Politics, Law and Ritual In Tribal Society*, New Brunswick: Transaction Publishers, 2012.

⑥ Paul Bohannan, *Justice and Judgment among The Tiv*, Oxford University Press, 1957.

⑦ Anatoli Kovler, *Anthropologie Juridique*, L'Harmattan, 2005.

关于新石器时代革命:詹姆斯·斯科特(James C. Scott)的《作茧自缚:人类早期国家的深层历史》。①

有关法律、音乐与政治间的关系。这是个被美国人研究得很透彻的课题。我在这个课题上用法语写了很多文章,试图在法律、绘画和音乐的演变之间描绘出历史的对比。

关于中国:我读过很多翻译成法语的中文小说。我认为一本好的社会学或人类学小说可以像一本学术著作一样具有教育意义。我特别喜欢描写农民生活的中国小说,比如,陈忠实的《白鹿原》②,阎连科的所有小说(比起莫言的小说,我更喜欢它们),尤其是《日光流年》③,伟大的上海作家王安忆的所有小说,特别是《长恨歌》④。

[七]对中国的法律人类学研究或中国同行有什么建议?

我只去过一次中国,那是在1997年,我觉得从那以后很多事情都变了。无论如何,我很高兴能够受到在北京和香港的中国同事的欢迎。我也非常喜欢那次上海之行。

我不会说中文,所以对我来说给予建议是非常困难的。我觉得目前最重要的需求是翻译。在法国,我们对中国法律人类学家的著作并不熟悉,这些著作既没有法语译本也没有英语译本。俄罗斯法律人类学家的著作也是如此。我还觉得,在中国只有北美法律人类学家的著作为人所知,特别是

① 参见[美]詹姆斯·C.斯科特:《作茧自缚:人类早期国家的深层历史》,中国政法大学出版社2022年版。

② 参见陈忠实:《白鹿原》,人民文学出版社2019年版。

③ 参见阎连科:《日光流年》,天津人民出版社2012年版。

④ 参见王安忆:《长恨歌》,人民文学出版社2019年版。

在人权领域。如果我们能更好地了解中国当代学者的思想就太棒了,因为据我了解中国有很多人权研究中心。我也相信,如果中国法律人类学家加入民间法与法律多元主义委员会,将会是一件好事。该委员会使用英语,每年举办国际研讨会,讨论与法律多元主义有关的问题。

长期的国际交流经验(特别是与俄罗斯和巴西的交流,我曾就此出版过一本书)让我明白,只有建立在个人关系基础上的学术交流才会带来成果。

互联网永远不会取代现实中的交流。

马克·古德尔*

[一] 法律人类学这门学科的基本特点是什么?您认为法律人类学与政治人类学以及法律社会学等邻近学科是怎样的关系?

我认为,我们可以对法律人类学、政治人类学和法律社会学进行区分。因为法律人类学与政治人类学在一定程度上依靠对民族志的独特理解而发展,这需要我们对法律或政治状况进行长期田野调查。法律社会学则不然。

而法律人类学和政治人类学的区别正在变小。特别是在美国人类学界,这两门学科都加入了政治与法律人类学协会(Association of Political and Legal Anthropology),这是美国人类学协会(Association of the American Anthropological Association)的一个分支。以我自己为例,我在著作《碎片式革命:对玻利维亚正义、意识形态与实践的超越》①中,对所谓的玻利维亚民主和文化革命的法律与政治状况都做了研究。

---

* 本文由河南师范大学法学院本科生王励恒翻译。

① Mark Goodale, *A Revolution in Fragments: Traversing Scales of Justice, Ideology and Practice in Bolivia*, Duke University Press, 2019.

[二]英文关于法律人类学的表述有 legal anthropology, law and anthropology, anthropology of law, or anthropological study of law,这么多表述当中您更倾向于用哪一个,有什么理由?

我认为,这些表述上的差异其实没那么重要。相比之下,我更喜欢把这门学科称为"法律的人类学"(anthropology of law)或者"人类学与法律"(anthropology and law),而不是"法律人类学"(legal anthropology)。因为我觉得"法律人类学"这个表达听起来和"医学人类学"(medical anthropology)的性质太像了,这会让人们想当然地以为这门学科是医学(法学)的分支学科。但我要重复的是,在我看来这种差异并不重要。你可能知道我在 2017 年出版了一部著作,书名就叫《人类学与法律》。

[三]能否分享您最为深刻的一次田野调查的经历?以及对您有怎样的影响?包括完成了什么研究作品?

在关于法律实践的研究中,我印象最深的应该是博士期间的那段田野调查经历。那是对玻利维亚安第斯山脉小村冲突解决的研究。在国家法律制度无法管辖之处,玻利维亚还存在许多地方性冲突。我用了大约 1 年的时间来研究玻利维亚农民是如何解决他们本地的这种冲突的。这真是一场与法律多元现实的际遇,太令人惊喜了!

[四]能否简要评述 2000 年以来法律人类学的进展?

我在 2017 年出版的著作中讨论过这个问题。自 2000

年以来(更准确地说是自20世纪90年代以来),法律人类学最重要的转变是把研究焦点从法律与政治经济学的关系转向了法律与身份认同的关系,尤其关注对那些由权利建构、受权利保护的身份的认同。近年来,随着社会正义、种族平等与环境正义运动的出现,学界对身份认同的研究兴趣越发浓厚。我们可以发现,与之相伴的是学界对纠纷解决程序、规则与法律程序的研究数量在减少。

[五]能否推荐几本对您影响比较大的经典著作(不限于法律人类学著作)?

对人权的人类学研究曾给我很大启发,我在最新著作《重塑人权》①中广泛引用了这些文献。除了这些精彩的民族志作品,对我的法律思考影响最深远的书是汤普森(E. P. Thompson)的《辉格党和猎人:黑匪法的起源》②,这本书追溯了法律机构、权力、财产和汤普森所谓的"法律逻辑"之间的复杂互动关系。

[六]对中国的法律人类学研究或中国同行有什么建议?

百尺竿头,更进一步。祝中国法律人类学发展得越来越好!

---

① Mark Goodale, *Reinventing Human Rights*, Stanford University Press, 2022.

② E. P. Thompson, *Whigs and Hunters: The Origin of the Black Act of* 1723.

尹孟修

[一]法律人类学这门学科的基本特点是什么?您认为法律人类学与政治人类学以及法律社会学等邻近学科是怎样的关系?

就法律人类学是什么或做什么而言,我想说的是,这门学科研究的是安排人们生活的规范性来源。法律渗透到社会生活中,不仅是公民相对于国家的公共生活,而且还有他们的个人之间的相互关系(民事、商业和合同)以及他们的家庭、宗教或议会,甚至是跨国的自我(selves)。同样地,这是一个广阔的领域,而且在国家建设、现代化项目、去殖民化、全球化以及现在的去全球化及其所有弊端(包括仇外心理、种族主义和厌女心理)的过程中,这个领域变得更加复杂。人们面临并暴露在越来越多的紧张关系或法律冲突中(例如,国家与散居地,民族或种族与国籍和公民身份,以及自由与安全)。重要的是,法律人类学通过一种特殊的调查模式来解决这些问题:从生活在其中的人的角度来理解问题。这个学科通过解读这些观点来寻找答案,并在这样个过程中揭示出思考这些问题的新方法,其中一些问题有着长久的历史。一路走来,法律人类学不拘一格地借用姐妹学科,并将不同的文献和典籍纳入其领域。

[二]英文关于法律人类学的表述有 legal anthropology, law and anthropology, anthropology of law, or anthropological study of law,这么多表述当中您更倾向于用哪一个,有什么理由?

称"法律人类学"这门学科为"regal anthropology"还是"anthropology of law",是有细微区别的。前者认为,通过人类学来研究法律的这门学科是人类学更广泛领域的一个分支学科,就像"政治人类学""社会文化人类学""医学人类学""女性主义人类学"等。"anthropology of law"这一术语有不同的内涵,它不是将人类学分割成不一定会相互对话的专业领域,而是表明一种更全面的方法,而且可能包括诸如伦理、政治、治理、跨国秩序等主题。因此,"anthropology of law"一词并不局限于狭隘的专业和固定的研究领域,而是表明了一种更雄心勃勃、更具包容性的观察、反思和研究的领域。因此,我更喜欢用"anthropology of law"来表达"法律人类学"这个概念。

[三]能否分享您最为深刻的一次田野调查的经历?以及对您有怎样的影响?包括完成了什么研究作品?

2009年到2011年,我非常幸运地在甘肃省一个叫临夏的城市进行了两年的实地调研,作为我康奈尔大学人类学博士学位论文田野研究的一部分(后来我据此出版了《中国和伊斯兰:先知、政党和法律》①一书)。临夏因有着大量聚居于此的穆斯林及鳞次栉比的清真寺和苏菲派拱北而闻名于世,被称作“中国的小麦加”。能够在这个城市进行长期研究的西方学者并不多。我可以坦言,能在那里生活并向那些花时间和我交谈的人学习是我一生中最荣幸的事情之一。几乎每天我都有新的经历,我学得很快。我和80多岁的苏菲派教长交谈,向满拉(清真寺经堂学员)学习,参加婚礼、葬礼、圣人纪念日和其他仪式活动,并与朋友和同事一起吃清真菜。这段经历让我对伊斯兰教、对中国和对自己有了很多了解。作为一个美国白人男性基督徒,在临夏进行实地调查并不容易。我遇到了许多障碍和误解。我必须学会沟通、解释和陈述自己。在很多方面,这段经历将我推向了我所能忍受和接受的极限。因为在田野中的这段经历,我变得更强大了,我一直在思考那些经历。

自从我在临夏做田野调查的那段时间以来,我一直努力将我在那里学到的一些经验融入我的教学以及进一步的研究中,甚至与学生、同事和朋友的日常互动中。我天生不是很有耐心,基本是个工作狂,而临夏教会我的一件事就是耐心,知道什么时候该努力,什么时候该放松。

临夏也教会我试着从那些可能与我非常不同的人的角度去思考问题。与本专栏更相关的,就是在临夏的田野调查过程中,我才开始理解法律人类学所提供的是什么:对“法律”的主位解释或者说内在理解,即使这个定义与国家或学术机构的定义不同。中国穆斯林对他们所说的教法或宗教法律有明确的认识,我的民族志田野调查帮助我解读了这个

---

① Matthew S. Erie, *China and Islam: The Prophet, the Party, and Law*, Cambridge University Press, 2016.

概念及其对民事关系、财产、信托、慈善、金融、仪式生活、跨国商业和移民等方方面面的所有影响。此外,这项调查有助于将中国穆斯林自己的观点与可能干扰他们的正统观念并列在一起,并在理想情况下催生新的知识生产领域。

[四]人类学和法学两门学科如何互相获得有效的知识?

一方面,人类学和法学并不十分契合彼此,将这两门学科结合在一起存在很大的障碍。人类学(至少在博厄斯学派的传统中)被认为是相对主义的,法律则是普遍化的。另一种普遍观点是,人类学家描述世界,但法学家却以规范的方式规定了新的秩序方式。因此,两者之间存在紧张关系。然而,对这两个学科彼此之间关系的一些看法是过时的或刻板的。例如,有一整套的人类学文献反对或超越了相对主义的立场。一些人类学家会说,人类学的目标不仅是解释特殊性或社会之间的差异,而且还要强调它们的共性,甚至是支撑或构成人类的普遍性。此外,人类学家在处理材料时可能相当规范,有时过于刻板。比较法学的大部分内容都集中在对各套指称对象进行明确的划分,因此在法律中存在一种特殊化的思维模式。

所以,从另一方面来说,这个观察产生了另一种思考人类学和法律的方式,这并不是说它们是相互排斥的,也不是说它们不能作为学科相互对话。如果你看看人类学的历史,比如布罗尼斯拉夫·马林诺夫斯基对特罗布里恩人(Trobrianders)的研究,或者早期英国人类学家比如马克斯·格拉克曼、艾萨克·萨佩拉(Isaac Schapera)在非洲的研究,你就会发现,法律从一开始就是人类学的核心。另外,当我们看一些关于法律的最早或最重要的实证研究[从托克维尔关注19世纪早期的美国法律到当代法律与经济学者吉多·卡拉布雷西(Guido Calabresi)邀请人类学家扩大和深化行为经济学的研究]时,我们可以看到,法律分析有时对人类学的参与秉持一种相当开放的态度。关于这种学科交流,我最喜欢的一个例子是哈罗德·德姆塞茨(Harold Demsetz)在他的《产权理论探讨》①中对埃莉诺·里考克(Eleanor Leacock)关于蒙塔格奈人(Montagnais)狩猎领地和毛皮贸易的研究的讨论。在这里,你可以看到法律经济学的奠基人之一使用了一个人类学研究的例子。当然,还有许多其他的例子,例如卡尔·卢埃林(Karl Llewellyn)与霍贝尔(E. A. Hoebel)的合作也非常著名。

我的观点是,尽管人类学和法律有相互学习的历史,但今天的法律人类学家必须继续努力实现更大的跨学科性。其中一种方法是创造一种人类学家和法律学者都能说的语言,即一种既有规范性又有批判性的语言。尽管存在差异,人类学家和法律学者有很多可以相互学习的地方,特别是人类学家对内部视角的悉心关注,从多个角度思考问题,以及他们为反思已有的知识而开发思考空间的实践,都可以丰富法学研究的方法和内容。

[五] 能否简要评述2000年以来法律人类学的进展?

一个有重大意义的起点是已故的莎利·福尔克·穆尔

① Harold Demsetz, *Toward a Theory of Property Rights*, Economics of Legal History, 2015, p. 3-15.

(Sally Falk Moore)在 2001 年出版的《未确定之事:法律人类学的 50 年动荡岁月,1949—1999》①这篇文章。在这篇文章中,她概述了 20 世纪上半叶这一领域的变化和发展。她展示了法律人类学家如何从关注作为法律的本土习俗,到关注作为阶级统治形式的法律,再到关注法律多元主义。然而,甚至在 2001 年穆尔就注意到跨国秩序已经进入了法律人类学家的关注范围。从那时起,法律人类学变得更加大胆,因为它涉及全球问题:难民和边境安全、恐怖主义网络、环境危机、技术和监控资本主义以及超民族主义(hyper-nationalism)。

法律人类学家必须考虑一套越来越复杂的互动规范:地方、国家和国际或跨国的规范。这需要新的方法论和理论工具。一些人考虑了"多尺度"(multi-scalar)的方法,而另一些人则尝试合作写作(collaborative writing),还有一些人倾向于多点的方法(multi-sited approaches)和"全球研究"。研究方法的多样性反映了人类学家所面临的挑战:一种最初旨在研究特定地点和时间的群体的方法(民族志),现在必须在更广泛和更深入的范围内运作。

[六]能否推荐几本对您影响比较大的经典著作(不限于法律人类学著作)?

什么是"经典"?我只能找出我喜欢的书,并建议其他人阅读,因为这些书能帮助人拓展思维。有如下几个例子:

---

① Sally Falk Moore, *Certainties Undone: Fifty Turbulent Years of Legal Anthropology*, 1949-1999, Journal of the Royal Anthropological Institute, Mar. 2001, Vol. 7, p. 95-116.

大卫·格雷伯(David Graeber)的《走向一个人类学价值理论:我们自己梦想中的假币》①。这本书综合了一百年来人类学关于价值和交换的思考,它振聋发聩地提出了一种通过价值实现欲望的社会理论(不以拉康或弗洛伊德思想为前提)。

埃里克·穆格勒(Erik Mueggler)的《野鬼的年代:中国西南的记忆、暴力和空间》②,是一本让人醍醐灌顶的著作。它将国家定位为一个"社会想象",可以通过人们的实践参与和转移;聚焦于云南省直苴彝族倮倮颇人的"时间的对立实践"(Tsi'ici),作者用民族志的方法研究了这一过程,这是最有力的民族志实践。

何永盛(Engseng Ho)的《塔里木的坟墓:系谱和跨越印度洋的迁移》③是一本引人入胜的书,这本书通过对深层时间和当前时刻的同时把握,研究了哈德拉米人的流散、印度洋的历史和法律的系谱。

罗安清(Anna Tsin)的《末日松茸:资本主义废墟上的生活可能》④是另一本立足大局思考的著作,它认为既然我们已经允许资本主义摧毁我们的世界,我们就需要朝着未来的方向思考,而松茸让我们做到了这一点。这本书通过人类学的"注意的艺术"来讨论资本主义的可扩展性、挽救性和多样性。这是一本构思优美、读来让人欲罢不能的书。

---

① David Graebe, *Toward an Anthropological Theory of Value: The False Coin of Our Own Dreams*, Palgrave, 2001.

② Erik Mueggler, *The Age of Wild Ghosts: Memory, Violence and Place in Southwest China*, University of California Press, 2001.

③ Engseng Ho, *The Graves of Tarim: Genealogy and Mobility across the Indian Ocean*, Berkeley: University of California Press, 2006.

④ 参见罗安清:《末日松茸:资本主义废墟上的生活可能》,张晓佳译,华东师范大学出版社2020年版。

[七]您对中国的法律人类学研究或中国的同行有什么建议?

我相信法律人类学对中国社会、经济和政治生活的研究有很大帮助。中国悠久的历史、多样的规范和日益增长的全球意义都使其成为法律人类学“复兴”的沃土。然而要做到这一点,中国的人类学家或即将成为人类学家的学者必须从法律人类学的传统中汲取力量。我认为以下的几项研究可以成为着力的方向:中国独特的发展形式及其社会文化效应;法律和治理所产生的向心力与各类主体的关系;中国的国内秩序与其跨境影响的关系,以及中国的法律和发展“模式”是否以及如何对南半球国家产生意义。

关于最后一点,我对中国人类学家(不限于法律人类学家)如何在中国境外进行田野调查感兴趣。这个问题可能挑战我们对现代性的一些认识论。作为这方面的一部分,我极力主张中国乃至全世界的人类学家之间展开合作和交流。只要我们倾听,我们就可以从彼此身上学到很多东西。

石田慎一郎*

[一]法律人类学这门学科的基本特点是什么?您认为法律人类学与政治人类学以及法律社会学等邻近学科是怎样的关系?

法律人类学,首先是社会科学的一个分支,与法律哲学和法律社会学一样,探讨法律是什么这一终极问题。同时,作为人类学研究,也强调基于长期实地考察的案例研究、民族志以及结合文献的比较研究。具有上述特点的法律人类学,在对法理论的探索当中同法哲学和法社会学相辅相成,提供了来自世界各地的人类学数据和人类学家特有的新理论思想(有关法律人类学与法社会学的关系,将在第[五]问做进一步说明)。

法律人类学强调长期的田野研究和案例研究,但它并未停留在个别的民族志研究上,它亦直面法律是什么这一终极问题。在日本,有许多人类学家通过在研究地点观察和分析冲突案件等方式取得了成果,但其中许多研究人员并不自认为是法律人类学专家。而这是很自然的,因为除非是面对法律是什么这一终极问题,否则没有必要称自己为法律人类学家。在人类学内部,有一个看似令人信服的批判性论点,即

* 本文由广东外语外贸大学南国商学院教师尹国鹏翻译。

法律的一般概念(就像家庭的概念)不能超越地区、文化和社会来定义。然而,这样的论证等同于放弃追寻法律是什么这一终极问题,而非一种建设性的批评。人类学家的加入,应该使得我们超越近代西方对于法的认知,从新的角度来探寻“法为何物”这一终极问题,从而丰富终极之问的自身意涵。关于这一论述,我认为裴丽(Pirie,2013)做出了重要贡献,她横贯东西、遍论古今,描绘了那些胸怀理想主义的法学家、律师和知识精英如何通过探求法律主义来接近终极正义。

在寻求法律是什么的过程中,法律和政治之间的关系很早就受到了法律人类学的关注。在法律人类学的一项重要成就中,波斯比西(Pospisil,1958)认为,普遍适用的意图是法律的基本属性之一。这意味着,法律决定与政治决定不同,前者涉及普遍适用的意图。大森(1987)也从类似的角度讨论了法律和政治之间的关系,以及法律人类学和政治人类学之间的关系。作为另一个争论点,例如在法社会学中,回应法理论(Nonet 和 Selznick,1978)超越了“压制型法(Repressive Law)”(优先考虑灵活性,允许法律和政治相结合)和“自治型法(Autonomous Law)”(强调形式主义,将法律与政治明确分割)的对立,提出了“回应型法(Responsive Law)”。诺内特和塞尔兹尼克(1978)认为,在回应型法中,法律和政治再次结合,但指导这种法律的是实现公共利益之目标,这种以目的为导向的回应型法寻求一种“更高的政治”来实现理想的社会。关于政治在这种以目的为导向的法律中的作用,被奉为法律人类学经典民族志的格拉克曼的作品①,以及石田(2019)等作出了杰出的论证②。我认为,这些关于法律和政治的讨论,不仅需要从法律人类学的角度,也需要从政治人类学的角度进行研究。

[二]英文关于法律人类学的表述有 legal anthropology, law and anthropology, anthropology of law, or anthropological study of law,这么多表述当中您更倾向于用哪一个,有什么理由?

在英语中,“法律人类学”有多种称呼,如“legal anthropology”和“anthropology of law”等,但在日本,“法人類学”这个名字已经得以确立。日本文化人类学会目前约有1800名会员,过去被称为日本民族学会,在2004年改名为现在的名字,同时将其杂志从《民族学研究》改为《文化人类学》。与此同时,日本最大的文化人类学研究中心——国立民族学博物馆和庆应大学民族学与考古学研究室保持了“民族学”这一古老的名称(我本人曾在前者做过一段时间的研究员,在后者做过本科生)。其他常用的名称还包括“民族艺术学”、“民族音乐学”和“民族植物学”。对于“法律人类学”,过去曾有“民族法学”(青山,1955)和“法律民族学”(江森,1959)等称谓。其中,青山(1955)认为,“民族法学”研究比“人类学法学”更合适,因为人类学这个名字难免让人联想到自然科学。然而,以《现代法律人类

---

① Gluckman M., *The Judicial Process among the Barotse of the Northern Rhodesia*, Manchester University Press, 1955. ——编者注

② Miyamoto M., *The Hanunoo-Mangyan*, National Museum of Ethnology, 1988. ——编者注

学》①(千叶,1969)为早期代表作的"日本法律人类学"(legal anthropology),迄今为止业已定名为"法人類学",它类似于医学人类学和经济人类学。但是,在日本,同"法律人类学"的研究对象、目标和方法完全不同的"法医人类学"(forensic anthropology)也被冠以"法人類学"之名,不免让人费解。

[三] 能否分享您最为深刻的一次田野调查的经历? 以及对您有怎样的影响? 包括完成了什么研究作品?

印象深刻的田野经历不胜枚举,下面的案例就是其中之一。2016 年,在我的研究目的地——肯尼亚中部高地的伊根贝地区(Îgembe)的一个聚落发生了一系列不幸的事件。人们相信,聚落内有人掌握着危险的诅咒之物,因此长老们宣布,相关之人必须在约定日期之前交出被诅咒的物品,否则他们将成为被诅咒的对象。他们中的一些人随后自愿在截止日期前带来了"被诅咒的物品"。其中一个是 30 岁出头的男人,以做家具为生。我见到了他并采访了他。他交出的"诅咒之物"是一条项链,据说这条项链能带来好运,他在镇上买了这条项链以祈求生意兴隆。据他说,自从戴上它之后,客人络绎不绝。然而,他惶恐地意识到,新客源都是从同行那里抢过来的。因此在听到长老们的声明后,他决定舍弃这条项链。

伊根贝地区的人们寻求内省,无论是对眼前之人还是对不照面的他者,抑或对他们自己。他们认为,情绪化地将问

---

① 千葉正士『現代・法人類学』(北望社,1969 年)。

题归咎于眼前之人，并不能根本解决问题。并且他们深信总会有那一个时刻，每个人都反思自己，向他人敞开自己。当出现争论时，长老们会认真听取双方的意见，但不会强行下结论说哪一方是正确的。相反，他们要求当事人吞下咒物。这是一种在当地被称为“muuma”的方法。当事人公开自我诅咒，说如果他或她有错，那么不幸就会降临在他或她身上。然后，有一天，说错话的一方肯定会发生不幸。事实证明，伊根贝人懂得真相要等到那一刻才明了。“muuma”没有即时性的效力，是“等待”揭示了有关各方本身的“真相”。更有一种可能，随着当事人自己的人际关系和生活环境的变化，或许有一天他们可能会意识到他们是错的，并改变自己的想法，产生新的理解。

在田野调查当中，我在收集与法律和司法研究直接相关的经验数据的同时，也能通过诸如前文提及的那些经验，深入了解当地人固有的正义观。我在伊根贝农村地区了解到“懂得等待的正义”，这亦成为我自己法律人类学研究当中探究法为何物的一个重要视角。我开始相信，作为一种对应然状态的保证，法律从各个方面来看都并不完美，它是一种人为的历史产物。因此，在探究作为知识活动的法律时，这种“懂得等待的正义”尤为必要。

［四］人类学和法学两门学科如何互相获得有效的知识？

人类学通过一系列可以看到每一位个体的具体例子来理解人类的生活方式和社会的形成。在这一点上，人类学家与法学家类似。人类学侧重于案例研究，而法律则侧重于判例研究,即两者都强调案例。这种共通点并不局限于案例本身,通过吸收大量的个别和具体的案例来寻找真正的普遍规律亦是两者的共通之处。总有一种对比认为,法学家寻求普适性,法律在社会中寻求普遍适用,而与之相反,人类学家则是寻求多样性和相对主义。我以为这种对比有失公允。

在我看来,托里(Tuori)于2015年发表的作品是一部对人类学和法学之间关系进行历史性讨论的重要著作。① 该书将西方法律传统或法律起源的研究与对未开化法律和非西方法律实践的研究相交融,从而产生了所谓的法律原始主义(legal primitivism),即一种跨学科的学术研究。在其间又以法律现实主义(legal realism)讨论了法律人类学的"革命"。之所以在这里将之称为"革命",是因为它试图摧毁思想和研究中既定的假设,一直将"过去的西方"或"非西方的现在"的法律原始主义作为当代西方的问题来面对,探寻超越西方与非西方的人类精神的普遍性。正如在作品中所提到的,杰罗姆·弗兰克(Jerome Frank)在美国司法的背景下借鉴了布罗尼斯拉夫·马林诺夫斯基的巫术理论来讨论"现代法律的巫术"。而卡尔·卢埃林在谈及美洲原住民夏延人(Cheyenne)的司法技术时,亦讨论了美国法官的应然样态。

我同意人类学和法学之间有必要进行对话,但与其说这种对话必须即刻开始,不如说我们必须深刻认识到,法律人类学迄今为止的研究积累早已以一种跨越人类学和法学的形式呈现出来。

① Tuori K., *Lawyers and savages*, Routle, 2015. ——编者注

[五] 能否简要评述2000年以来法律人类学(特别是在日本)的进展?

谈及2000年以来日本法律人类学的发展,我们就必须结合2009年去世的千叶正士的学术工作来探讨。他的英文著作《亚洲土著法》①和《法律多元》②在国际上被广泛引用。例如,伦敦大学东方和非洲研究院的维尔纳·门斯基(Werner Menski)于2000年首次出版的《全球背景中的比较法》③一书当中,分别用一个章节的篇幅探讨了印度法、伊斯兰法、非洲法和中国法,可谓比较法的大作。而贯穿其中的法学基本理论正是以千叶的理论为基础。出版于日本的《寰宇世界的法文化》④和《法文化论的展开》⑤均是探讨千叶学术成就的文集。其中,后者是具有国际性的纪念论文集,其中除了受到千叶学术影响的日本学者外,门斯基和他的学生亦有贡献。该书还收录了千叶的著作目录和对其主要作品的解答,对千叶的学术成就做了整体回顾。

在这两本文集出版后,另一个纪念作品《千叶正士全集》⑥的出版计划业已启动。由于千叶的作品数量庞大,对其全部作品的编辑和校对花费了大量时间(将于2022年由

① Chiba Masaji, *Asian Indigenous Law: In Interaction with Received Law*, Routledge & Kegan Paul, 1986.

② Chiba Masaji, *Legal Pluralism: Toward a General Theory Through Japanese Legal Culture*, Tokai University Press, 1989.

③ Werner Menski, *Comparative Law in a Global Context: The Legal Systems of Asia and Africa*, Cambridge University Press, 2006.

④ 角田、石田『グローバル世界の法文化』(2009年)。

⑤ 角田、Menski、森、石田『法文化論の展開:千葉正士先生追悼』(信山社,2015年)。

⑥ 千葉正士、大塚滋『千葉正士全集:比較法文化論の黎明. 第1集第1巻(人間と法-法主体の探究)』(信山社,2022年)。

专门从事法学研究的出版社信山社出版)。编辑委员会(包括大冢滋、角田猛之、长谷川晃、北村隆宪和石田慎一郎)如下文将提到的那样,以15年为单位,着眼于每一时期千叶的学术研究的新发展,并将之反映在《全集》的整体结构当中。这四个时代的划分很有意义,不仅因为它们反映了千叶个人学术兴趣的演变,而且还因为它们反映了世界学术界的趋势和日本法律人类学的发展历史。这意味着千叶吸收国际学术界的最新研究成果,传播了自己的研究成果,并影响了后来的几代学者,进而引领了日本法律人类学的发展。在下文中,我将追溯千叶在各个时期的学术功绩,然后对2000年以来日本法律人类学的发展给出我自己的评价。

千叶正士的学术发展及其时代的划分如下。1949—1964年:法哲学和法律思想史(文献研究);法社会学背景下的城市和乡村研究(实证研究)。1965—1980年:法律人类学和法社会学(理论和研究历史的回顾)。1981—1998年:法律多元化和亚洲法学研究(理论和实证研究、联合研究)。1999—2009年:倡导全面的比较法学(对学术生活和提出的挑战进行回顾)。

千叶正士出生于1919年。"二战"期间,他于1943年从东北帝国大学法律系毕业进入研究生院,在担任法律系主任的法哲学家广滨嘉雄的指导下,受聘为特别研究生,研究主题为"大东亚建设的法理"。这一研究主题,以及特别研究生制度本身,都是迎合战时的国家政策的产物。战时的千叶虽以上述主题为名,但他在实际的研究中则是通过在仙台附近的农村进行田野调查来研究神社和仪式组织。这项研究虽然部分包含了民俗学研究的内容,但其总体目标旨在观察现代国家法律体系引入后地方社会的重组情况,具有强烈的法律社会学研究特征。广滨在战后因“为战争提供意识形态基础”和“鼓吹极端民族主义”被认定不适合教职而遭到免职。尽管千叶一心将他对神社的研究作为研究志业,但他后来的著作和其他作品都表明,他对战时法哲学以及对自己态度的强烈反思,构成了他学术根脉的重要部分。

上述时间段的第一个时期(1949—1964)涵盖了从1949年千叶在东京都立大学任职开始的15年。当时,东京都立大学已有以祭典研究而闻名的政治学家松平齐光,因此千叶上任伊始,除讲授法律、法哲学和法社会学等课程之外,在校外还他参加了川岛武宜等人领衔的关于乡村习惯的联合调查。千叶秉持着大学院时代的研究初心,作为一名基础法学的教育者和研究者开始了自己的事业。

从第二个时期(1965—1980)开始,千叶的研究开始转向法律人类学和亚洲法学。他认为这是一门理解他民族和异文化法律的学问,一门描述法律的,彰显了自然人和社会法律主体(见下文)主体性的学问。这种转向始于他开始赴美留学的1965年。

千叶远赴美国明尼苏达大学人类学系学习,师从法律人类学家霍贝尔,广泛吸收了海外研究的新动向。当时的国际学术界,英国社会人类学者马克斯·格拉克曼领衔的曼彻斯特学派,以及美国文化人类学界的霍贝尔和年轻的劳拉·纳德等人十分活跃,以冲突案例研究(Case Method)为主轴的法律民族志,正逐步成为法人类学的研究方法。千叶在《法律时报》(日本的权威法律学术杂志)开辟了一个关于“世界的法社会学”的长期连载(与他的同事和东京都立大学的法律社会学家石村善助一起),介绍法律人类学和法社会学的国际学术趋势。1969年,千叶出版了《现代法律人类学》①,

---

① 千葉正士『現代・法人類学』(北望社,1969年)。

详细介绍和考察了截至该书出版时日语、英语、法语和德语世界的法律人类学的历史。在法人类学领域,如此浓墨重彩大体量的学术史著作尚属首次。

在上述的第二个时期(1965—1980),千叶基于法律人类学和法社会学领域的冲突案例研究的发展,探索了与"法律制度"相对的"法律秩序"以及"法律与秩序的连续性理论"的相关概念,这些探索集结成为《法律与冲突》①一书。这些概念捕捉到了人类法律主体(使用法律的人类个体)的经验,即所谓"活的法律"。纵观千叶的整个法律理论,他所言的人类法律主体的主观性应该在冲突案件的分析中给予实证观察。千叶在这一时期的研究并不一定对日本学术界产生了何等重大的影响,但它所包含的研究角度对随后第三个时期的研究至关重要。

上述第三个时期(1981—1998),千叶在日本和国外组织联合研究,并在法律多元(legal pluralism)和亚洲法律研究领域确立了自己的领先地位。在此期间,千叶专注于多元法律制度的理论研究,撰写了多篇关于日本作为本土法律形成案例的文章,并组织了关于斯里兰卡的联合研究。在这里我就不展开讨论了,但千叶的"三重二分法"(正式/非正式法律、固有法/移植法、法律规则/法律原理)的分析框架阐释了自然人法律主体如何援引来自不同社会文化背景的法律,从而导致社会中法律的多元化。千叶还提出了另一个概念,即"自我认同的法原理"(法律文化的身份假设),讨论了在法律多元的情况下,新的固有法和社会法律实体(接受固有法的社会/共同体)是在何种价值观的影响下产生的。我认

① 千葉正士『法と紛争』(三省堂,1980年)。

为,在他的众多著作中,《法社会学——追索问题》一书最为系统和明晰,能够帮助我们在上述交错的理论体系中一窥千叶理论的全貌。

我个人认为,千叶在第三个时期当中致力于寻求人类法律主体和社会法律主体这两个层面的理论整合,但关于这一点,他的研究在理论上是不完整的。因此,在我对千叶理论的研究过程中,我提出有必要假设存在一个"第三法律主体"来连接两个法律主体。第三法律主体是知识分子、律师或法官,他们是一个个体,同时也扮演着一个特殊的社会角色。长谷川晃在北海道大学进行的围绕"异法融合"的共同研究(长谷川编,2012),也可以理解为是一种法律多元主义研究。并且"指向新法出现的法律秩序之形成和转变"这一研究视角和千叶的研究亦有诸多共通之处。这就是为什么我想以长谷川关于"法律行为主体"在新法出现中的作用之论点为线索,展开对上述第三法律主体理论的探讨,并以此发展和拓宽千叶的理论体系。

接下来就是2000年以后的日本法律人类学,也就是上述的第四个时期(1999—2009),已经年过八旬的千叶致力于整合他在第三个时期的研究(千叶 2001, 2003, 2015, Chiba 2002)。其中,2002年千叶提出的"综合比较法学",提倡在比较法学领域应当有一种有别于西方传统方法论的思考,可以说,只有领衔法律人类学和亚洲法学的千叶方才能发出这一呼吁。在此期间,千叶本人并没有自行组织联合研究,但深受他影响的学者们都在积极推动着各自的研究活动:以2000年创立的亚洲法律研究会为母体成立于2003年的亚洲法学会,同1992年创立的日本运动法学会(千叶曾担任初代会长)一并,都是值得大书特书的典型事例。然而,相较上述两个学会,下面要提的三个共同研究当中,作为人类学家的法律人类学者都作出了更为显著的贡献。

第一,由中央大学的宫本胜领导的一项联合研究。宫本编纂文集①,基于区域社会背景,在更广泛的意义上描绘了"冲突管理",指出其中不仅包括解决冲突,还包括避免和缓解冲突。2004 年,宫本的研究项目通过立项②,正式开展联合研究,研究主题为"东南亚和东非地方社会的冲突解决和多元法律秩序生成研究",并在 2008 年出版了英文成果集③。这本论文集详细介绍了马来西亚、菲律宾、文莱和肯尼亚的正式和非正式法律之间的关系,以及习惯法在本国的运作和标准化现状。我认为,宫本的法律人类学研究不仅吸收了千叶关于冲突和多元法律制度的研究,而且还强调对法律的文化底层进行浓墨重彩的民族志描述,他承继了千叶受霍贝尔启发所提出的法律规则和法律原理的研究视角(Miyamoto 1988)。

第二,关西大学的角田猛之领导的法文化研究会。该研究会的成立得益于三个因素(角田,2015)。一是角田和千叶之间的私交,角田本人对千叶的研究(角田,1997)也是起因于此。二是"法律思想的比较文化论研究"(一项由上山安敏领衔的国际高等研究所的研究项目,角田本人亦有参与)中关于千叶的研究报告(2000)。三是角田带领的日本法社会学小型研讨会(2001)中关于千叶的研究报告。法文

---

① 宫本勝(Miyamoto,M.)編『〈もめごと〉を処理する』(雄山閣,2003 年)。

② 科学研究费辅助金基盘研究 A,类似国家社科基金重点项目。——译者注

③ Miyamoto,M. and J. J. Baptist eds., *Legal culture in South-East Asia and East Africa*,*Sabah Museum*,2008.

化研究会成立于2002年,最初的成员主要是以角田为中心的法哲学家为主。但在2005年,一批以“千叶理论再思考”为论题组织了日本法律社会学小型研讨会的年轻法律人类学学者也开始参与进来。在2008年左右,研究会明确提出了将法学和人类学整合的方向。上述两本回顾千叶学术成就的论文集(角田、石田2009;角田、门斯基、森、石田2015)和罗森(Rosen,2006)作品的翻译出版都是研究会的成果。此时在日本还有一个名为法文化学会的学术组织,与之不同的是,法文化研究会是一个私人研究小组,它以千叶学术成就为共同基础,关注法律主体性和多元法律制度领域。同时,通过角田的联系,研究会还参与了作为亚洲法研究重镇的关西大学的研究项目,这也是助推研究会发展的一大动力。正是因为有这样的背景,这种跨越专业和国界的、能够相互理解并具有持续生命力的共同研究才得以实现。

第三,“替代性正义的全球趋势联合研究”。这是我本人2007年在大阪大学组织的一个研究项目①。该项目以上文介绍过的组织了日本法社会学“千叶理论再思考”小型研讨会的年轻学者为中心,有持续关注法律人类学的年轻研究者和实务人员共同参与,提出了“Alternative Justice”这一概念,从而开拓了传统多元法律制度研究中不曾触及的新领域。(石田编,2011)。这个新概念是作为对传统裁判制度的各种替代方法的总称提出的,如非诉讼纠纷解决方式(ADR)、恢复性司法以及真相与和解委员会。这种跨越民事和刑事司法、法律与和平研究、法学与人类学的跨学科方法,是在千叶(1980)的冲突类型学基础上发展起来的,其开创性在国

① https://gcoe.hus.osaka-u.ac.jp/alternative_justice_e.html,最后访问日期:2022年9月16日。

际学界亦不遑多让。虽然这个概念和观点至今在日本学术界还没有被广泛接受,但在2021年11月和12月我本人亦有参加并发表演讲的JICA(日本国际协力机构)改善非洲国家司法救助研讨会上,替代性司法系统(AJS:Alternative Justice Systems)已然成为重要关键词之一,我确信,这一概念和观点在未来将变得越来越重要。

2000年以后日本法律人类学的发展,除了前述千叶的学术成就和上述三个合作项目的影响外,还有几个重要的学术背景。

第一,京都大学的棚濑孝雄以及受其影响的诸多学者的一系列研究(如棚濑,1988;棚濑编,1996)广泛吸收了人类学的成果,将法社会学和法律人类学连接起来。我个人认为,2000年后日本法律人类学者在日本法社会学研究和发表文章机会的增多,除了受千叶的学术影响外,主要得益于这些广泛接纳人类学的法社会学家。

第二,近年来,与法律人类学有关的研究积累急剧增加。最近的著作,包括法律人类学家马场(2012)、高野(2015)和大津留(2020)的博士学位论文都得以出版,且每篇论文都在相关学会获得了奖励。同一时期的森正美、则竹贤、加藤敦典和山田亨等人发表的论文,亦可谓扩展了日本目前的法律人类学研究。此外,京都大学以太田至为核心的研究团队(松田、平野编,2016)和成蹊大学的细谷广美所领导的研究团队(细谷、佐藤编,2019)激发了日本更多的人类学家来讨论冲突解决和建立共识(前者)以及法律和正义(后者)。其他如松村(2008)、深山(2012)、山崎(2018)、竹村(2019)、中空(2019)、太田(2021)、深川(2021)和藤井(2021),都明显地在向法律人类学靠拢。

第三,自21世纪初以来,日本人类学家普遍认识到国际化和国际交流的必要性。在此之前,千叶业已在国际学术界积极传播他的研究成果,可谓这方面的先驱。我认为这种学术研究的国际化正是目前日本研究人员重新评价千叶的一大原因和背景。在当前的日本法律人类学者中,尤以森正美和山田亨二人在国际化方面的贡献最为突出。前者以法律多元化委员会为基础构建了国际研究框架,而后者在连接日本和美国法律人类学方面扮演了重要的角色。

2019年出版的《识人性的法律,凭时间的正义:来自东非的法律人类学》①是我过去20年研究的集大成之作。它在尽可能地吸收世界各国研究成果的同时,也学习了上述千叶的学术成果。并且,它还同上述三个重要的共同研究深切相关,是在同法社会学者沟通交流,同研究同僚切磋琢磨之后写作的成果。因此,该书是一部以东非的民族志研究为基础,从正面讨论何为法律的作品。而我在法律人类学探索之中,那些基于日本视角方能显露的问题意识亦会呈现在书中的各个部分。

[六]能否推荐几本对您影响比较大的经典著作(不限于法律人类学著作)?

除了千叶的作品之外,对我有重大影响的法律人类学经典著作当属《北罗得西亚巴罗策人的司法程序》②和《规则与

---

① 石田慎一郎『人を知る法、待つことを知る正義——東アフリカからの法人類学』(勁草書房,2019年)。

② Max Gluckman, *The Judicial Process Among the Barotse of Northern Rhodesia*, Manchester University Press, 1955.

程序》①。在法社会学的经典著作中，《转变中的法律与社会》②，以及讨论更广泛法律领域的作品《司法过程的性质》，这两部经典都对我产生了重大影响。此外，《大众的反叛》③这部作品虽然不是一部法律著作，但启发了我探寻上文［五］中提到的“第三法律主体”。在上述著作中，除了格拉克曼、科马罗夫与罗伯茨的作品之外，其他作品均有日译版，这也为我提供了极大便利。

《复仇与法律》（穂積 1931）可被视为日本法律人类学研究的开山之作，它讨论了随着复仇—私力救济公权力化的刑法的发展。虽然19世纪和20世纪初的刑法进化论在一定程度上受挫于马林诺夫斯基的批评（他对作为一种通过互惠性实施的权利和义务规范的民法更加关注）。初次拜读到这本著作时，这种援引全球各地历史和民族志的大量实例来逐步论证的方法深深震撼了我。最近我越发相信，在民族志研究的同时，文献研究和比较分析的视角对于法律人类学研究同样必不可少，为此我也正在撰写一篇书评。

［七］对中国的法律人类学研究或中国同行有什么建议？

我所在的东京都立大学社会人类学系在法律人类学之外，还有着悠久的中国研究传统和积累，以历代教员为核心

---

① John L. Comaroff & Simon Roberts, *Rules and Processes: The Cultural Logic of Dispute in an African Context*, University of Chicago Press, 1981.

② Philippe Nonet & Philip Selznick, *Law and Society in Transition: Toward Responsive Law*, Harper & Row, 1978.

③ Ortega y Gasset, José, *La Rebelión de Las Masas*, Revista de Occidente, 1930.

的研究者们，同中国学者的交流由来已久。我们还有多名来自中国的留学生，包括一名几年前提交法律人类学硕士论文的学生。2019 年，我首次造访北京，有幸参加中央民族大学的一个研讨会，介绍了日本人类学。与会者中，来自东京都立大学的人不在少数，在同仁的帮助下，我得以与中国研究者进行交流。可以说是一次非常宝贵的机会。

近年来，国际学术界一直在探讨非西方中心的世界人类学的可能性。然而在实践中，学术研究仰赖英文作品，同时也追求以英语出版，这仍是不争的现实。在日本，尤其在法律人类学这样的专题研究中，学术研究的国际化往往倾向于以加入英语国家的研究团体为目标。在此，我谨向侯猛教授和王伟臣副教授表示诚挚的敬意和感谢，感谢他们给我这次机会，在中国的重要学术期刊上介绍日本法律人类学。同时也感谢负责将我的日文访谈译成中文的尹国鹏博士。

我从相熟的研究者处获悉，如《法律与人类学：中国读本》①《法律与文化》②《死给你看：对一类自杀现象的法人类学研究》③《法律人类学的理论与方法》④等重要著作均已出版，期待能了解更多更详尽的内容。同时，我还了解到，不仅仅是欧美著作，日本的法律人类学重要著作也已陆续被翻译成中文。而与此同时，中国法律人类学家也在积极用英文发表和传播他们的成果。

如上文[五]所述，现在日本人类学界已经普遍认识到学

① 参见朱晓阳、侯猛编：《法律与人类学：中国读本》，北京大学出版社 2008 年版。

② 参见赵旭东：《法律与文化》，北京大学出版社 2011 年版。

③ 参见周星：《死给你看：对一类自杀现象的法人类学研究》，巨流图书公司 2020 年版。

④ 参见张晓辉：《法律人类学的理论与方法》，北京大学出版社 2019 年版。

术研究国际化的必要性。此外,日本文化人类学会也一直致力于在东亚地区构建人类学网络。我相信,推动法律人类学国际研究的时机已经成熟了。或许语言多少会成为障碍,但我们可以通过翻译、同声传译或者英语来推动合作。我相信,通过更多的切磋琢磨,法人类学定能取得新的发展。我也呼吁,在未来两国学术界应当进行更进一步的交流。这正是主张综合比较法学的千叶正士过去曾反复呼吁的,而我也同样以之为己任。

饭田高*

[一]您是如何进入法的社会科学研究的?可以分享下自身的研究过程吗?

刚上大学的时候,我打算攻读经济学。大学一、二年级的时候我对经济学,特别是经济思想史很感兴趣,但在上课或看书的过程中,我强烈意识到要了解经济必须了解作为其前提的法律制度。因此,我决定从大学三年级开始在法学部学习。因为东京大学到二年级为止是教养课程,专业课程从三年级开始,所以,距离最终决定专业领域还有近两年的时间。

但是,一旦进入法学部接触法律学,就和自己想象的不一样了。最令人震惊的是,法律学(实定法学或法解释学)的很多领域都不太关注实际的人是如何思考并采取怎样的行动。在法律学的授课中,如何适用法律的条文、如何解释法院提出的判例,都就这个问题投入了巨大的精力。

我一直关注着法律在现实世界中发挥着怎样的功能这个问题。回应这种关心的是"法社会学"和"法与经济学"。我是2000年进入研究生院的,但在当时的日本,"法与经济学"还不能说十分普及,作为专业领域是无法选择的。因此,

---

* 本文由中国人民大学法学院博士生卫洪光翻译。

在法律学研究生院(东京大学研究生院法学政治学研究科)我选择了“法社会学”作为专业领域,研究“法与经济学”期间一边听经济学部的课一边自己学习。我的硕士学位论文题目是《通过博弈论分析社会规范的产生和维持过程》。

从研究生到助手的时期(2002年左右),发生了两件对我来说幸运的事情。一个是,日本的“法与经济学”研究也一点点扩大,研究的场所也增加了,特别是在公司法领域,经济分析成了研究中不可缺少的工具。另一个是,日本也决定建立效仿美国的法科大学院制度(之后,法科大学院于2004年开设),对“法社会学”“法与经济学”的授课需求高涨,也就是说,教育的场所也增加了。

我本来就对“法实际上有什么样的效果和功能”这个问题很感兴趣,偶然间有了致力于研究这样问题的地方。回头一看,我觉得非常幸运。

[二]您的研究方向包括法社会学和法经济学,您认为应该如何把握法社会学和法经济学的关系?

我认为,“法社会学”和“法与经济学”之间没有边界,是连续的。不过,根据你认为“法与经济学”是属于什么领域,“法社会学”和“法与经济学”的关系可能会有点变化。“法与经济学”包括描述性分析和规范性分析两种,但以哪一种为中心也根据研究者的不同而不同。

一方面,描述性分析把“法对现实怎样起作用,带来着怎样的结果”或者“被预测法有怎样的效果”作为问题。特别是前者对问题的关注与法社会学是共通的,显然具有连续性。例如,使用数据进行计量研究的法社会学研究者,实际上可以说采取了与法和经济学的描述性分析相同的方法。

另一方面,规范性分析把“什么样的法是可取的”,更进一步说是“什么样的法是效率的”作为问题。这个“应该是怎样的法”,是实定法学(法解释学)的研究者和法律家等具有实践性关心的人们容易关注的东西。换句话说,想找到课题解决方案的人容易跳到规范的分析上。

需要注意的是,如果你太过关注实践,那么只有关于可取法律的结论可能会让你一意孤行。例如,想要加强对雇佣合同和消费者合同的限制的人们,可能会寻找得出“这样的限制会提高效率”的研究来加强自己的主张。同样地,认为应该尽可能广泛地承认契约自由的人们,也有按照自己的主张进行研究的倾向。

要避免这样的事态发生,你需要从科学的角度冷静地分析法律的效果,暂时远离实践的关注和自己的主张。也就是说,规范分析必须以扎实的描述性分析为基础。但是,与实际发生的问题相关的描述性分析经常是没有充分积累的。没有能够进行规范性分析的记录性分析。

关于法律的效果和功能的研究正在进行中,但不明白的事情还残留着很多。为了进一步完善描述性分析,不仅是现在经济学中常用的统计因果推论,社会学发展起来的概念和工具也是有用的。我认为“法社会学”和“法与经济学”更能协同工作,也应该这样做。

[三]在日本,规范法学(法教义学)和社会科学法学的关系如何?以及您的研究是如何把握彼此的关系的?

我认为这是一个极其重要的问题。一方面,在日本,法社会学被视为"经验性地研究与法相关的现象,提供对法解释也有用的见解的学问领域",是与实定法学(对应的"规范法学"或"法教义学")合作发展起来的,特别是与民法和民事诉讼法的领域保持着密切的关系。例如,川岛武宜先生是民法学者,我的指导教授太田胜造先生原本作为民事诉讼法学者开始了研究。

这种情况随着学问领域的专业分化而变化。我成为研究生的时候,法社会学与实定法学的诸领域的距离已经相当地扩大了,属于日本法社会学会的实定法学者正在逐渐减少。后来,由于法科大学院的开设,实定法学的研究人员也越来越忙,实定法学与法社会学的交流越来越少。

另一方面,法与经济学在某种意义上与法社会学相反,从与实定法学相分离的地方开始研究,逐渐被实定法学所接受。理论研究自不必说,在法和经济学中进行的实证研究在实定法学中也逐渐成为不可忽视的东西。

社会科学的研究有理论和实证两方面,但现在的实定法学重视实证(我认为这与社会整体强调"证据"有关),所形成的状况是,实证已成了实定法学和"法的社会科学研究"的连结点。

但是,社会科学研究的意义应该不仅仅停留在实证上。我自己认为,社会科学有着为观察社会提供各种各样的视角(perspective),换句话说,提供各种各样的"模型"的重要意义。许多法律制度都是以对社会的特定看法为前提的。例如,家庭法假设的典型家庭形态,劳动法也假设特定的雇佣形态是典型的。或者,民法和经济法等法律也设想在有特定作用的市场的基础上制定规则。像这样,对社会的一定的"模型"是法律制度的背景,但我认为,对这种"模型"进行更深入的探讨,创造出替代性的“模型”的余地还很大。我认为,如果我们能够通过呈现多种视角来让法律制度变得更好,那么“法的社会科学研究”将会发展得越来越好。

[四]由于您从事跨学科法律研究,您如何与法学同行、社会科学同行对话或处理与他们的关系?

我所属的社会科学研究所,不仅仅是法学,经济学、政治学、社会学的研究人员都聚集在一起。因此,有相当多的机会与其他领域的研究人员交谈或共同进行研究。或许比和法学家交流的机会还多。

专门从事法律社会科学研究的研究人员,基本上无论在哪里都是少数。在法学中,法社会学、法与经济学与其他不同是不言而喻的,但在社会科学中,法学本身是特殊的。法学的讨论方法和研究风格与其他学问领域不同用语也很独特。因此,需要从基本的地方说明自己想法的场面肯定会很多。我觉得这样的经历对我自己也很有帮助。自己在无意识中深信的事情变得清楚,模糊地考虑的事情也变得明确。

与此同时,积极理解其他领域的人们的想法的态度当然也很重要。即使我不能理解某个研究者的想法,我也会尽量尊重他。例如,如果是高度的经济学和统计分析的讨论,有时连跟上话题都会变得困难。在学问领域的专业分化正在发展的现在,这样的情况可能会进一步增加。正因如此,我想在尊重“自己不懂的东西”的同时,不要失去想要理解它、学习它的意志。

[五] 您觉得(日本)法的社会科学研究的前景如何?包括与美国法社会科学研究的比较。

在日本,法的社会科学的研究逐渐被重视,不过,研究者的数量不足是现状。我认为与社会问题的种类和数量相比,研究人员太少了。其根本原因是,日本人口本身越来越少,而且对教育活动和研究活动的投资也很难增加。今后研究者在日本是否有增加的希望,不能肯定地说"有"。

但是,对于日本法律社会科学研究的前景,我并不一定悲观。在东京大学的研究生院,以中国为首的海外留学生非常活跃。为了发展法律的社会科学研究,无论如何同海外研究者合作是不可缺少的。从国际合作这一点来说,研究网络的规模可能不及美国,但也有日本或亚洲能做出巨大贡献的研究。

在法社会学、法与经济学领域,国际交流近十年来突飞猛进。研究生也开始在国际学会上报告或用外语写论文,同我还是研究生的时候相比有了很大的进步。虽然有点反论,但我认为如果不拘泥于日本这个框架,日本的法的社会科学研究就会有相应的前景。

[六] 能否为后来从事法社会科学研究的学生提供一些建议?特别是如何进行学术训练、阅读什么文献,等等。

我认为在进行社会科学研究时,统计学知识是首要的。如果可以的话,什么数据都可以,建议自己分析一下。为了不被数据左右,自己处理数据是很重要的。从数据中发现确切的结论当然也很重要，但从数据中知道细碎的信息也应该有帮助。

然后，刚才提到了“模型”，我认为学习用于记录或分析社会的模型也不错。这样的模型在进行数据分析时也很有用。我个人受到影响的书籍是经济学家托马斯·C. 谢林（Thomas C. Schelling）的《微观动机与宏观行为》（*Micromotives and Macrobehavior*）①。研究生期间在博弈理论的学习及阅读过程中，我对个人的意图和行动与社会现象间的关系进行了深入思考。查尔斯·A. 拉维（Charles A. Lave）和詹姆斯·G. 骑（James G. March）的《社会科学模型导论》（*An Introduction to Models in the Social Sciences*）②也是很好的文献。但是，这些文献出版在 20 世纪 70 年代，应该说是古典的书。更现代的书籍包括斯科特·E. 佩奇（Scott E. Page）的《模型思想者》（*The Model Thinker*）③。以上的书都不是以法律制度为直接对象的，但都有通用性很强的内容，我认为这也会给法社会学研究者带来重要的启示。

如果你对法律和经济学感兴趣，我建议你先读史蒂文·沙韦文（Steven Shavell）的《法律的经济分析基础》（*Foundations of Economic Analysis of Law*）④。因为是很厚的书很难读完，但能收获的东西会很多。

---

① See Thomas C. Schelling, *Micromotives and Macrobehavior*, W. W. Norton, 2005. ——编者注

② See Charles A. Lave & James G. March. , *An Introduction to Models in the Social Sciences*, University Press of America, 1992. ——编者注

③ See Scott E. Page, *The Model Thinker*, Basic Books, 2018. ——编者注

④ See Steven Shavell, *Foundations of Economic Analysis of Law*, Harvard University Press, 2004. ——编者注

《法律和社会科学》(2023)　第20卷第1辑,第63~100页

问答:法律人类学在中国

周　勇　朱晓阳　高其才　赵旭东　张佩国*

编者按:"法律人类学在中国"更可以理解为中国人所从事的法律人类学研究,所以我们以同样的方式书面采访了周勇、朱晓阳、高其才、赵旭东、张佩国等资深学者,邀请他们各自讲述了从事法律人类学研究的经历以及对于促进法学与人类学沟通融合的看法。虽然他们关注的主题、使用的方法、所处的学术环境并不相同,但是把他们的回答交织在一起,大致能够呈现出过去30年来中国法律人类学的发展图景。

* 周勇为奥斯陆大学法学院教授;朱晓阳为北京大学社会学系荣休教授、云南大学民族学与社会学学院特聘教授;高其才为清华大学法学院教授;赵旭东为中国人民大学社会与人口学院教授;张佩国为上海交通大学历史系长聘教授。

周 勇

[一]自己从事法律人类学研究的简要经历

1989年夏硕士研究生毕业,我进入中国社会科学院民族研究所,正式开始了在一个多学科专家汇聚的研究机构工作。当时的民族研究所是中国社科院唯一超过两百人编制的单位,远超过除上海社科院以外的各地方省级社科院的规模。民族研究所研究人员的主力是20世纪50年代以来参加民族识别、少数民族社会历史和语言调查的专家,他们当中许多人是中国许多少数民族第一部简史或语言简志的作者。新生力量是20世纪80年代以来获得硕士或博士学位的研究者,其中不乏某某少数民族的第一个博士等知识精英。我与他们一起参与了新一轮的佤族、藏族、维吾尔族、鄂伦春族地区的现状与发展调查,并结交了学术人生路途上亦师亦友的人类学、语言学、历史学等不同专业的同仁。

观察和描述不同文化的民族社区的法律生活,发现国家法在民族社区实施过程中的特殊困难并探讨解决路径是我当时学术关注的重点。法律人类学是助力我研究相关问题的主要知识资源。在梳理国内相关研究时,对于有文字的民族社会,我查找了许多少数民族历史文献中重要的成文法典;对于没有文字的民族社会,我阅读了民族研究所收藏的当时没有公开出版的近百份民族调查报告。针对当时不加甄别地利用这些调查报告描述少数民族习惯法的状况,我对1956—1964年这八年描述和记录习惯法的方法和问题进行了批判性审视,并参与了少数民族法制史的课题研究规划,旨在弥补中国法制史以中华法系为主叙事的不足,这种叙事忽略了农耕、游牧、采集、渔猎等不同文化生活方式之间法律制度的共存、杂糅和互动。

罗致平先生宽广的学术视野和精通德、法、日、俄等语言的能力,使我接触到法律人类学或法律民族学研究的相关外文资料。在阅读了《初民的法律》英文版①之后,我觉得这部20世纪50年代出版的作品尽管不是一本法律民族志的经典之作,但中国学界急需知晓法律人类学的基本理论和相关田野调查。当时外文资料的获得非常不易,而可以查找到的中译民族志作品只有20世纪30年代出版的《蛮族社会之犯罪与习俗》。② 这一领域学术交流上的间隔已有六十多年,千叶正士先生将《初民的法律》一书的日文版改名为《法律人类学的基础理论》,该书承上启下,正好适合介绍到中国学界。基于这一考虑,我与中国社会科学出版社和霍贝尔先生联系并获得版权,开始了历经一年多的翻译工作,遇到难解之处便与罗先生商讨,他还从日文版进行比较解读。

20世纪90年代初,我也开始了个人在黔东南苗族和侗族村落社区的田野调查。当时没有课题调研经费,去调查点都先乘坐公交汽车,且路况很差,常遇公路塌陷或滑坡的山石堵塞,有时需要在路途中等待数小时后,转上下一个县城

① E. Adamson Hoebel, *The Law of Primitive Man: A Study in Comparative Legal Dynamics*, Harvard University Press, 1954.

② 参见[波兰]勃洛尼斯拉夫·马林诺夫斯基:《蛮族社会之犯罪与习俗》,林振镛译,上海文艺出版社1989年版。

开来的车。进入村庄调查须自己挑着行李走山路,蚊虫叮咬和寝食方面的困难难以细述,还需要找到合适的翻译和向导,并支付误工补贴和报酬。这些具体的经历,让我对于前辈学者留下的民族调查文字有了更深的体认。我早期的一些稚嫩但却是基于田野的成果在《比较法研究》(关于苗族处理纠纷的佳歌分析)①和《民族研究》(侗族村落法研究)②等刊物发表。一篇投到《中国社会科学》杂志的关于国家法与习惯法冲突与调适的文章,编辑部的几位编辑还专门邀请国家民委研究室的专家一起与作者进行讨论,并提出修改意见。

20世纪90年代后期,我先后留学英国和挪威,注重就族裔、宗教和语言上的少数人以及土著人民权利的国际法问题和法理进行研究。2002年出版的《少数人权利的法理》③便是这一阶段的工作印迹。2003年后,我在奥斯陆大学负责挪威与中国在民族法研究教学领域的合作项目,协同一个多机构、多学科背景的研究团队进行实地调查,尝试从不同学科视角观察和分析基于领土的区域性自治和基于文化的功能性自治问题。这些跨学科沟通的努力,部分反映在法律出版社出版的《民族、自治与发展　中国民族区域自治制度研究》④和《少数人与群体权利国际期刊》(英文)发表

① 参见周勇:《初民社会纷争调处的法则——黔东南苗族"佳"歌的法律分析》,载《比较法研究》1993年第2期。

② 参见周勇:《侗寨村落法初探》,载《民族研究》1994年第6期。

③ 参见周勇:《少数人权利的法理》,社会科学文献出版社2002年版。

④ 参见周勇、[挪威]马丽雅:《民族、自治与发展　中国民族区域自治制度研究》,法律出版社2008年版。

的论文中。①

2000 年以来，我多次参加联合国相关工作会议，观察全球性和区域性治理机制中土著人民与联合国和相关利益攸关方的互动，并特别关注与土著人民有关的土地、草场、森林和水资源等自然资源与可持续发展治理的问题。

[二] 作为法律人类学研究者，您如何与法学和人类学同行对话？

法律人类学的研究者通常有两种进路：一是先受法学院的训练，然后学习实践人类学的理论和方法；二是作为人类学专业的学者，注重观察和研究法律的现象和问题。对话沟通上的困难与人为的学科体制划分和客观的职业取向训练相关。这两种不同进路的学者有一个共同特征，就是都有意在观察和分析问题时，拓展自己的理论视野和研究方法。由于任何一个社会问题都具有整体关联性，当研究者有意愿寻求认知（知）和实践（行）的方案时，人为划定的学科樊篱就不会成为建设性对话的樊篱。

我长期关注的少数人（minority）和土著人民（Indigenous People）的权利问题是一个法学、人类学、社会学、政治学等

① See Yong Zhou, *Legal Predicament of Combining "Regional" and "National" Autonomy: A Group Rights Perspective*, International Journal on Minority and Group Rights, Vol. 16, p. 329-348 (2009); Lundberg, Anna Maria C. & Yong Zhou, *Hunting-Prohibition in the Hunters' Autonomous Area: Legal Rights of Oroqen People and the Implementation of Regional National Autonomy Law*, International Journal on Minority and Group Rights, Vol. 16, p. 349-397 (2009); Lundberg, Anna Maria C. & Yong Zhou, *Regional National Autonomy under Challenge: Law, Practice and Recommendations*, International Journal on Minority and Group Rights, Vol. 16, p. 269-327 (2009).

多学科对话交流的领域。从我的工作经验来说,沟通上的困难首先不发生于法学与人类学者之间,而是发生在国际法与国内法研究者之间。从 20 世纪 20 年代初的国际联盟到后来的联合国,这一国际多边合作体系构建的百年历史中,关于少数人和土著人民权利的国际法规范分成两套框架体系,分别以联合国 1992 年《少数人权利宣言》①和 2007 年《土著人民权利宣言》②为代表。从历史渊源来看,少数人权利保护的规范框架以欧洲的实践为中心,1919 年《波兰条约》(或称《小凡尔赛条约》)③为代表一系列国际和平条约成为国际联盟体系的基础。而土著人民法律框架建构则始于 1923 年易洛魁联盟(Iroquois Confederacy)的代表 Deskaheh 在日内瓦向国际联盟提出的《红人的正义诉求》(*The Redman's Appeal for Justice*),以北美为中心。

经过一百多年以来国际和国内政治的发展演变,这两套体系的规范制定和实施问题与各国的具体实践日益紧密相关。自 20 世纪 80 年代以来,联合国机制中成立有关土著人民和少数人问题的工作组和各种论坛活动都是法学、人类学专家积极参与的场域。讨论的论题包括文化、语言、宗教信仰、生活方式以及教育、贫困、资源环境管理、经济发展、政治参与等各方面。

自 2003 年我在奥斯陆大学负责挪威与中国民族法律合作研究项目开始,就对民族区域自治制度开展了研究,这是沟通法学、人类学等多学科交流的一次尝试。我们通过在四

---

① 联合国《少数人权利宣言》(*UN Declaration on Minority Rights*)。

② 联合国《土著人民权利宣言》(*United Nations Declaration on the Rights of Indigenous Peoples*)。

③ 《波兰条约》(*The Treaty of Versailles*)。

川凉山的彝族,云南怒江、西双版纳、丽江,以及内蒙古的鄂伦春等民族聚居地区进行田野调查和个案研究,来具体观察、描述和讨论相关问题。

我们的合作除研究教学活动外,还拓展到政策和立法的建议方面。《北京—奥斯陆关于保障少数民族语言权利的建议书》就是法学、语言学、人类学等专家合作的一个代表。鉴于多语种、多族群和语言使用的多种社会历史和现实因素呈现出“众口难调”的状况,我们组织了源于欧洲和中国经验的国际比较研究,并在此基础上提出了语言权利法律框架的“菜单机制”,即让不同国家在语言政策和立法中,可以选择适合其“口味”或实际情况的建议方案。但这些不同的方案选择又都基于以下三项共识和基本原则,即语言作为一种权利、语言的多样性作为一种资源、语言的传承作为一种基于文化认同的可持续发展。2022—2032 年是联合国土著人民语言十年。2022 年 7 月在日内瓦举行的联合国土著人民权利专家机制的会议上,我建议鉴于亚洲国家相关的政策和法律,“土著语言”的概念应采取广义的解释。具体说来,就是在将“土著人民语言十年全球行动计划”(The Global Action Plan of the International Decade of Indigenous Languages)的地方化过程中,至少应当参照联合国教科文组织绘制的世界濒危语言地图(Atlas of the World's Languages in Danger),为濒危的少数民族语言社区参与这项活动提供政治和社会空间。我的这项提议从法学的视角考量,是基于土著人民自我主观认定的原则和非歧视的法理权利,从人类学视角看,就是对文化认同、文化自觉、文化自主的确认,对语言多样性价值的认知及其保护具有实践的功效。

我是作为先受法学训练的研究者进入法人类学领域的,

这种研究领域转变通常是因为有一种对现实法律规范问题的痛感。举例来说,新近我对有关“自然圣境”(sacred natural sites)的纷争研究,讨论的是国家法设定的对于土地、山林、河流等绝大多数被称为“自然资源”的所有权。这种设定建立在自然与文化两分论基础之上,对于自然资源的保护和开发的法律规范框架并不考虑个人和群体对于其生存的文化生境(山河湖海以及相关动植物)之间特别的精神和文化联系,并由此而引发了在世居民族地方进行各种体育、旅游、矿藏、水资源开发等活动与当地社区对神山、圣湖等信仰和习俗的冲突。中日联合登山队攀登云南迪庆卡瓦格博峰与当地社区发生的冲突便是其中一例。对此,从法律多元论的视角来观察,解决问题的关键是世俗的国家法体系如何包容和接纳具有各种不同的宇宙观、信仰和深嵌在当地世居民族生活方式和社会福祉中的习惯法规范。有兴趣的朋友可以查阅 2021 年《北欧人权期刊》讨论宗教和法律问题的专辑中的文章。①

最后我想说的是:当下的法律人类学研究涉及人类社会政治、经济、文化的各领域,时常查阅相关专业的学术期刊和书评文章就能了解讨论的前沿问题。法律人类学云端读书会极富创见的组织活动和网络时代的资讯为法律人类学学人提供了优秀的学习和交流平台。重要的是,纸上得来终觉浅,法律人类学学人应当仔细阅读的是社会这本大书,找到你觉得有痛感的问题去解释和分析。知起于行,在知识生产和科学探求的过程中,任何学科的标签和界限已经不重要。

---

① Yong Zhou, *Communities'Sacred Mountains vs State-owned Natural Resources—Towards a Rights-based Governance of Cultural and Biological Diversity in China*, Nordic Journal of Human Rights, Vol. 39, p. 508-529(2021).

朱晓阳

[一]自己从事法律人类学研究的简要经历

20世纪90年代中期,我在澳大利亚国立大学读社会学研究生时,认识了当时在那里访问的挪威学者伯格·巴根(Bakken)。他让我看了他的博士论文,那是一本关于中国教育规训的书,翻译成中文应当是《楷模社会》(*The Exemplary Society*)。我当时经常在校园内外见到伯格,逐渐对社会控制和越轨这样的主流社会学话题产生了兴趣,在求学期间也比较注意选这方面的课程。事实上自从福柯(Michel Foucault)在英语世界形成影响以后,社会控制和越轨等研究也是社会学中的热门课程。后来我申请到澳洲政府奖学金,并在麦考瑞大学开始做人类学硕士生后,便将越轨和社会控制作为论文的主题。在升级为博士生后,又得到代理导师布莱恩·费根(Brian Fegon)的指导,从而进入人类学的政治/法律领域。布莱恩师从詹姆斯·斯科特教授(James C. Scott),在耶鲁得到了博士学位,他的研究领域是菲律宾的农民政治。布莱恩是一位好老师,但很少写论文,他给我看过的唯一一篇论文收录在斯科特编的《农民的日常抵抗》一书中,那是一篇关于菲律宾农民的文章。斯科特为那本书写了一篇较长的序文,题目是《农民日常抵抗的形式》①。

---

① James C. Scott, *Weapons of the Weak: Everyday Forms of Peasant Resistance*, Yale University Press, 1985.

因为布莱恩的指导,我读了斯科特的主要著作,并学习了政治/法律人类学关于延伸(拓展)个案方法的基本文献。布莱恩还指导我读了其耶鲁大学的老师,法律人类学家利奥波德·巴斯比西(Leopold J. Pospisil)的《法律人类学:比较理论》①等。后来我在云南的研究和博士论文基本上就是在这样的知识背景下开展的。

如同大多数归国留学生一样,我也将西方社会科学的范式、概念和进路作为观察和研究中国社会的框架。但在博士论文完成之后,特别是在以博士学位论文为基础的《小村故事:罪过与惩罚(1931—1997)》②出版后,我对这种做法越来越不满意。我进入社会科学的时期正是后现代和反思人类学大兴的时刻,从21世纪初开始,我对这种人类学也不满意。就这样,我开始寻找西方之外的法律或政治人类学出发点,也寻找后现代表征危机说之外的人类学"实在"作为立脚点。

21世纪初的几年,我的探索刚刚开始,仅在国内学刊上发表了几篇有关这方面的理论文字,例如一篇发表在《中国社会科学》上③,一篇收录在陈向明、赵旭东和我编的一本方法论的书④里,并结集出了一本题为《面向"法律的语言混乱"》⑤的书。后来由于我在长达10年的时间里参与了滇池东岸的城市更新介入,理论方面的写作和发表在那期间基本

① Leopold J. Pospisil, *Anthropology of Law: A Comparative Theory*, HRAF Press, 1974.

② 参见朱晓阳:《小村故事:罪过与惩罚(1931—1997)》,天津古籍出版社2003年版。

③ 参见朱晓阳:《"语言混乱"与法律人类学的整体论进路》,载《中国社会科学》2007年第2期。

④ 参见陈向明、朱晓阳、赵旭东主编:《社会科学研究:方法评注》,重庆大学出版社2006年版。

⑤ 参见朱晓阳:《面向"法律的语言混乱"》,中央民族大学出版社2008年版。

上被现实关怀为主的民族志和散论所湮没。幸好在北大的近 20 年的教学中，政治/法律人类学理论一直是我教学的主线。20 年前开始的探索另类进路的努力和思考在教学中一直有进展，并不时借时政性散论和经验研究文章闪烁出现。

最近几年，由于介入城市更新的研究做调查不易，发表也不易，反而有不少时间能用来将被搁下多年的政治社会理论整理成文。于是从 2020 年开始发表了一系列有关政治和法律人类学的文章①。这一批论文的主题和内容虽然早在 20 年前已然开始，但其框架、概念和方法论的成熟是最近七八年的事。

我将自己近年思索的进路概括为“日常语言视角实在论人类学”。这一框架一方面与我在十多年前谈的“整体论”一脉相承，在另一方面也融进了当代人类学，特别是视角论的成就。日常语言视角实在论的特殊之处是预设日常语言述说中“世界”或生活形式的相对性。法社会科学（law and social science）学人都熟悉的人类学家格尔兹有一句名言：“民族志在抒写巫术的部分，不需要像巫师写的一样。”用日常语言视角实在论的话来说，则有：“可以用巫师的语言来写关于巫术的民族志。”格尔兹在《地方知识——阐释人类学

① 参见朱晓阳、刘立杰：《本体论转向》，载《广西民族大学学报（哲学社会科学版）》2021 年第 1 期；朱晓阳：《中国的人类学本体论转向及本体政治指向》，载《社会学研究》2021 年第 1 期；朱晓阳：《日常语言视角的人类学本体论》，载《中国农业大学学报（社会科学版）》2021 年第 2 期；朱晓阳：《“浅”而“实”与民族国家认同》，载《原生态民族文化学刊》2022 年第 1 期；朱晓阳：《本体观人：重温马克思主义人类学》，载《新视野》2022 年第 1 期；谢勇、朱晓阳：《指向人类学的影像民族志——基于“深耕”影像民族志工作坊（第一期）的讨论》，载《民族艺术》2022 年第 3 期；朱晓阳：《诗性与民族志影像的田野工作：从〈故乡〉〈滇池东岸〉到〈老村〉》，载《民族艺术》2022 年第 4 期。

论文集》①一文中,提出法律是“地方知识”,如果从日常语言视角实在论的预设出发,则会得出法律差异不仅是地方知识之差,而且是“地方世界”之别。“地方世界”之间的差异是不能相互化约的,不像格尔兹的“地方知识”论说的那样,可以通过相互评注,以“远经验”概念(非巫师的语言)书写。总而言之,我过去坚持的整体论与格尔兹的近经验/远经验或厚描在处理跨文化(语言)理解和翻译上虽然一致,但日常语言视角实在论更推进了一步,提出跨文化语言述说的差异视角与差异的生活形式相关。

[二]作为法律人类学研究者,您如何与法学同行对话?

似乎有一种观念:法学同行对包括人类学在内的社会科学进行借鉴,是想使法律研究得到一个实证的基础。这起码是我于2019年参加法律和社会科学年会得到的印象。我想应当向法学同行提出:人类学的目标是“叩问生活之道”,人类学是在此目标之下将科学(包括实证科学)与艺术融合的学问。如果仅仅将人类学当作使法律有一个实证或社会科学的底子,那是误导。当然,我并非否认法学有自己的理想和价值,相反,其规范目标或应然面相也是其学问的核心。但这种往往来自植入法律的理想或目标,在与中国的实际相遇时,确实会有“水土不服”的问题。这也许就是法学同行试图从社会科学寻找支援的动因。问题是如果不意识到社

① 参见[美]克利福德·格尔兹:《地方知识——阐释人类学论文集》,杨德睿译,商务印书馆2014年版。

会科学也与法学一样,面临理想目标与中国实际之间脱嵌,面临争论本土化的问题,便很容易将其技术层面的工具当作大道来借用。这是我前些年看到法学人中有人提出如何以计算机量刑时会想到的。

在过去十多年介入城市化和城市更新的活动中,我经常有机会与法律实操者合作或接触。他们是律师、法官或机构的法律顾问等。我们打交道最多的是律师和相关法学研究者。通过这些人,我对中国的司法实践有了远比过去多得多的经验和印象。我最近一些年写的东西中,与法学稍有关联的部分都是来自参与这些实践活动时,与基层司法工作者或当事者一起工作得到的资料。在这些情景中,我对于"法学等社会科学应当有'叩问生活之道'理想"的看法更加坚定了。

[三] 对现有习惯法研究如何评价?

这些年我对习惯法研究的阅读仅限于民族院校博士生的论文。但我们实际上已经没有几十年前民族学开展的习惯法研究的"习惯法"边界。在人类学一百多年前开始对习惯法进行搜集和研究时,先辈们的心中实际上对这些他者的所谓习惯怀着尊重和敬畏,即相信其中有着地方性的或普适性的正义和公正。我们今天在基层社会遇见的地方规范也往往蕴含早期人类学家面对的习惯法特征。例如,在乡村振兴、城市老旧小区改造(如加装电梯)或征地拆迁的场合,被当地人认可的空间和土地"所有"或所有形式分类,是与法律或社会科学知识中的所有权有差异的。再如,城市私人不动产交易中的一些实用规范,与世界上其他国家的一般房地产产权交易规范差别也很大。这些不动产交易的规范都是在中国过去四十年市场化导向改革中逐渐形成并被普遍采用的,并非与市场化相悖或在城市化中消失了。在我看来,这些规范的背后有我上一节所说的“地方世界”因素,而不仅仅是地方知识的差别问题。对这些差异“地方世界”从日常语言视角开展研究,应当成为习惯法研究的方向之一。

高其才

[一] 自己从事法律人类学、习惯法研究的简要经历

关于法律人类学的研究,我主要在广西金秀瑶族地区进行瑶族习惯法的调查和研究。① 在学习费孝通、王同惠、徐益棠等前辈学人的成果后受到启发,从接续学术传统、弘扬良善规范的立场出发,我从 2004 年 5 月开始,在金秀瑶山进行围绕习惯法的法人类学调查和研究。这些调查和研究以典型地区为样本,以当代时段为视域,以个案活动为对象,以连续观察为基础,以理论分析为目标,以形成范例为追求,在研究思路、整体框架、材料获取、基本判断等方面有独特追求。我发现瑶族固有习惯法的许多规范传承、保留到了当代金秀瑶山社会,并主要通过村规民约形式予以呈现。这方面的成果,主要有《习惯法的当代传承与弘扬——来自广西金秀的田野考察报告》②《桂瑶头人盘振武》③《村规民约传承习惯法研究——以广西金秀瑶族为对象》④等。

---

① 参见高其才:《传承与弘扬:法人类学的金秀瑶山实践》,载《湖北民族大学学报(哲学社会科学版)》2021 年第 2 期。

② 参见高其才:《习惯法的当代传承与弘扬——来自广西金秀的田野考察报告》,中国人民大学出版社 2015 年版。

③ 参见高其才:《桂瑶头人盘振武》,中国政法大学出版社 2013 年版。

④ 参见高其才:《村规民约传承习惯法研究——以广西金秀瑶族为对象》,湘潭大学出版社 2018 年版。

在习惯法调查和研究方面,我从1988年开始主要在广西金秀、浙江慈溪等地进行少数民族习惯法、乡村习惯法等非国家法范畴习惯法的调查和思考,也进行了国家法范畴习惯法的一些调查和探讨。① 我的习惯法调查和研究大致经过从宏观到微观、从历史到现实、从总体到专题、从少数民族到汉族、从乡村到城市等过程。我主要通过田野调查,通过行为、事件、人物等角度,描述习惯法的现实形态,分析习惯法的当代传承和变迁,思考现代化进程和国家法治建设中习惯法的价值和习惯法的现代自生机制。这方面的成果,主要有《中国习惯法论》(修订版)②、《中国习惯法论》(修订版)③、《中国习惯法论》(第三版)④、《中国少数民族习惯法研究》⑤、《瑶族习惯法》⑥、《生活中的法——当代中国习惯法素描》⑦、《当代中国法律对习惯的认可研究》⑧、《民法典编纂与民事习惯研究》⑨、《习惯在民事审判中的运用——江苏省姜堰市人民法院的实践》⑩等。2022年还会出版《当代

---

① 参见高其才:《修订版代序:探寻秩序维持中的中国因素——我的习惯法研究过程和体会》,载高其才:《中国习惯法论》(修订版),中国法制出版社2008年版。

② 参见高其才:《中国习惯法论》(修订版),湖南出版社1995年版。

③ 参见高其才:《中国习惯法论》(修订版),中国法制出版社2008年版。

④ 参见高其才:《中国习惯法论》(第三版),社会科学文献出版社2018年版。

⑤ 参见高其才:《中国少数民族习惯法研究》,清华大学出版社2003年版。

⑥ 参见高其才:《瑶族习惯法》,清华大学出版社2008年版。

⑦ 参见高其才:《生活中的法——当代中国习惯法素描》,清华大学出版社2021年版。

⑧ 参见高其才等:《当代中国法律对习惯的认可研究》,法律出版社2013年版。

⑨ 参见高其才:《民法典编纂与民事习惯研究》,中国政法大学出版社2017年版。

⑩ 参见汤建国、高其才主编:《习惯在民事审判中的运用——江苏省姜堰市人民法院的实践》,人民法院出版社2008年版。

中国习惯法的承继和变迁——以浙东蒋村为对象》。令我欣慰的是,《中国习惯法论》(第三版)法文版和英文版分别入选2020年和2021年国家社会科学基金中华学术外译项目。

同时,我还主编了《习惯法论丛》和《乡土法杰》丛书。《习惯法论丛》专门探讨1949年以来的当代中国习惯法,已出的13辑包括《当代中国民事习惯法》①《当代中国少数民族习惯法》②《当代中国婚姻家庭习惯法》③《当代中国的社会规范和社会秩序——身边的法》④《当代中国分家析产习惯法》⑤《当代中国的非国家法》⑥《当代中国的刑事习惯法》⑦《变迁中的当代中国习惯法》⑧《当代中国的习惯法世界》⑨《当代中国的纠纷解决习惯法》⑩《当代中国城市习惯法》⑪《当代中国村规民约》⑫等。

《乡土法杰》丛书力图通过一个人的经历来展现一个区

---

① 参见高其才主编:《当代中国民事习惯法》,法律出版社2011年版。

② 参见高其才主编:《当代中国少数民族习惯法》,法律出版社2011年版。

③ 参见高其才主编:《当代中国婚姻家庭习惯法》,法律出版社2012年版。

④ 参见高其才主编:《当代中国的社会规范和社会秩序——身边的法》,法律出版社2012年版。

⑤ 参见高其才主编:《当代中国分家析产习惯法》,中国政法大学出版社2014年版。

⑥ 参见高其才主编:《当代中国的非国家法》,中国政法大学出版社2015年版。

⑦ 参见高其才主编:《当代中国的刑事习惯法》,中国政法大学出版社2016年版。

⑧ 参见高其才主编:《变迁中的当代中国习惯法》,中国政法大学出版社2017年版。

⑨ 参见高其才主编:《当代中国的习惯法世界》,中国政法大学出版社2018年版。

⑩ 参见高其才主编:《当代中国的纠纷解决习惯法》,中国政法大学出版社2019年版。

⑪ 参见高其才主编:《当代中国城市习惯法》,中国政法大学出版社2020年版。

⑫ 参见高其才主编:《当代中国村规民约》,中国政法大学出版社2021年版。

域的法规范和法秩序,已出的7辑包括《洞庭乡人何培金》①《浙中村夫王玉龙》②《滇东好人张荣德》③《陇原乡老马伊德勒斯》④《鄂东族老刘克龙》⑤等。

[二] 作为研究者,您如何与法学同行对话?

作为研究者,自应以作品与同行对话。学者要自我努力,创作厚重的、有生命力的作品,核心为练好内功。

我不太喜欢泛泛地就诸如法人类学、法社会学的学科特质、研究对象等进行讨论甚至争论。我认为在当代中国,理论分析固然颇有价值,但更重要的在事实描述方面,我们现在对事实的了解和理解处于模棱两可的状态。只有在通过实证方式全面、客观地认识中国法规范、法秩序事实的基础上,才可能进行恰当的理论解读和分析,并进行制度安排和制度完善。我们需要进行学科基础性建设。

为此,我的法人类学、法社会学的思考奠基于田野调查。我选择广西金秀、浙江慈溪等地为我的田野调查点,进行较为连续的实证调查。我通过个案进行较微观的事实揭示,发现满足日常生活需要的法,在国家法治建设背景下认识和理解民众的法生活。我主要从非国家法角度探讨习惯法,近些

① 参见高其才、何心:《洞庭乡人何培金》,中国政法大学出版社2013年版。

② 参见高其才、王凯:《浙中村夫王玉龙》,中国政法大学出版社2013年版。

③ 参见卢燕:《滇东好人张荣德》,中国政法大学出版社2014年版。

④ 参见高其才、马敬:《陇原乡老马伊德勒斯》,中国政法大学出版社2014年版。

⑤ 参见高其才、刘舟祺:《鄂东族老刘克龙》,中国政法大学出版社2017年版。

年也从国家立法、司法层面思考习惯法。

在30多年的调查和研究过程中,我不断拓展研究领域、引领研究方向,努力提升研究水准,推动研究的学术影响力和可对话性。在此基础上,我通过参加研讨会、进行学术讲座和私下交流等方式与法学界的同行进行交流。

我个人体会,在20世纪80年代至90年代,除少量学者能够理解外,法学界普遍对非国家法、习惯法持否定性态度。现今的情况当然有了明显的不同,学者和学生群体总体上承认法人类学、法社会学的价值,对非国家法、习惯法等也予以一定的关注和肯定。

具体而言,我与法制史学者较易沟通,毕竟最早的法为习惯法,中外历史上均存在过或存在习惯法时期或习惯法。罗豪才等行政法学者提出软法说,我也参加过他们组织的研讨会,受到一定的鼓舞;我们的研究对象有共通之处,虽然概念、名称有异。我就宪法惯例问题向几位宪法学者请教过,就国际惯例向几位国际法、国际私法、国际经济法的学者请教过,就民间调解与几位诉讼法学者讨论过,就"打小偷"等问题与几位刑法学者讨论过,就民商事习惯与几位民商法学者讨论过。我在与法理学学者就习惯法进行交流时,发现法理学者们理解的参差。在这些请教、讨论、交流过程中,我的总体感觉是我国法学学者主要关注国家法、制定法、文本法、移植法,对社会法、习惯法、行动中的法、"活法"等真正感兴趣并进行思考的还是较少,视野方面稍显狭窄。或许是对所处区域社会和法治建设状况有深切的了解,民族院校的法学学者相比其他院校的学者普遍更肯定习惯法的研究价值。

在《民法典》的编纂过程中,法学界对民事习惯、习惯法的关注较多,在法律渊源、法律适用等问题上有一些讨论。

我在到一些基层人民法院进行民事习惯法适用、民事习惯参照等调查的基础上,发表了自己的一些看法,间接地与民法学和法理学同行进行对话。

到社会了解和发现事实,进行总结和分析,与法律界适当交流,同法学界做一定的探讨,这是我个人进行田野调查和研究的基本态度。学术研究终归为个人性的活动,有赖个体的静心修为,需要共同体但要超越共同体;学术对话是手段,非为目的。

[三] 作为研究者，您如何与人类学同行对话?

至于与法学界之外的人类学界、民族学界、社会学界等的交流、对话,我参与不多,更多的是向这些领域的学者学习。

我参加过中国人类学民族学研究会、广西瑶学会、中国人民大学人类学研究所等学术团体组织的学术研讨会,在广西金秀等田野调查点也遇到过北京大学社会学系、中央民族大学民族学与社会学学院、广西民族大学民族学与社会学学院的师生,与他们进行过一些交流。

我进行习惯法研究,是从整理我国20世纪50年代至60年代少数民族社会历史调查材料开始的。当时的调查大多有习惯法部分,如广西壮族自治区编辑组在1956年10月至1957年9月进行调查后编写的《广西瑶族社会历史调查(一)》①中,“广西金秀大瑶山瑶族社会历史调查”的“贰、政治”有“一、石牌制度”部分;贵州省编辑组在1956年到1963

① 参见广西壮族自治区编辑组编:《广西瑶族社会历史调查(一)》,广西民族出版社1984年版,第31-79页。

年调查后编写的《苗族社会历史调查(二)》①中,“从江县加勉乡苗族社会历史调查资料”有“六、习惯法和风俗禁忌”部分;云南省编辑委员会在1956年秋至1957年夏调查后编写的《民族问题五种丛书》之《佤族社会历史调查(二)》②中,“西盟县岳宋佤族社会经济调查”的“三、社会(一)政治和社会组织”有“5.习惯法”部分;云南省编辑组在1958年调查后编写的《景颇族社会历史调查(三)》③中“盈江县大幕乡硔汤寨(宝石岭岗)景颇族(茶山支)社会历史调查”的“二、政治制度”有“(三)习惯法”部分。这些调查材料弥足珍贵,其价值并没有得到充分认识,值得认真发掘。

我的田野调查方法是向社会学学习并在实践中不断总结而来。人类学、民族学、社会学对田野调查的重视对我有很大影响。我特别对人类学、民族学、社会学关于在田野调查点上的时间、语言的掌握、报道人选择、主题确定等方面的要求印象深刻。人类学强调的“讲故事”所呈现的画面极有说服力。人类学、民族学、社会学方面的许多作品在关注人方面给我以启发,那种洋溢着的人间烟火气令人感慨。

我总体感觉法学界的田野调查水平远落后于人类学界、民族学界、社会学界,需要认真向人类学、民族学、社会学同行学习,虚心求教。在可能情况下与他们进行合作调查,努力掌握实证研究方法,理解社会学的理论及其发展,大力提升田野调查的科学性、规范性,提高法学领域质性研究和量

---

① 参见贵州省编辑组编:《苗族社会历史调查(二)》,贵州民族出版社1987年版,第134-141页。

② 参见云南省编辑委员会编:《佤族社会历史调查(二)》,云南人民出版社1983年版,第25-26页。

③ 参见云南省编辑组编:《景颇族社会历史调查(三)》,云南人民出版社1986年版,第126-127页。

化研究的学术水准,为产出高质量的法人类学、法社会学学术成果奠定基础。

[四]您对现有习惯法研究如何评价?

在2008年出版的《中国习惯法论》(修订版)的《附录一:习惯法研究综述》中,我就习惯法研究的兴起背景、习惯法研究的路径、习惯法研究的主题、习惯法的分析框架、习惯法研究的特点、习惯法研究的不足、习惯法研究的深入等问题进行了初步的总结和讨论。虽然十多年过去了,我认为此文的基本看法仍然成立,我对我国学界有关习惯法研究的认识没有大的变化。

经过数十年中几代学人的努力,我国习惯法研究呈现较良性的态势。我国的习惯法研究的路径大致包括资料整理、翻译介绍、文献分析、田野调查、理论解释、比较研究等。我国习惯法研究的主题比较广泛,主要涉及习惯法理论、习惯法规范、习惯法传承、习惯法与国家法关系等方面。

通过观察,我发现对习惯法的事实描述除了展现现实生活中习惯法本身的多姿多彩,也能够展示客观事实本身的逻辑性。在理论分析方面,学者们大多受到西方理论的影响,从现代化、文化、国家与社会、大传统与小传统、法律多元、内生秩序、自发秩序、地方性知识等方面对习惯法进行解释和探讨,重在因果分析和价值探寻。

总结我国的习惯法研究,可以发现其具有中国问题的自觉、研究领域不断拓展、跨学科研究等特点。分析习惯法研究的现状,我国的习惯法研究存在一定的不足,主要表现在参与式研究不够、研究主题不够集中、研究方法有所欠缺、比较研究仍显得薄弱、学术争鸣不多、存在过强的功利色彩等。

经过学者们的努力,我国的习惯法研究有了一定的基础,相信通过认真反思、以人为中心、生活出发、关注当代中国社会的发展、静心戒浮躁、持续进行调查和探索、注重学术传承、更加明晰问题意识、自觉进行范式建构、突出中国化等努力,习惯法研究将会更加深入和得到进一步发展。

[五] 这么多年来,国内的法律人类学研究有怎样的进展?您能否推荐几本专著或读本?

我认为国内的法人类学调查和研究有一定的进展,译介了域外的一些代表性作品,出版了不少富有信息量的调查作品和有启发性的研究著作。①

从较为宽泛的角度,我觉得以下作品值得推荐:(1)陈金全、巴且旦伙主编的《凉山彝族习惯法田野调查报告》;②(2)张济民主编的《寻根理枝——藏族部落习惯法通论》;③(3)徐晓光的《苗族习惯法的遗留、传承及其现代转型研

① 个人觉得,我国老一辈学者的不少作品值得重视。如在金陵大学任教的徐益棠1935年借到南宁参加六团体年会之机,到广西象平瑶族聚居区进行实地调查,之后陆续发表了《广西象平间瑶民之法律》等调查成果。《广西象平间瑶民之法律》是重要的关于金秀瑶山的法人类学作品。此文记录了瑶民口头流传的不成文法和口述、记录的大瑶山"石牌规矩",对比了各种"石牌"的同异,并将之与布朗族、非洲南地人、非洲通加人、因纽特人的习惯法进行对比研究。参见徐益棠:《广西象平间瑶民之法律》,载《边政公论》1941年第1期。

② 参见陈金全、巴且旦伙主编:《凉山彝族习惯法田野调查报告》,人民出版社2008年版。

③ 参见张济民主编:《寻根理枝——藏族部落习惯法通论》,青海人民出版社2002年版。

究》;①(4)徐昕的《论私力救济》;②(5)赵旭东的《权力与公正——乡土社会的纠纷解决与权威多元》;③(6)朱晓阳的《罪过与惩罚》④《小村故事:罪过与惩罚》;⑤(7)阎云翔的《礼物的流动——一个中国村庄的互惠原则与社会网络》⑥;(8)项飙的《跨越边界的社区:北京"浙江村"的生活史》。⑦

如有兴趣,我的《中国习惯法论》(第三版)、《习惯法的当代传承与弘扬——来自广西金秀的田野考察报告》、《桂瑶头人盘振武》等也可参阅。

① 参见徐晓光:《苗族习惯法的遗留、传承及其现代转型研究》,贵州人民出版社 2005 年版。

② 参见徐昕:《论私力救济》,中国政法大学出版社 2005 年版。

③ 参见赵旭东:《权力与公正——乡土社会的纠纷解决与权威多元》,天津古籍出版社 2003 年版。

④ 参见朱晓阳:《罪过与惩罚》,天津古籍出版社 2003 年版。

⑤ 参见朱晓阳:《小村故事:罪过与惩罚》,法律出版社 2011 年版。

⑥ 参见阎云翔:《礼物的流动——一个中国村庄的互惠原则与社会网络》,李放春、刘瑜译,上海人民出版社 2017 年版。

⑦ 参见项飙:《跨越边界的社区:北京"浙江村"的生活史》(修订版),生活书店出版有限公司 2018 年版。

赵旭东

[一]自己从事法律人类学的简要经历

我自1995年秋季开始在北京大学社会学人类学研究所跟随费孝通先生攻读城乡社会学方向的博士学位。那时费先生因为年长而又事务缠身,见面的机会不是很多,更多时间我是跟着协助费先生指导我的王铭铭教授学习。王铭铭教授是人类学方向的学者,我也就逐渐转到了人类学的方向上来。他那时建议我从政治和法律方向进行研究,当时他恰好在主持一个和英国人类学家王斯福教授合作的有关于民间权威的研究项目,编了一本《乡土社会的秩序、公正与权威》的文集。① 我为此也写了一篇,忝列其间,主题就是有关于正义观念的解析。因为我之前有心理学的学习背景,更多关注心理学本土化的论题,因此,文章的思路是从文化观念比较的角度去看正义观的文化差异,这也成了我后来博士论文的研究主题,也就是去关注于民间正义或公正观念的表达。

由于观念的问题,从人类学的田野观察角度来看,需要有一种可视化操作。我便从文献阅读的角度出发,注意到了

① 参见王铭铭、[英]王斯福主编:《乡土社会的秩序、公正与权威》,中国政法大学出版社1997年版。

纠纷解决这个领域的人类学研究,特别是了解到了法律人类学中有关于规则和过程的问题讨论,由此开始从纠纷解决过程的角度去看待什么是中国乡村农民的正义观念。我不仅去村落之中进行访谈和参与式观察,并且还查阅了大量留存在县法院的诉讼档案,这些档案都是我所调查的河北李村曾经发生过并上诉到了法院的,主要是民事纠纷案件以及少许的刑事案件。我对这些材料进行了法律人类学分析,提出了权威多元以及差序正义这样的分析性概念。后来,我在1998年夏天获得博士学位,同时留在北京大学社会学系任教,专门开设《政治与法律人类学》这门课程。2003年,我出版《权力与公正——乡土社会的纠纷解决与权威多元》①这本博士论文,此书的英文版在2019年出版。② 2002年到2004年,我分别在英国伦敦政治经济学院以及荷兰莱顿大学访学交流,特别是在荷兰莱顿大学法学院专注于习惯法研究的冯·沃伦霍芬研究所(Van Vollenhoven Institute of Law, Government and Development)那里,我知道了荷兰人类学早期习惯法研究的传统和延续,并结识了专注法律人类学研究的法学家刘本(Benjamin van Rooij)。后来我在2005年转到中国农业大学社会学系任教,2011年又转到中国人民大学人类学研究所,所进行的研究更多是在文化转型人类学的问题上,但《政治与法律人类学》这门课程一直在给研究生开设,这方面的研究也在进行之中。

---

① 参见赵旭东:《权力与公正——乡土社会的纠纷解决与权威多元》,天津古籍出版社2003年版。

② Xudong Zhao, *Power and Justice: Disputes Resolution in a North China Village*, Springer, 2019.

[二] 作为法律人类学研究者，您如何与法学同行对话?

法律人类学无疑是一种交叉学科的学问,因此,从人类学出发的法律人类学家和法学家之间的交流是不可避免的事项。人类学家会从法学家那里感受到法学思考问题的方式,以此来形成人类学人对法律理解的对照基础。反之亦然,法学家如果关注人类学,也要了解人类学家思考问题的方式,这有助于改善法律学者过于专门化的狭窄思考。学科如果不交流就会变成自说自话,而自说自话是做不出来实际的法律人类学研究的。而对话有多方面的可能,比如从专业书籍入手学习,或是学术会议上交流研讨,还可以一起去做实地调查,由此可寻找到共同感兴趣的问题。

[三] 作为法律人类学研究者，您如何与人类学同行对话?

人类学更多意义上是从文化的角度关注社会构建的基础,以及跨社会的比较研究,这方面人类学有诸多民族志的调查研究,法律人类学家可以从这些既有的民族志书写中敏感地意识到法律人类学问题的真实存在。在这方面要时刻清楚,法不是死的,而是活的。同时,法律人类学家也可以提醒探讨一般问题的人类学家注意作为社会基础的法理意义的存在,并尝试去跟一般的法学家进行对话。

[四] 对现有习惯法研究如何评价?

习惯法研究是人类学中曾经最具有合法性的一个研究领域,可以说最初的法律人类学就是从习惯法观念入手,从人们的习俗生活的法律意义思考,从而转变为人类学的基本问题的,马林诺夫斯基 1927 年出版的《蛮荒社会的犯罪与习俗》①便是这方面的典范。但显然今天的语境是不同于过去了,我们要注意到西方中心意识在习惯法研究中的潜在存在,比如有些习惯法研究总是尝试着将地方性的习惯法转化为成文法,以为那才是法律,才符合国家法的理念。但那样做,实际上是无端地外加上来的一种法律,最终会使得当地的习惯法或习俗异化为根本不起实际作用的被束之高阁的法条,那对于习惯法的研究就失去意义了。真正的习惯法研究要从一种地方性知识的角度去发现或者揭示当地人习惯法中的思考逻辑以及自身在构建秩序上的文化智慧,而不是使活着的习惯法变成一种僵死的无用之物。

[五] 这么多年来,国内的法律人类学研究有怎样的进展?您能否推荐几本专著或读本?

最近二三十年,中国国内的法律人类学有了一些新的发展,从比较早的《法律与人类学:中国读本》②到后来的《法律

---

① Bronislaw Malinowski, *Crime and Custom in Savage Society*, Littlefield Adams, 1985.

② 参见朱晓阳、侯猛编:《法律与人类学:中国读本》,北京大学出版社 2008 年版。

人类学论丛》①,以及张冠梓陆续撰写和主编的有关于法律人类学的论述,另外云南大学张晓辉、王启梁团队在这方面也有很好的研究和作品,甚至有研究者专门去研究西方法律人类学家的思想。这方面的总体形貌,我了解的不是很多,但却真正值得有人加以梳理,这无疑有助于未来中国法律人类学的发展。特别是年青一代的人类学家,可以在这方面有更多的努力和贡献。

① 吴大华教授主编集刊《法律人类学论丛》。最新一卷是吴大华主编:《法律人类学论丛》(第8卷),社会科学文献出版社2022年版。

张佩国

[一]自己从事法律人类学的简要经历

我在接触法律人类学之前,是政治学出身。1984年,我考入山东聊城师范学院(2002年更名为聊城大学)政治系,那时学习到很多社会科学知识,诸如中国历史、世界历史、政治经济学、哲学、辩证法等,这对我以后转向人类学知识的学习打下了基础。本科毕业后,我被分配到家乡的县城中学任教,并于第二年考上复旦大学国际政治系政治学专业研究生。20世纪80年代,在当时关于国民性大讨论的"文化热"背景下,我一直在思考体制调整和权力约束的问题,认为在以"家国同构"为特色的古代传统之下,国家政治和家族伦理之间的结合比较密切,人伦关系和道德素质应成为研究中的重要因素。后来,我在20世纪90年代较早发表的有关法律人类学的论文,就是针对家国同构的文化价值原则予以探讨。①

硕士毕业后,我来到青岛大学教书,之后又考上了南京大学的历史学博士,研究方向开始转向历史学。那时,我对人民公社制度比较感兴趣,问题意识落脚在它的整个架构是

① 参见张佩国、刘立新:《中国古代家法与国法的相关性探析》,载《山东法学》1997年第2期。

否有一个制度基础和历史延续性，这也是后来做乡村研究的最初设想。我的博士论文研究土地问题，题目是《地权分配·农家经济·村落社区——1900—1945年的山东农村》，研究的核心聚焦于地权在阶层间的重新分配。书稿付梓之际，罗仑先生在序中指出："作者以地权分配为中心，将地权分配、农家经济和村落社区这三个紧密相关的问题融为一体，并把它们共同置于一个大生态环境体系中来加以考察，由于作者使用了这种将历史学和社会学相互贯通的研究方法，从而使本书颇具特色。"①地权问题不能单纯从经济角度解释，肯定需要一个整体性框架，它涉及政治、经济、法律、社会等诸多层面。

此后我的科研方向和田野兴趣便沿着这种思路延续下去，而且在人类学中找到了突破中国近代乡村史研究中存在的"概念化书写"。所谓的概念化书写，即"不管是以建构模式见长的西方史家，还是以实证资料取胜的中日史家，都程度不同地围绕某些基本概念来进行他们的历史学文本的书写"②。当然，在研究过程中，我们完全可以而且也需要用概念来解释历史，但"概念化书写"容易存在的问题是，它很可能把本来当作"工具"使用的概念视作"目的"本身，即把使用概念作为一个目的，而实际上概念本是用来解释历史的工具。所以，我在人类学中找到了工具，那就是去发掘历史背后的事实，去挖掘作为主体存在的乡土农民所固有的地权观念。可以说，我是读博的时候才开始接触人类学尤

① 张佩国：《地权分配·农家经济·村落社区：1900—1945年的山东农村》，齐鲁书社2000年版，序。

② 张佩国：《近代江南乡村地权的历史人类学研究》，上海人民出版社2002年版，第3页。

其是历史人类学、法律人类学,而且就是从乡村地权切入的。当时只要看到人类学的书就会买来阅读,对我影响较早的有杜赞奇、黄宗智等知名学者。我的博士后研究工作还是对人类学方法更加感兴趣,因为对地权制度的问题意识不仅涉及社会制度史,而且更应关注历史中的农民本身地权观念。

多年来,我致力于既"在田野工作中做历史研究",又"在档案馆中做田野工作",试图将"过去"和"现在"融通起来,①并以社会理论的想象力整合人类学、社会学和历史学三门学科,在知识论的意义上迈向一种开放的"整体社会科学"②。我一直在思索跨学科的研究方法,要把社会史、文化史、法律史等有机地综合起来,并逐渐对历史人类学达到这样一种理解,它不是历史学或人类学的分支学科,而是两个学科乃至多学科之间开放的对话交流平台。这种认知也促使我形成了心目中的法律人类学研究,它应该是实质意义上的,而非形式意义上的。这方面的相关研究主要涉及地权问题③、土地改革④、产权

---

① 张佩国:《历史活在当下——"历史的民族志"实践及其方法论》,载《东方论坛》2011年第5期。

② 张佩国:《作为整体社会科学的历史人类学》,载《西南民族大学学报(人文社会科学版)》2013年第4期。

③ 参见张佩国:《寻求经济史与社会史的契合——中国近代农村土地分配研究方法论探析》,载《江海学刊》1997年第6期;张佩国:《传统中国乡村社会的解释学——以地权分配为透视点》,载《东方论坛》2001年第1期;张佩国:《地权·家户·村落》,学林出版社2007年版;张佩国:《走向产权的在地化解释——近代中国乡村地权研究再述评》,载《西南民族大学学报(人文社会科学版)》2012年第3期。

④ 参见张佩国:《中国乡村革命研究中的叙事困境——以"土改"研究文本为中心》,载《中国农史》2003年第2期;张佩国:《公产征收与国家政权建设——"土改"至合作化时期绩溪县磡头村公产的处置》,载《中国农史》2014年第2期。

纠纷①等,最终目的在于呈现法律人类学研究的整体性与历史感。

[二] 作为法律人类学研究者,您如何与法学同行对话?

在一个学科里面经营十年,才能说基本上掌握了这个学科的规范。我从政治学到历史学再到人类学,都是在不断地摸索,始终带着很强的问题意识,然后一步一步走下来。对于一个学科的把握,比如当你自己贴标签式地说自己是人类学的研究时,可能并不是;当你并不刻意去强调,而你对话的都是人类学家时,那么应该就算是人类学研究了。大致而言,法律人类学研究者包括法学(如宪法学、法理学、法律史学、刑法学、民法学、经济法学)出身的学者和非法学(历史学、人类学、社会学、民俗学、地理学、脑科学)出身的学者,前者更加注重规范分析,后者更加关注事实阐释。双方可以协调形式主义和实质主义之间的方法论张力,达成某种最低限度的学科认同。

---

① 参见张佩国:《财产关系与乡村法秩序》,学林出版社2007年版;张佩国、周建军:《"公地"困境的中国经验——安徽省绩溪县仙人庵纠纷个案的在地化解读》,载《民俗研究》2011年第3期;张佩国、王扬:《"山有多高,水有多高":择塘村水务工程中的水权与林权》,载《社会》2011年第2期;张佩国:《风水与坟业的历史民族志——清代光绪十八年绩溪司马墓"盗葬案"探析》,载《西南民族大学学报(人文社会科学版)》2011年第3期;张佩国:《祖先与神明之间——清代绩溪县司马墓"盗砍案"的历史民族志》,载《中国社会科学》2011年第2期;张佩国:《正统化、祭祀权与庙产之争——清末至民国初年杭州吴山汪王庙的两次重修》,载常建华主编:《中国社会历史评论》(第13卷),天津古籍出版社2012年版;张佩国:《林权、坟山与庙产》,中国社会科学出版社2014年版;张佩国、徐晶:《乡村产权实践与基层治理困境——基于沪郊农村调查的反思》,载《探索与争鸣》2014年第5期。

那么,作为法律人类学研究者,应该如何与法学同行对话?或者说,既要强调学科规范,但也不要固守在狭隘的学科本位,不同学科领域之间应该如何打破畛域而相互借鉴?注重规范分析的研究进路,可以与拉德克利夫·布朗所认为的社会秩序源于强制施行的规则观点紧密相连,主要以霍贝尔、汉姆尼特等人为代表。他们大多都关注作为社会控制的法律以及强制性制裁,并将法律的程序看作履行社会规则的手段。关注事实阐释抑或过程的研究进路,其历史渊源应当是马林诺夫斯基所倡导的秩序来自有着自我利益的个体不断选择的观点,代表人物有博汉南、特纳等。他们对于什么是构成"法律"现象的可能内容采取了比较宽泛的视角,并将冲突问题视为社会生活中固有的本土特征,因而也是出现在整体社会文化背景之下的现象。①

我曾经提出"整体生存伦理"的阐释概念,是在民族志实践和反思的层面上予以思考的,②这也可以作为与学界同行进行对话的衔接点。说实在的,这个概念的提出还受益于我在宅基地研究里提出的"法律的道德化表述"问题。复旦大学范丽珠教授给过很好的建议:"你讲的法律的道德化问题,能不能进一步在整个社会的农民日常生活中有一种整体的呈现?而不仅仅是道德和法律的二元化。"这个建议非常棒,而且我本身也正是想要解决这个问题。整体生存伦理关照的是民族志实践中报道人的道德表述问题,就是不仅仅要听报道人说些什么,还要看他背后所表达的实践逻辑。它不能

① 参见赵旭东:《秩序、过程与文化——西方法律人类学的发展及其问题》,载《环球法律评论》2005 年第 5 期。

② 参见张佩国:《整体生存伦理与民族志实践》,载《广西民族大学学报(哲学社会科学版)》2010 年第 5 期。

建立在政治、经济、文化诸领域划分的经济决定论基础之上,而恰恰是要将其作为批判的靶子。它也不是一个本体论概念,而是为民族志实践提供些许反思意义与对话空间的认识论范畴。

[三] 您对现有习惯法研究如何评价?

在国外,习惯法研究应该说是重头戏,尤其在西方法理学界,这方面研究比较成熟。在国内,诸多学者移植西方的习惯法术语,实质上类似于中国的民间法范畴。法学、社会学、人类学、历史学等不同学科的学者对民间法问题给予了一定程度的关注,但大部分学者都把民间法视为民间社会的"实体法",而事实上民间法可能是一种多样化的法律实践机制。为此,我曾撰文《民间法秩序的法律人类学解读》①,在法律人类学层面上提出"民间法秩序"概念,并针对法律民族志实践中可能遇到的方法论问题进行探讨。

虽然我提出"民间法秩序"的概念,但它却与习惯法、民间法等相近概念不同,因而无法为其界定为一个经验上的效力范围。关于习惯法、民间法的定义,一些学者是在法律多元的分析框架下,与"国家法"相对应的意义上进行使用的,②且在与国家法互动关系上显示了其边界的相对模糊性,然而还不致妨碍对其实践意义的理解。有的学者也提出

① 参见张佩国:《民间法秩序的法律人类学解读》,载《开放时代》2008年第2期。

② 参见梁治平:《清代习惯法:社会与国家》,中国政法大学出版社1996年版;苏力:《法治及其本土资源》,中国政法大学出版社1996年版。

了"民间秩序"的概念①,但仍然是在"地方性知识"的框架内进行解释的。我更倾向于在"地方社会何以可能"的人类学层面上提出问题,在整体论视野中习惯法与地方民众的道德观、人观、宇宙观及时空的制度—文化安排可能并不存在明晰的界限。这实际上与西方法律人类学史上的两大范式相对应,即"以规则为中心的范式"和"过程的范式"。我更倾向于后一种范式,将民间法秩序看作地方民众围绕财富分配所形成的总体性的竞争与合作秩序。

民间法秩序,正如马塞尔·莫斯所讲的"总体的社会事实",它既是经济的,也是法律的、宗教的"社会事实"。比如我曾对"坟山"产生过兴趣,感觉这在人类学解释上很有挑战性,可以通过坟山的在地范畴把政治、经济、宇宙观、民间信仰等总体呈现出来。徽州地方称之为"祖山",我调查过的江西乐安、宜黄等地也有此说法。对于涉及的纠纷来说,它绝不是孤立的一次纠纷事件而已,其连续性体现在祖山的历史记忆中,其整体性蕴含了关于林权、风水观念、祖先崇拜等法律、经济、宗教诸多层面的结构性要素,已经不是单一的民间法问题了。地方民众的法意识作为地方性知识,也体现在习俗、信仰、道德、情感等诸多总体社会事实的构成要素中,必须从当地人的视角才能真正深度阅读这样的观念世界。如果仅仅局限在由权利、义务关系所规定的民间法的狭窄视野,则会遮蔽和过滤掉"总体的社会事实"中一些相关要素。另外,也不能无限扩展民间法秩序的经验范围,否则将其等同于"社会秩序"之类的泛化概念,那么其人类学的

① 参见梁治平:《乡土社会中的法律与秩序》,载王铭铭、王斯福主编:《乡土社会的秩序、公正与权威》,中国政法大学出版社1997年版。

解释意义也就不复存在了。所以,如果从本土资源出发,现有习惯法研究还有很大的开拓空间。

[四]这么多年来,国内的法律人类学研究有怎样的进展?您能否推荐几本专著或读本?

法律人类学研究的新进展主要体现在一种研究兴趣的逐渐转向,“即从社会秩序何以得到维持以及社会构成的原则这样的主题,转变到了对纠纷解决过程的研究上来……通过对纠纷解决的实际案例的分析,我们会看到,共处于一个场域之中的国家权力机构的权威与民间社会的权威是如何共同对一起纠纷的解决发生效力的。另外,这样的转变,使得社会人类学学者有可能更多地关注正式的国家法律制度与习俗惯例同时出现在一起纠纷中的相互作用的过程”①。我更关心的是如何解释纠纷解决过程,这应是问题的关键之所在,故又引入“纠纷的发生学机制”的表述。这种解释策略就不仅把纠纷的发生和解决作为一个整体纳入其装置,而且还故意模糊纠纷与日常生活非纠纷场合的边界。

这种解释方法被许多学者称为法律民族志的延伸个案法,我认为这种进展可以在两个层面上开展工作:一方面是将纠纷所赖以发生的“前历史”纳入纠纷的发生学解释框架中,实际上是将纠纷的发生学机制放在特定时空坐落的社会脉络中进行解释②;另一方面将纠纷消解在当地人的日常行

① 赵旭东:《权力与公正:乡土社会的纠纷解决与权威多元》,天津古籍出版社2003年版,第6页。

② 参见杨方泉:《塘村纠纷:一个南方村落的土地、宗族与社会》,中国社会科学出版社2006年版,第25页;张小也:《明清时期区域社会中的民事法秩序——以湖北汉沔汉黄氏的〈湖案〉为中心》,载《中国社会科学》2005年第6期。

为中,表现为散布在时间中的过程和一系列的零散行动。研究者不能将自己限制在所谓法律人类学的学科范围内,只是盯着纠纷不放。相反更合理的策略是,不以纠纷为研究的切入点,只是研究民间习惯的发生,如遇纠纷事件则将其作为解释民间习惯的素材。这样的研究虽不标榜为法律民族志,但对纠纷的发生机制却可能是更为合理的解释策略。所以,法律人类学研究的新方向不再是关注社会如何解决纠纷,而是探讨个体和群体是如何利用法律资源来实现自己的目的。也即是说,法律人类学的这一新趋势,就是不再仅仅围绕纠纷本身,而是将其放在地方社会的历史-文化场景中进行更为动态化、立体化和多元化的解释。

至于推荐相关作品,可重点研读《蒙塔尤》①《马丁·盖尔归来》②《欧洲与没有历史的人民》③《共有的习惯》④《档案中的虚构》⑤这五本社会史和历史人类学著作,貌似对法律人类学研究会有一定的借鉴意义。

---

① 参见[法]埃马纽埃尔·勒华拉杜里:《蒙塔尤:1294—1324年奥克西坦尼的一个山村》,许明龙、马胜利译,商务印书馆1997年版。

② 参见[美]娜塔莉·戴维斯:《马丁·盖尔归来》,刘永华译,北京大学出版社2009年版。

③ 参见[美]埃里克·沃尔夫:《欧洲与没有历史的人民》,赵丙祥、刘玉珠、杨玉静译,上海人民出版社2006年版。

④ 参见[英]E. P. 汤普森:《共有的习惯》,沈汉、王加丰译,上海人民出版社2020年版。

⑤ 参见[美]娜塔莉·戴维斯:《档案中的虚构》,饶佳荣、陈瑶译,北京大学出版社2015年版。

《法律和社会科学》(2023)　第20卷第1辑，第101~160页

传承：法律人类学在云南大学

张晓辉　王启梁　张剑源　段庆华*

编者按：“法律人类学在云南大学”是“法律人类学在中国”的一个微观个案。张晓辉、王启梁、张剑源、段庆华四位云南大学法律人类学研究团队成员的问答、综述和心得，从整体上呈现了近三十年来云南大学法律人类学研究和发展的总体样貌。同时，也呈现特定研究方向学术传承的难能可贵。作为一个个案呈现，旨在为探索中国法律人类学研究的进一步发展提供一个样本。当然，有经验，也有需要进一步探索和完善之处。目前，法律人类学研究在中国引起了越来越多的关注，我们期待着更多相类似个案经验的探索和实践。

* 张晓辉为云南大学法学院教授；王启梁为昆明理工大学法学院教授；张剑源为云南大学法学院教授；段庆华为云南大学法学院博士生。

张晓辉

[一]自己从事法律人类学研究的简要经历

我从事法律人类学的研究是因地缘开始的。1986年我获得法学硕士学位后,回到昆明在云南大学法学院任教,主要教授刑法学课程。1988年,学校提出"立足云南,服务云南"的办学理念,鼓励各学科从云南的实际和需要出发,调整教学和研究方向。云南地处边疆,少数民族地区发展相对缓慢,因此,"边疆""民族"就成为各学科研究的对象。就法学而言,我在读大学时就对法律的起源和成长感兴趣,接受的是法律进化论观点,所以,当时就与几位同事确立了以少数民族习惯法为研究对象,寻找古代法律的现代遗存,发现法律发展规律的研究目标。云南省法学会很支持我们的想法,拨了1000元的调查经费。

我们一行四人于1989年寒假和暑假分别对云南省德宏州和西双版纳州做了民族习惯法调查。这个调查不是人类学的田野调查,只是通过座谈会和走访村社干部寻找习惯法,时间也不长,每次调查大约15天。我们在德宏州没有发现成文习惯法,但在西双版纳发现了成文习惯法。回来后,我执笔了《云南西部傣族习惯法研究》的论文,于1990年参加了在昆明举办的第四届泰学研究国际会议。会议结束后,澳大利亚国立大学的一位教授在他写的会议综述中提到了我的这篇论文,认为该论文以进化论的理论研究了傣族法律的发展。

后面几年,我每年寒假都会到民族地区做一些调查,除了调查民族习惯法之外,也调查司法机关的侦查、起诉和审判工作。在调查中,我发现民族地区的法律实施有不少问题,司法机关在实施国家法的过程中,根据民族地区的特殊情况会采取一些灵活的处置。我和我的同事针对这个问题从司法、普法、语言以及民族自治地方自治权等方面做了研究,于 1994 年出版了《中国法律在少数民族地区的实施》一书。这个时期的研究,主要还是用法学理论和中国民族学理论研究少数民族的习惯法和民族地区的法律实施,并没有法律人类学的概念,只有民族法学的概念。

1994 年我受云南省政府出国留学基金的资助到英国阿伯丁大学法学院做一年的访问教授。阿伯丁大学法学院的杰弗瑞·麦克考迈克(Jeffrey McCormick)是一位从事法理学、法律人类学和中国法律史研究的教授,他在研究和生活上给了我很多帮助。在访学过程中,我听了麦克考迈克讲授的《法律人类学》课程,阅读了图书馆中相关的人类学著作和文献,终于对法律人类学有了大致了解,也明白了进化论的历史局限性。

1995 年回国以后,我遇到了一个进入人类学的机缘。这年夏天我受云大法学院指派,到北京联系申办民族法学学位点的事宜。当时我住在北大出版社招待所,等待与国务院学位办的工作人员见面。一天晚上,我去勺园打长途电话。电话亭有人在打电话,我就坐在旁边等。电话亭隔音不好,我听到打电话的人说昆明话,心想遇到老乡了,等会儿打个招呼。不一会儿,打电话的人出来了,对我说他还没把事讲完,但电话卡没钱了,要买个卡再打电话。我知道附近并没有卖电话卡的,于是把我的电话卡递给他,让他继续打电话。十分凑巧,他是近期进入云南大学的海归人类学博士王筑生教授,他告诉我他来北大参加社会文化人类学高级研讨班,并受邀做一次演讲。我听了很感兴趣,请他帮我报名。就这样我参加了研讨班,聆听了费孝通先生等人类学家的授课。1997年,我又参加了王筑生教授在昆明组织的“国家教委第二届社会人类学高级研讨班”。

这两次研讨班的经历让我了解了中西方社会文化人类学发展的历史和前沿,也认识了许多人类学家,受益良多。1997年秋季,王筑生教授领衔申报云南大学民族学博士点,在四个研究方向中,我是民族法学方向的学术带头人。1998年国务院学位办批准了云南大学民族学博士学位授予权,1999年该博士点正式招生。2002年经国务院学位办备案,民族法学成为云南大学民族学一级学科下独立的二级学科博士点,法律人类学是该博士点的研究方向之一。2010年,王启梁教授也成为这个研究方向的博士生导师。迄今这个方向下已经有30多位博士毕业。

我从2000年开始给博士生讲授《法律人类学》课程。这门课的内容主要有三个方面:一是介绍社会文化人类学的基本知识,二是介绍西方法律人类学的基本情况,三是用人类学的理论和方法研究法律问题。授课方式采用文献阅读、教师讲授和课堂讨论的模式。最初几年,由于资料的缺乏,有关法律人类学的理论很薄弱,我只能凭借从英国带回来的资料和在国外的同学好友馈赠的图书给学生大致地描述西方法律人类学的理论轮廓,而在指导学生分析问题时更强调用人类学的理论和方法研究法理学和部门法的法律问题,我给法律人类学做的学科定位就是“用人类学的理论和方法研究社会中的法律事实”。2003年,我认识了荷兰莱顿大学的青年学者刘本,随即邀请他于2004年来云南大学为博士生讲授法律人类学。刘本如约而至,他给我们带来了一张文献光盘,其中有他收集的219份文献,包括2003年以前有关法律人类学的重要著作和论文。这些文献对我认识法律人类学有重要的帮助,也成为历届博士生被要求阅读的专业文献。在田野调查和中国问题的研究上,受益于1999年云南大学法学院与挪威奥斯陆大学合作的“中国民族区域自治制度研究”项目,我与周勇博士、马丽雅教授和李莎女士通过项目的实施有深入的交流,并将人类学的研究传统贯彻其中。研究活动也让部分博士生得到了学术训练。

由于云南大学有深厚的民族学和人类学研究的底蕴,我有机会与身边的民族学家和人类学家进行学术交流,并共同从事人类学研究。在人类学的社会整体研究中,法律和规范的生产和运行也是必须被关注的重要问题。在云南大学组织的2000年和2003年“少数民族村寨调查”项目中,我负责拟定了有关禁忌、习惯、习惯法(民间法)和国家法律实施的调查提纲,并分别主持了云南省勐海县傣族村寨和贵州省大方县仡佬族村寨的田野调查,出版了两个村寨的民族志。正是在与人类学家和民族学家共同进行的田野调查中,我学会了参与观察和深度访谈的方法和技能,开始尝试用叙事方式写作民族志,试图通过对社会事实的深描来揭示法律问题和解释其中的文化意义。

2005年以后,我因为身体原因不能从事田野调查,便开始转向研究法律人类学学术史。对我来说,法律人类学的学术史研究一方面可以改善国内法律人类学理论研究的薄弱状况,另一方面也是为了满足法律人类学课程的教学需要。在我的鼓励下,博士生中先后有三位同学的博士学位论文选题确定为对穆尔(Sally Folk Moore)、格拉克曼(M. Gluckman)和纳德(Laura Nader)法律人类学思想的研究,并成功地完成了博士论文,出版了专著。我自己也发表了一些有关法律人类学学术史的文章,并将我给博士生授课的手稿加以整理补充,在王启梁教授、张剑源教授和李铎编辑的帮助下于2019年在北京大学出版社出版了专著《法律人类学的理论与方法》,①算是了却了我多年来的一桩心愿。

[二] **作为法律人类学研究者,您如何与法学同行对话?**

我的学术背景是法学,在从事法律人类学研究之前一直从事刑法学的研究,也对法理学感兴趣,转向研究法律人类学之后,法学专业的基础有助于我更敏捷和更清楚地辨识日常生活和地方社会中存在的法律问题,而法律人类学的理论和方法则有助于我以一种新颖的社会科学视角来认识和分析这些法律问题,获得对这些法律问题的合理解释。所以,在与法学同行对话的时候,我不觉得有隔阂,反而会觉得用跨学科的理论和方法研究法律问题有一定的优势。尤其在云南,民族法学学科在很长时间都是当地法学中的显学,在法律的实证研究中关注民族文化和地方性也是不争的路径选择。因此,运用人类学或其他社会科学的理论和方法来研究本地的法律问题成为本地许多法学同行的自觉。在国内,

① 参见张晓辉:《法律人类学的理论与方法》,北京大学出版社2019年版。

法律人类学研究者与法社会学研究者的对话更融洽,对经验研究的兴趣更能让他们走到一起。不过,纯粹的法学同行可能不这么看,觉得法律人类学还是边缘学科,与主流法学的研究范式难以对话。

[三]作为法律人类学研究者,您如何与人类学同行对话?

我自诩是一位投到人类学门下的法学家,意思是我的学术根基虽然是法学专业,但是我愿意学习人类学的知识,用人类学的视野来研究社会中的法律事实。作为一个云南学者,云南的地缘因素和云南大学注重加强民族学人类学研究的机缘因素,让我有幸得到了许多人类学家和民族学家的帮助和提携。所以,对人类学和民族学的同行,我一直是本着向他们学习的心态与之对话。当然,在与人类学同行对话的过程中,交流是双向的,我在对话中学习人类学的理论、方法以及经验,人类学家也向我询问法学家对法律事实的态度。人类学是一门开放的学科,人类学家期望与法学家合作研究,以便更好地对日常生活和社会领域中的法律事实作出文化解释,毕竟社会生活中的法律是人类学研究的一个领域。所以,我和人类学家同行对话时,有一种相互欣赏的愉悦。我觉得法律人类学研究者有两种:一种是具有法学学术背景的法律人类学家,另一种是具有人类学学术背景的法律人类学家。他们都关注社会中的法律事实,但是研究的路径并不一样,他们需要彼此了解对方学术背景中的智识体系,才有可能搭建法学和人类学沟通的桥梁,实现法律人类学的学术抱负。

[四]您对现有习惯法研究如何评价?

国内习惯法的研究经历了从发现习惯法、揭示习惯法的功能,到关注习惯法与国家法的冲突、合作和习惯法的文化意义的转变。这个转变与法律人类学的传播有一定的关系。正是随着法律多元理论研究的深入,习惯法的研究才发生了理论和研究范式的转变。我的研究也反映了这种转变。2000年以前,我关注的是习惯法的发现及其在社会中的功能;2000年以后,我对习惯法研究更多的是关于现代社会中的民间法和民间法的文化解释。我认为习惯法的概念难以囊括现代社会中的民间法和各种非正式制度,故主张以民间法或非正式制度的概念代替习惯法的概念。另外,对民间法的自生自发现象和建构现象进行人类学意义上的文化解释也是理解民间法的重要途径,这种文化解释其实是一种理论建构。

[五]这么多年来,国内的法律人类学研究有怎样的进展?您能否推荐几本专著和读本?

实事求是地说,由于法律人类学在法学和人类学领域都属于边缘学科,再加上法律人类学研究方法的特殊性,从事法律人类学研究的同仁不多,所以国内法律人类学的发展很缓慢。自20世纪90年代以来,国内的法律人类学研究进展分为三个阶段:第一阶段是1990—1999年,这个阶段以法律人类学译著和运用人类学理论研究中国问题为特点,代表性的译者和作者有周勇、严存生、苏力、梁治平等;第二阶段是

2000—2009年,这个阶段以人类学家对中国社会法律问题的研究和法律多元主义理论得到法学理论界的关注为特点,代表性的作者有朱晓阳、赵旭东、周星、高丙中等;第三阶段是2010年至今,这个阶段以法律人类学译著、法律人类学家思想研究和中国社会的法律人类学研究为特点,法学背景的学者相对更多,代表性的译者和作者有高其才、吴大华、张冠梓、沈伟、张铮、费梦恬、李滨、侯猛、王启梁、张剑源、王伟臣、刘顺峰、易军等。

我推荐的中国学者的专著和读本有:

苏力:《法治及其本土资源》(第3版),北京大学出版社2015年版;

梁治平:《法律的文化解释》,生活·读书·新知三联书店1994年版;

季卫东:《法治秩序的建构》(增补版),商务印书馆2019年版;

刘星:《法律是什么——二十世纪英美法理学批判阅读》(修订版),法律出版社2009年版;

周勇:《少数人权利的法理——国际法上对少数人权利的司法保护及其案例》,社会科学文献出版社2001年版;

张冠梓:《多向度的法:与当代法律人类学家对话》,法律出版社2012年版;

朱晓阳、侯猛编:《法律与人类学:中国读本》,北京大学出版社2008年版;

吴大华:《侗族习惯法研究》,北京大学出版社2012年版;

侯猛:《司法的运作过程:基于对最高人民法院的观察》,中国法制出版社2021年版;

高其才:《生活中的法:当代中国习惯法素描》,清华大学出版社2021年版;

王启梁、张剑源编:《法律的经验研究》(修订本),北京大学出版社2016年版;

王伟臣:《法律人类学的困境——格卢克曼与博安南之争》,商务印书馆2013年版;

李婉琳:《社会变迁中的法律——穆尔法人类学思想研究》,中国人民公安大学出版社2011年版;

王秋俊:《格拉克曼法律人类学思想研究》,人民出版社2017年版;

王静宜:《劳拉·纳德法律人类学思想研究》,中国社会科学出版社2021年版;

张晓辉:《法律人类学的理论与方法》,北京大学出版社2019年版。

王启梁*

[一]自己从事法律人类学研究的简要经历

其实我很少宣称自己是法律人类学学者:一是因为我始终认为法律人类学是一种法律理论发展进路,而不是一个学科;二是我自己在研究中所运用的理论远远超出了人类学。但是,《法律和社会科学》编辑部同人布置的"任务",还是让我重新审视了自己。自己最底层的学术立场和眼光,还是深植于法律人类学。多样性、多元规范秩序、整体论、过程、行动,构成了我所有研究的核心视角。

为什么走上法律人类学的道路?有偶然的机缘,更有环境使然。1997年大二结束的暑假,我负责在一个乡村带队开展暑期社会实践和调研,这埋下了我走上"田野"研究之路的种子。在准备调研的过程中,我找到了能找到的关于如何开展社会调查的书籍进行阅读,其中有汪宁生先生的《文化人类学调查:正确认识社会的方法》①,我为之深深吸引。这是我深入学习的第一本人类学著作,它开启了我对人类社会的多样性的认识。而在这次社会实践中,我和同学们带着"送法下乡"的美好愿望,一边调研一边为农民提供法律咨

* 原题为《驰向广阔生活的腹地》。

① 参见汪宁生:《文化人类学调查:正确认识社会的方法》,文物出版社1996年版。

询服务。但很快我发现自己既无法很好地理解农民的生活,也无法提供出农民满意的建议。这让我产生了巨大的困惑,开始怀疑课堂所学的有效性,也开启了疯狂逃课的日子。

这是源于教育的时代特点。20世纪90年代的中国正在经历艰难的改革转型。我在之后读到费孝通的《乡土中国》①、瞿同祖的《中国法律与中国社会》②、苏力的《法治及其本土资源》③、梁治平的《清代习惯法》④等开一代风气的著作之后,猛然觉悟,法学研究要驰向广阔生活世界的腹地,要回答中国社会、中国人自己的问题。随着学习和研究的推进,我越发感受到人类学注重实地调查、社会多样性、本土化,并尤其强调问题从“田野”中来的研究路径进路和视野的价值所在。

我最初并没打算走学术之路。实在是找不到合适的工作才临时起意考了研究生。云大法律系本身是中国少数民族习惯法研究的重镇,徐中起、张晓辉、张锡盛、方慧等前辈经常带领师生开展实地调查。而云大更是有崇尚社会调查的传统,“魁阁精神”滋养了这所学校。费孝通、瞿同祖就曾执教于法律系,云大在民族学、人类学方面有很好的教学和氛围。考上研究生之后,我每年暑假都带本科的师弟师妹进行社会调查。除了自学,我和人类学系的同学交流频繁,常常就阅读中遇到的问题向他们请教。2001年,我的一篇关于村寨社会秩序的调查文章发表在《思想战线》上,并获得中国大学生课外学术科技作品“挑战杯”竞赛一等奖。获奖

① 参见费孝通:《乡土中国》,生活·读书·新知三联书店1985年版。
② 参见瞿同祖:《中国法律与中国社会》,商务印书馆2017年版。
③ 参见苏力:《法治及其本土资源》,北京大学出版社2014年版。
④ 参见梁治平:《清代习惯法》,中国政法大学出版社1996年版。

之后,时任云大校党委书记的高发元教授专门把我找去,鼓励我继续学术之路。这给了我很大的鼓励,坚定我了从事学术研究的志向。

2002 年,我考取云南大学民族学专业民族法学方向博士,继续师从张晓辉教授学习法律人类学。读博期间,我每年都到村寨、城市社区、法庭、司法所等地进行长时段的社会调查。张晓辉老师给了我极大的自由探索空间,放任我"走野路子",同时给予了我关键性的指导。他虽是法学科班出身的教授,却为云大民族学学科的发展做出了重要贡献,是云大民族学专业第一批博导之一。他身上对学术一丝不苟、孜孜不倦和对人生迎难而上、坚忍不拔的精神深刻地影响了我。一个重要的学术机缘是 2000 年寒假,学校组织民族村寨大调查,我协助张老师为学校拟定总提纲中的"纠纷和纠纷解决"专题调查提纲,并跟随张老师到西双版纳的一个傣族村寨进行调查。这次民族村寨大调查结束之后,我有幸作为为数不多的硕士生参与了学校 26 个调查组总成果中法律部分的撰写。在这一过程中我得以认识全校各学科最优秀的前辈学者,也更广泛地接触到不同学科的知识、理论,特别是各学科如何同时运用田野调查的方法开展研究。正是由于这样一些机缘,在读博初期我就确定以村寨调查为基础来研究农村基层的社会控制与秩序作为博士学位论文选题。

在读博士期间,我旁听了民族学、人类学专业的重要课程,同时系统研习了社会理论。其间,当时同为博士生的荷兰青年、现在已经名满欧美的刘本(Benjamin van Rooij)来到昆明开展他的博士学位论文研究,此前他在成都的田野工作很不顺利。张晓辉老师和我帮助他在昆明开展关于滇池污染监管执法的实地调查。他精心准备,给我们带来了极为全面和丰富的英语世界的法律人类学文献,同时给我们开了一学期的法律人类学理论课。除了课堂交流,我们在生活中也是最好的朋友,常常一起讨论各种问题,并且都相互去过对方的田野调查点,获益甚丰。2007 年在刘本的安排下,我还参加了法律多元与非官方法协会在印尼举办的研习营。从 2003 年一见如故,转眼快 20 年,我们始终保持着最亲密的友谊和学术交流。西南政法大学的张永和教授也同时在云大师从张晓辉老师读博,他庞博的知识给了我很多启发。我们不仅仅一起学习、讨论问题,他还是我的"赞助人",一大半的书都是他给我买的。中间有一段时间他到剑桥访学,给我找来了一批法律人类学文献。他的博士学位论文《信仰与权威——诅咒(赌咒)、发誓与法律之比较研究》融合了法律人类学和法哲学①。

2006 年,我刚博士毕业一年。在北京大学法学院举办的"法律与人类学对话"研讨会上,我和侯猛、陈柏峰、尤陈俊得以相识,并成为此后学术路上最为重要的同道。这次会上我还认识了苏力老师和人类学者赵旭东老师,和朱晓阳老师也熟悉起来。他们的著作早在之前我就认真学习过。而此后,我们保持了紧密的联系和学术交流,他们帮助了我更好地理解和认识人类学。

在法律人类学的道路上,还有一位对我非常重要的人物,就是我的爱人李娜。我们相识相知相爱于在东陆园的求学年代,时常牵手流连于美丽的银杏大道。我们习惯性地随时讨论学术,她敏锐机变,我笨嘴拙舌,经常问得我哑口无言。有一次我兴奋地和她说"法律是一个分类体系",一番

① 参见张永和:《信仰与权威》,法律出版社 2006 年版。

高论之后,她提出了一系列的问题,我无法反驳。于是憋足了气,写了一篇文章《法律是什么——一个安排秩序的分类体系》,发表在《现代法学》。(顺便说一句,那个时代真好,博士生也能在很好的杂志发表)我的很多想法、文章都是在和她的讨论中形成的。2006 年,她到英国伦敦政治经济学院攻读“法律、社会与人类学”硕士,在她读书期间,我按照她的课程和教学计划同时进行了部分学习,关于人类学、社会学、法律人类学的知识和理论得到更进一步的扩展。后来,她师从我们的好友刘本在荷兰攻读博士学位。在她研究的过程中,我们三人交流很多,对于法律的跨学科研究有了更深的体悟。我和李娜不仅是人生路上相濡以沫的伴侣,还是学术路上砥砺前行的同道。

自 2005 年博士毕业,正式开始执教以来,我一直为硕士生开设《法律人类学》课程,2012 年开始招收博士生之后还为博士生讲授“社会理论与法理学”课程,保持着田野调查和学术研究。幸运的是,在过去的 10 多年里,我采取了一种特殊的学生培养路径,即以法律人类学的视角和方法训练为基础,强化社会理论的学习,让学生们在不同的问题域中找到自己的研究方向和研究进路,各有所长,避免同质化培养,同时扩大法律人类学的研究范围。不幸在于我过早地承担了行政工作,2008 年我仅 31 岁开始担任云大法学院副院长。此后除了中间短暂地休息过一年半,我都承担着繁重的行政管理工作。虽然阅读、思考和问题探索从未中断,笔记、提纲记了几大本,却没有足够的时间系统地写出来。这一点,我觉得值得青年学者引为反面教材。

总体来看,我走上法律人类学道路有个人的偏好,更有环境的因素。所谓环境,其实就是学术的传承,正是我的老师们、云大的学术脉络和学风使我在老一辈学者的基础上能够接续这个传统,并将之延续给后来的学子。然而,辗转于不同的岗位、不同的高校,回首过去的 20 多年,我深感开创一种研究不易,传承同样难得。

[二] 作为法律人类学研究者,您如何与法学和人类学同行对话?

与法学同行的对话,主要是两个方面:一个是“社科法学”这个大领域中的同行交流,主要是围绕法学研究的进路、社科法学应该做什么以及怎么做,还有一些共同关心的学术议题的讨论;另一个是与其他法学同行的交流。学术方面主要还是靠作品和会议,深入的面对面交流不多。不过,我与实务界交流颇深,面对的多是法院院长、庭长、政法委干部、律师事务所主任、公证处骨干、公安干警、妇联干部等,这些从事复杂法律事务和管理的同志似乎更愿意接受法律和社会科学的研究,而与他们的交流中我也获益良多。

而提到与人类学界的交流,云大本身是民族学、人类学重镇,我们在内部的交流是比较多的。早在求学期间我已经常向老一辈的陈庆德、王文光、何明、周平等教授请教,和马翀伟、谭同学、李伟华、嘉日姆几等人类学者之间不同形式的学术交流也很多。在云大之外,和朱晓阳(现在也是云大的特聘教授)、赵旭东等学者的交流也很密切,主要是方法、视角和新理论方面的交流。和朱晓阳老师的交流比较特别,我见证了他近 10 多年以来在小村的工作,也参与了一些工作,得以用最近的距离了解一位杰出的人类学家如何工作、如何思考、如何与这个世界相处。此外,最重要的交流就是每年的社科法学年会和不定期的社科法学研习营,在侯猛的组织下,人类学、社会学界的学者都会受邀参与。

[三]您对现有习惯法研究如何评价?

我发表的第一篇学术文章就是习惯法的研究,是当时的法理学老师田成有教授推荐给《云南法学》的。但是我很快放弃了对习惯法的专门研究,因为我发现这个领域的研究作品实在是太多了,理论高度已经达到极限,在知识增量上很难再有突破。但是,在习惯法研究的基础上,近十多年扩展出许多新的研究来。习惯法的研究对开启多元规范秩序的研究有很重要的意义,让后面的学者更加注重把法律的研究放在更广阔的社会和规范背景下加以考察,产生出不少具有新理论、新视角的研究。

[四]法律人类学除了是一种学术进路之外,能否在法律事务中加以应用?

人类学本身就有应用的方面。这种应用是将人类学对文化和社会的见解转化为对社会事务的参与、介入,提供治理的思路和措施。就我自己的经历而言,应用是法律人类学非常重要的方面。在大学阶段和研究生阶段,我的师弟董皓(现在是非常出色知识产权律师)和我以及几个师弟师妹就开展了性别与村民自治的研究,后来我们在田野调查中又发现了"光棍"问题,扩展到人口流动、拐卖等方面。从博士生阶段,我和李娜等开始参与妇联、公安部门和一些公益社会组织的工作,主要是围绕反拐卖、家庭暴力治理,包括对实务工作者的社会性别与法律方面的培训、具体问题的调研、修订地方性法规和措施设计,其中一个成果是与其他专家形成了《反对拐卖:行动与研究的反思》①一书。还参与了一些个案的处理,其中包括央视专题报道过的《制造血案的女人》②杨某香杀夫案二审过程中,我作为主要的专家为云南省妇联起草了法律意见。最近几年因为时间、精力不足,我的参与少了许多,现在主要是张剑源在做。这个传统我希望能继续,算是学者社会责任的一部分。

这种应用是基于学术研究的应用,同时对学术研究有所帮助。在参与这些社会问题的治理过程中,不仅需要对这些问题的发生进行深入的研究,同时还要考虑在具体的社会情势、治理结构、权力格局、法律法规背景下,如何在实践方面形成有一定效果的办法和措施。这极大地加深了我对政法体制的认识。

[五] 除了学术方面,法律人类学的训练对你还产生了什么影响?

法律人类学最有价值和意义的一个方面就是田野工作的训练。但我更想说的是这种训练的好处远远超出了学术。走出书斋,世界扑面而来;返回书斋,畅游书海,神交古今。从不到20岁起,我往返于书斋和田野,和不同的人交往,喝不同的酒,吃不同的肉。"知屋漏者在宇下,知政失者在草

① 参见赵捷、张洁、王启梁:《反对拐卖:行动与研究的反思》,云南人民出版社2012年版。

② 参见《制造血案的女人》,中央电视台"庭审现场"栏目(现已停播,更名为"现场")2012年8月4日播出,https://tv.cctv.com/2012/08/04/VIDE1355103227240310.shtml。

野。”其中所观察、感受到的人与人之间巨大生活境遇之别和命运的悬殊，深远地影响了我的世界观和对生活的态度。基层生活充满了生机，也充满了无奈和窘迫；不乏善意，又常有邪恶；田野使人惊喜，又让人孤独无助。是田野经历教会我坚韧、豁达、心怀善意地对待生活，是田野经历让我始终把学术作为公共责任来对待，也是田野经历让我随时警醒不能成为“头等舱”里的“何不食肉糜”者。

张剑源

云南大学深厚的民族学、社会学、人类学研究传统对包括法学在内的其他学科的发展一直产生着重要影响。① 大半个世纪以前，费孝通等一大批在云南大学执掌教鞭的学者，就为初创时期的云南大学法学学科奠定了重视调查研究的传统。② 20世纪80年代，随着云南大学法学学科重建，运用民族学、社会学、人类学方法研究法律问题，成为法学学科建设和研究的主要特色，而这也直接促进了云南大学民族法学、法律社会学与法律人类学等学科方向的发展。近30年来，云南大学的民族法学、法律社会学与法律人类学研究在一大批学者和师生的共同努力下，走出了一条特色鲜明的发展之路。

① 在云南大学，基于民族学、社会学、人类学学科方向的发展，带动了民族政治学、民族生态学、民族经济学、传播人类学、艺术人类学、法律人类学等跨学科方向的发展。

② 比如费孝通有关家庭和亲属制度的研究。

［一］“小地方、大问题”

“小地方、大问题”是人类学研究中一个经久不衰的命题，①当然，也是一种重要的研究进路，旨在从一些小地方的研究中提出人类学家对人类社会重大问题的观点。② 云南大学的法律人类学研究者扎根祖国西南边疆地区，运用人类学研究方法，深入“田野”，通过微观领域的研究，探讨和回答了一系列与国家法治建设相关的问题。

1994 年，由张晓辉主编，张锡盛、陈云东副主编的《中国法律在少数民族地区的实施》一书出版，该书对法律在民族地区的普及、法律实施与民族地区的社会发展等问题进行了系统梳理和讨论；③1998 年，由徐中起、张锡盛、张晓辉主编的《少数民族习惯法研究》一书出版，该书对傣族习惯法、佤族习惯法、哈尼族习惯法、纳西族习惯法，以及习惯法与现实社会等问题进行了系统分析和介绍；④2005 年，由张晓辉、方慧主编的《彝族法律文化研究》一书出版，全书以时间为顺序，展示了不同时代彝族法律文化的特点。介绍了彝族的“德古”“家支”等颇具特色的习惯法文化。同时，该书就彝族法律文化的特点及其对现代法治秩序建构的启示等问题进行了探讨；⑤2005 年，胡兴东独著的《生存范式：理性与传

① 典型研究可参见费孝通、张之毅：《云南三村》，商务印书馆 2021 年版等。

② 张晓辉：《法律人类学的理论与方法》，北京大学出版社 2019 年版，第 22-23 页。

③ 参见张晓辉主编：《中国法律在少数民族地区的实施》，云南大学出版社 1994 年版。

④ 参见徐中起主编：《少数民族习惯法研究》，云南大学出版社 1998 年版。

⑤ 参见张晓辉、方慧主编：《彝族法律文化研究》，民族出版社 2005 年版。

统》一书出版,该书通过对元明清时期中国南方民族法律变迁的考察,对这一时间段内南方民族的法律状况及其相关问题进行了深入探讨和研究;2006 年,由方慧主编的《少数民族地区习俗与法律的调适——以云南省金平苗族瑶族傣族自治县为中心的案例研究》①一书出版,该书结合实地调研,对农村法治秩序建构、农村民间纠纷解决等问题进行了系统的探讨;2010 年,王启梁独著的《迈向深嵌在社会与文化中的法律》②一书出版,该书运用丰富的田野调查资料,围绕"秩序是如何形成的"这个中心问题,探讨了法律与多元社会控制之间的复杂关系,揭示了行动的结构性要素,为法律与人类学的交叉研究提供了一个重要的经验研究样本;2011 年,王鑫独著的《纠纷与秩序:对石林县纠纷解决的法人类学研究》③一书出版,该书运用法律人类学的理论与方法,通过"田野"观察,对纠纷解决制度进行了理论与实践层面的分析,提出了一些具有创新性的观点。

除此之外,云南大学的法律人类学研究者基于"小地方,大问题"的研究路径,还在多元化纠纷解决、地方法律史、司法运作、基层社会治理等领域,产出了一大批丰富的研究成

① 参见方慧主编:《少数民族地区习俗与法律的调适——以云南省金平苗族瑶族傣族自治县为中心的案例研究》,中国社会科学出版社 2006 年版。

② 参见王启梁:《迈向深嵌在社会与文化中的法律》,中国法制出版社 2010 年版。该书英文版 *Sociology of Law:A Study of Cultural Contextualism* 于 2022 年在 Springer 正式出版。

③ 参见王鑫:《纠纷与秩序:对石林县纠纷解决的法人类学研究》,法律出版社 2011 年版。

果。①这些成果为如何运用法律人类学、法律社会学方法研究国家法治建设中的具体问题提供了经验样本，同时也为相关领域的理论创新、方法创新奠定了重要基础。

[二] 超越个案：理论与方法的探索

云南大学的法律人类学研究者，在丰富的个案研究和经验研究基础上，一直重视理论的建构和方法的创新，产出了一批具有较强理论意义的研究成果，为法律人类学研究的可持续发展打好了基础。

以习惯法、民间法研究为例。早在30年前，张晓辉等就发表了有关习惯法的调查研究论文。② 之后，云南大学的法律人类学研究者进行了大量有关习惯法的调查研究。③ 随着研究的深入，研究者们注意到了从经验到理论、从微观到

---

① 参见王启梁：《传统法文化的断裂与现代法治的缺失——少数民族农村法治秩序建构路径选择的社区个案研究》，载《思想战线》2001年第5期；张晓辉、王启梁：《民间法的变迁与作用——云南25个少数民族村寨的民间法分析》，载《现代法学》2001年第5期；王启梁、张熙娴：《法官如何调解？——对云南省E县法院民庭的考察》，载《当代法学》2010年第5期；杨志芳：《清代、民国云南买卖契约中“第三方群体”研究》，载《思想战线》2017年第5期；蔡燕：《清代国家对西南少数民族婚姻的民族立法研究》，载《贵州民族研究》2018年第2期；董皓、于强：《少数民族农村妇女外流现象的实证研究》，载《贵州民族研究》2003年第1期；胡兴东：《西南民族地区多元纠纷解决机制研究》，载《中国法学》2012年第1期；罗刚：《我国外来非法移民成因探析——基于云南边境民族地区的考察》，载《云南民族大学学报（哲学社会科学版）》2012年第4期；罗刚：《非法移民对人口安全、国家认同的影响——基于云南边境民族地区的调查》，载《云南师范大学学报（哲学社会科学版）》2012年第4期；沈寿文：《法律、习惯与村民卫生行为——一个傣族村寨的考察》，载谢晖、陈金钊主编：《民间法》（第12卷），厦门大学出版社2013年版；等等。

② 张晓辉、卢保和：《论哈尼族习惯法及其文化价值》，载《思想战线》1993年第4期等。

③ 参见屈野：《拉祜族习惯法历史源流探索》，载《云南民族大学学报（哲学社会科学版）》2008年第2期。

宏观进一步拓展习惯法研究的重要性,于是开始了一系列有针对性的理论研究和探讨。2000年,研究团队针对习惯法研究中的理论问题,从不同角度展开了理论争鸣。① 在此之后,吴大华等学者持续产出了一大批有关习惯法、民间法的调查研究与理论研究并重的成果。② 这些研究成果不断推进和深化了对习惯法,以及国家法与习惯法的关系等问题的认识。

正因为不断意识到理论研究在法律人类学研究中的重要性,云南大学的法律人类学研究团队开始有体系地引荐、介绍和翻译西方法律人类学研究成果。③ 穆尔(Sally Folk Moore)、纳德(Laura Nader)、格拉克曼(M. Gluckman)、梅丽(Sally Merry)等学者及其观点被越来越多地讨论。李婉琳、王秋俊、王静宜分别撰写的博士学位论文《社会变迁中的法律:穆尔法人类学思想研究》《格拉克曼法律人类学思想研

① 田成有:《"习惯法"是法吗?》,载《云南法学》2000年第3期;沈寿文;《从习惯法的争论看法律的一元与多元》,载《云南法学》2000年第3期;王启梁:《习惯法若干问题浅议》,载《云南法学》2000年第3期;王鑫:《习惯法不是"法"吗?——从人类学和社会学的立场审视习惯法》,载《云南法学》2000年第3期;刘娟:《国家法与习惯法的取舍》,载《云南法学》2000年第3期;高崇慧:《习惯法与国家法的互动关系》,载《云南法学》2000年第3期。

② 吴大华、黄孝慧:《侗族诗歌、款约:规范话语构成的文化权力网》,载《贵州民族研究》2016年第6期;胡兴东:《习惯,还是习惯法:习惯在法律体系中形态研究》,载《时代法学》2011年第3期;胡兴东:《云南少数民族民商习惯法律适用研究》,载《西南民族大学学报(人文社科版)》2019年第11期;杜健荣:《少数民族习惯法司法适用的障碍及其克服》,载《贵州民族研究》2018年第11期;等等。

③ 参见洪涵:《浅述西方法律人类学的理论创新》,载《边缘法学论坛》2009年第2期;张晓辉、华袁媛:《20世纪70年代以来西方法律人类学研究对象及范式的转变》,载《广西民族大学学报(哲学社会科学版)》2019年第2期;张晓辉、王静宜:《"不受羁绊的人类学"——劳拉·纳德的法律人类学研究及其贡献》,载《思想战线》2019年第3期;[美]萨莉·法尔克摩尔:《仍在继续的历程:法人类学动荡的五十年(1949—1999)》,李婉琳译,《社会中的法理》(2010年第2卷),法律出版社2010年版;等等。

究》《劳拉·纳德法律人类学思想研究》相继出版。① 张晓辉教授2019年出版的《法律人类学的理论与方法》一书全面系统地梳理了西方法律人类学理论的发展。

在经验研究和理论梳理并重的过程中，云南大学的法律人类学研究者注重不断将学术资源转化为理论资源，自觉形成理论探讨和对话。比如，对法社会学与法人类学研究的"中国经验"的探讨；从国家与社会范式角度展开的对国家法与民间法关系的研究；从社会控制角度展开的对基层规范体系的研究以及从法治的社会基础角度形成的与"本土资源理论"的有效对话等。② 这些研究通过本土和基层的观察，与既有的理论形成对话，促进了本土化理论的生长。③ 同时，这也促进了研究方法的革新。比如，王启梁撰写的《法学研究的"田野"——兼对法律理论有效性与实践性的反思》

① 参见李婉琳：《社会变迁中的法律：穆尔法人类学思想研究》，中国人民公安大学出版社2011年版；王秋俊：《格拉克曼法律人类学思想研究》，人民出版社2017年版；王静宜：《劳拉·纳德法律人类学思想研究》，中国社会科学出版社2020年版。

② 参见田成有：《乡土社会中的国家法与民间法》，载《思想战线》2001年第5期；王启梁：《基层农村的规范体系与社会秩序的实现——基于法律人类学的视角》，载《广西民族学院学报（哲学社会科学版）》2006年第1期；张晓辉、王启梁：《少数民族地区农村的社会控制与法治建设》，载《思想战线》2005年第2期；王启梁：《乡村社会中的多元社会控制："分裂的整体"》，载《云南民族大学学报（哲学社会科学版）》2011年第1期；王启梁：《法治的社会基础——兼对"本土资源论"的新阐释》，载《学术月刊》2019年第10期；吴大华、尹训洋：《深入田野：探索法社会学与法人类学研究的"中国经验"——严存生教授法社会学与法人类学思想贡献的启示》，载谢晖、陈金钊、蒋传光主编：《民间法》（第24卷），厦门大学出版社2021年版。

③ 相关讨论可参见王启梁：《"中国法律理想图景"的建构可能——基于提出—观察—修正的理论发展进路》，载《现代法学》2007年第4期。

等一系列有关法律人类学研究方法的总结论文,①拓展了法律人类学研究的方法论,为法律人类学学科方向的成熟发展提供了方法论基础。

[三]从理论探索到实践关怀

在法律人类学的调查和研究过程中,云南大学法律人类学研究者除了注重将理论与实践相结合展开研究外,同时也十分注重研究的实践指向和实践关怀,在研究过程中充分发挥跨学科研究优势,主动服务国家、服务社会,形成一系列助益法治实践的研究成果。

2000年,方慧发表《云南省历史文化名城的法律保护刍议》《云南少数民族文物法律保护的问题与思考》等论文,就历史文化名城的法律保护现况,存在问题,以及如何加强立法、执法,如何正确处理继承和发展的关系等进行了思考,提出了相关建议。② 屈野、罗刚等也在充分调查研究的基础上,就《云南省老年人权益保障条例》的修改、民族自治地方单行条例的完善、边境地区出入境法治建设的对策以及实施"新农保"的问题与对策等问题进行了系统研究,提出了相

---

① 参见王启梁:《从书斋的冥想中出走——人类学田野调查方法在法学研究中的运用浅述》,载《贵州民族学院学报(哲学社会科学版)》2007年第3期;王启梁:《法学研究的"田野"——兼对法律理论有效性与实践性的反思》,载《法制与社会发展》2017年第2期;王启梁:《进入隐秘与获得整体:法律人类学的认识论》,载《江苏社会科学》2017年第2期。

② 方慧:《云南省历史文化名城的法律保护刍议》,载《中央民族大学学报》2000年第3期;方慧:《云南少数民族文物法律保护的问题与思考》,载《民族研究》2000年第4期;等等。

应的对策。① 王启梁主持了云南省首批高校新型智库的建设工作,在地方法治建设方面产出了一大批智库成果。同时他还负责承担了地方法治量化评价体系构建等课题研究,开发出了一套行之有效的区域性法治评价指标体系,产生了较好的社会影响,②为相关领域实践的完善贡献了智慧。

云大法律人类学研究团队充分发挥研究方法上的比较优势,通过以上这些具体的实践,较好地将学术资源转化为理论资源,并进一步促进了理论研究成果的实践转化,有效回应了国家和地方需求。

[四]不断拓展的法律人类学研究

当代法律人类学研究的领域在不断拓展。③ 对于云大法律人类学研究来说,在近 30 年的发展历程中,也不断经历着新的探索和不断创新的过程。从总体发展趋势来看,首先是从以区域性问题研究为主,拓展到一般性的法治问

---

① 屈野:《老年人涉讼法律保障立法的思考——对〈云南省老年人权益保障条例〉第 32 条修改其立法定位的建议》,载《云南大学学报(法学版)》2006 年第 1 期;吴大华、李继扬:《论民族自治地方单行条例的完善——以〈××省××自治县摩梭人民俗文化保护条例〉(草案)的制定为例》,载《中南民族大学学报(人文社会科学版)》2015 年第 1 期;罗刚:《西南边境民族地区出入境法治困境及对策》,载《中山大学法律评论》2014 年第 3 期;洪涵:《民族地区实施"新农保"的问题与对策》,载《思想战线》2011 年第 3 期;等等。

② 可参见王启梁、李娜:《区域性法治评价的初步尝试——2009 年"法治昆明综合评价指标体系"是如何形成的》,载《云南大学学报(法学版)》2015 年第 6 期。

③ 相关研究可参见朱晓阳:《小村故事:罪过与惩罚(1931-1997)》(修订版),法律出版社 2011 年版;尤陈俊:《困境及其超越:当代中国法学研究中的法律人类学》,载《法哲学与法社会学论丛》(第 11 期),北京大学出版社 2007 年版;侯猛:《司法过程中的社会科学思维:以人类学为中心》,载《思想战线》2020 年第 6 期。

题研究;其次是从以习惯法、民间法研究为主,拓展到国家法律实施和法治实践等相对宏观的问题的研究。关于这两点变化,上文的讨论中已经有了一些介绍。而从最近 10 年来的发展变化来看,云大法律人类学研究的对象和研究领域进一步拓展,研究领域不断细化。研究团队运用法律人类学研究方法,展开了对一些新的研究领域的研究,发展出新的研究方法和研究路径,同时也在一定程度上促进了理论创新。

李娜从监管、合规的角度切入,在较为充分的田野调查基础上,对监管、执法和守法问题展开研究,就日常性违规的生成机理及其后果,基层社会的秩序生产能力等问题作出了较为有效的回答;同时,对守法社会建设的问题进行了系统梳理和总结,提出了一些极富启发性的观点,发展出有关监管、执法和守法的新的认识论。①

近年来,云南大学法律人类学研究者充分运用法律人类学、法律社会学研究方法,将研究领域拓展到土地执法、家庭暴力防治、公共卫生治理、城市规划、食品安全治理、地方治

① Na Li & Benjamin van Rooij, *Law Lost, Compliance Found: A Frontline Understanding of the Non-linear Nature of Business and Employee Responses to Law*, Journal of Business Ethics, Vol. 178, p. 715-734(2022). 李娜:《"积习难返":日常性违规的生成机理及其后果》,载《思想战线》2018 年第 3 期;李娜:《基层社会的秩序生产能力——从计划性与自发性秩序的关系切入》,载《学术月刊》2018 年第 8 期;李娜:《守法社会的建设:内涵、机理与路径探讨》,载《法学家》2018 年第 5 期。

理等领域,①不断开辟出法律人类学研究新的领域。

云南大学法律人类学团队学者从法律人类学、法律社会学角度入手,通过与国内外同领域的广泛合作,积极投入法律和社会科学的交叉研究。2014年,王启梁在《光明日报》理论版发表题为《中国需要社科法学吗》的笔谈文章,在与同领域学者的理论和观点对话中,发出了云大法律人类学研究的声音。② 2014年,由王启梁、张剑源主编的《法律的经验研究:方法与应用》一书出版,该书汇集了2013年在云南大学举行的第一届社科法学研习营16位学者的授课实录,出版后引起了较大的关注,该书在2016年出版了新的修订版。《发现看不见的事实:社会科学知识在司法实践中的运用》《司法实践中后果考量的证立与规范》等论文的发表,试图对社科法学研究中的一些基础性问题展开进一步的探讨,

① 参见甘霆浩:《监控:基层土地执法的功用》,载《法律和社会科学》2017年第1期;甘霆浩:《资源依赖与保护性执法:基于基层土地执法机构运作的解释》,载《思想战线》2017年第4期;甘霆浩:《国家能力建设视角下的土地用途管制制度探析》,载《广西民族大学学报(哲学社会科学版)》2015年第5期;张剑源:《家庭暴力为何难以被认定?——以涉家暴离婚案件为中心的实证研究》,载《山东大学学报(哲学社会科学版)》2018年第4期;张剑源:《人们因何团结?——公共卫生危机中的科学主义、责任伦理与法治》,载《清华法学》2021年第2期;李梦侠:《多重逻辑视角下的公共利益实现机制——以基层食品安全执法为例》,载《求索》2020年第1期;张瑞:《法官助理的身份困境及其克服》,载《法治研究》2019年第5期;柳立清:《政策多变与应对失矩——基层易地扶贫搬迁政策执行困境的个案解读》,载《中国农村观察》2019年第6期;黄瑞、王启梁:《法院组织控制中的信任机理》,载《思想战线》2020年第4期;黄瑞:《立信持疑:法官视角下司法信任的生产逻辑》,载《法学家》2023年第2期;赵一戎:《刑事案件中财产性判决"执行难"问题研究》,载《法律适用》2019年第23期;马靖然:《清至民国时期云南分家契约研究——基于对31份分家契约的法人类学分析》,载《贵州民族研究》2021年第1期。

② 参见王启梁:《中国需要社科法学吗》,载《光明日报》2014年8月13日,第16版。

与法教义学领域的相关研究形成对话。①

[五]法律人类学研究在云南大学:作为一个个案

以上是对云大法律人类学近30年来发展历程以及相关成果的一个大致梳理,无法完全概全,主要还是希望能从这样一个梳理中分析发展过程中的主线,总结相关的经验。当然,也希望能从中发现存在的问题,为未来法律人类学研究的进一步发展完善提供相应的启示。

总的来说,过去30年云大法律人类学研究的发展主要呈现出以下三个特点:一是通过有组织地开展研究和攻关,促进成果的产出和转化,同时促进学科方向发展。无论是在个案研究(上文第一部分)、针对特定问题的系统研讨(上文第二部分),还是实践研究(上文第三部分)中,都可以看到有组织开展的研究和针对特定问题进行有组织攻关的具体举措及其效应。这不仅为该学科方向研究工作的有效开展提供了保障,也为未来研究工作的可持续发展创造了经验和基础。二是在进一步充分吸取开放合作经验的基础上,与国内外同领域学者、团队持续开展好合作调研、学生合作培养等,进一步加强协同创新。三是通过开放合作,保证研究始终能够与国内外同领域形成有效对话,促进研究的前沿性和时代性。从过去以民间法、习惯法,以及区域问题研究为主,到研究领域的不断拓展、研究问题的不断细化(上文第四部分),云大法律人类学研究始终注意开放合作,在开放合作中

① 参见张剑源:《发现看不见的事实:社会科学知识在司法实践中的运用》,载《法学家》2020年第4期;张剑源:《司法实践中后果考量的证立与规范》,载《四川大学学报(哲学社会科学版)》2022年第4期。

不断强化问题意识、提升理论视野、创新研究方法。四是十分重视产学研相结合。一方面,重视理论研究和社会服务相结合,将法律人类学研究重视调研、贴近现实的优势发挥好,促进成果的有效转化;另一方面,重视人才培养,通过梯队建设,始终保持研究的可持续性和不断地创新发展。

通过以上梳理,以及在与国内外同领域相比较基础上,我们同样可以看到未来可以进一步开拓的领域。一是在近30年发展所奠定的基础上,可以进一步强化法律人类学学科体系、学术体系和话语体系的系统构建。通过进一步发扬云南大学具有的"田野精神",在法律人类学研究中强化对新材料的挖掘。在各个领域相对细化的研究基础上,进一步构建体系化的学术理论和概念,努力发展出具有本土特色的理论和方法。二是可以在充分发挥开放合作和产学研相结合的经验基础上,密切关注和追踪国内外同领域的最新前沿研究,积极回应新科技、全球变革等所带来的挑战,更为系统地发出云大法律人类学研究的声音,形成更为广泛且有效的理论对话,同时向社会提供更多更好的实践智慧。

课堂、田野和远方

——我在云南大学学习法律人类学

段庆华*

2021年3月至6月,我与另外三位同学选修了张晓辉老师讲授的《法律人类学》博士课程,从此"遇见"法律人类学,并有了"课堂、田野、远方"的梦想:仿佛在追寻着师兄师姐们的足迹,穿过那片汪曾祺先生眼中"明爽安静"的翠湖;面对云南大学校门,拾阶九五,驻足于"会泽百家·至公天下"的石刻校训,绕过张邦翰先生设计的标志性建筑"会泽院";簇拥着海棠和银杏,脚踩费孝通先生曾停留和眷恋的土地,推开法律人类学的大门,遨游于云岭瑰丽的田野之中;理论为纲、眼光向下,关注人类法律制度的变迁,探寻不发达或发达地区的法律或者社会控制。此时法律不再是抽象的规范,而是社会生活中广泛存在的社会事实,它以独特的学术魅力吸引着每一个靠近它的人,并且毫不吝啬地把它的历史和现状作为礼物回馈给真诚的研究者。

人类学,顾名思义,是一门研究人的科学。从人类学的词汇意义上看,人都要和某种文化保持密切关系,克利福德·格尔茨(Clifford Geertz)将其解释为"象征符号体系表

---

* 段庆华为云南大学法学理论博士研究生。本文在写作过程中得到多位法律人类学者的指导和修订,包括但不限于张晓辉教授、王启梁教授、罗刚教授、李婉琳教授、张剑源教授等,在此一并致谢。

达的传承概念体系”,所以文化是“一种探索意义的阐释性科学”。① 人类学家常常“返景入深林”,以异文化为研究志趣探索人类社会文化的多元表达,但一门追求“趣味”的学问置换研究场域,将人类学家本身作为田野调查对象,研究人类学家的学术活动和田野调查经历,也将为法律人类学的整体性研究视角提供一个最佳的注脚。若要研究人类学家的学术史,课堂无疑是最好的田野点。这个田野点常出现于大学和研究院所的地理空间中,人类学家和学生之间的互动过程往往也成为具有文化意蕴的形式表达。因而,本文将研究范围限定在中国法律人类学研究重镇的云南大学,并以开辟学术疆域的法律人类学家张晓辉教授领衔的研究团队作为具体对象,通过“课堂民族志”方法研究中国法律人类学学科建设的经验。

林超民先生曾在《人类学云南研究的意义》中提道:“人类学研究的本土化是人类学云南研究的基本经验,也是人类学在云南发展的基本条件。人类学本土化就是从云南的实际出发做长期、深入、扎实、细致的田野研究,在田野研究的基础上对当地族类的文化作出实事求是的判断。我们重视西方和社会主义苏联的民族学理论与方法,但必须用云南人类学研究的实践加以检验和修正,得出符合云南实际根植于云南本土的人类学理论与方法。”②云南的法律人类学研究作为人类学云南经验的基本构成,也是人类学研究本土化的真实写照,它对研究中国社会的法律制度变迁、法律文化和

① [美]克利福德·格尔茨:《文化的解释》,纳日碧力戈等译,上海人民出版社1999年版,第103页。

② 林超民:《人类学云南研究的意义》,载《云南民族大学学报(哲学社会科学版)》2009年第5期。

社会控制做出了贡献。以此作为直接进路并从人的文化意义出发,将张晓辉教授领衔的云大法律人类学学科各位学者组成的学术团体放置在人类学云南本土化研究的背景中,并将其作为田野研究对象做一些深描的探索,探索这个群体为何能在 20 世纪末云南大学建设民族学学科的热潮中敏锐地观察到法律人类学于中国法治建设的独特价值,在短短 30 余年的学科建设历程中涌现出诸多理论和实践研究领域颇有建树的学者,在探索法律人类学本土化研究的过程中产生了哪些符合云南实际或者说中国实际的理论和方法,在一定意义上实现了价值目标:"把人类学的云南研究从西方的殖民主义为导向改变为中华民族的自立自强为导向;把西方的民族分治、民族分立、民族独立的人类学取向改变为中国的民族和睦、民族融合、民族团结的人类学取向。"①

此外,作为一所综合性大学的教师,教书育人是教授们的本职工作。他们在教学的过程中培养和挖掘法律人类学人才的方法和途径是否有迹可循、形成了规律性方法?前辈与新生代研究者之间的学术链条和师承关系脉络如何建立?云大法律人类学学术团体拥有的学术宗旨和共同学术信念导向如何点滴影响青年学人并构筑为后学的价值观与人生观?除了培养人才,这个根植于云南的法律人类学区位性研究中心产生的具体贡献和具备的特色是什么?代表作的研究目光是否有变化?云大法律人类学学术团体在学科发展过程中开展了哪些前沿的学术对话和讨论并产生了高水平的研究成果?关于以上问题的思考即是本文的研究目的所在。

---

① 林超民:《人类学云南研究的意义》,载《云南民族大学学报(哲学社会科学版)》2009 年第 5 期。

[一] 书本中的理论,课堂上的田野

从2000年第一次给博士生开设《法律人类学》课程开始,张晓辉教授和这门课程陪伴法学院博士生走过了20余载寒来暑往。这是一门广受好评的精品课程。张老师和蔼可亲却又精诚敬业的治学品格感染了所有学生。

在当今博士生扩招形势下,这门课实在属于难能可贵的"小班"授课,在效果和内容要求上也偏向法学和人类学基础理论。针对上课学生的特点,张老师不断更新教学大纲和内容,深入浅出地介绍法律人类学的理论和方法,并就博士生们阅读和写作过程中的问题加以指导,引领我们走进了法律人类学的殿堂。如2021年的《法律人类学》教学大纲更新了以下内容:一是在原有各章节基础上增加了近3年内新的文献。例如,在大纲的第二章"法律人类学的研究对象"增加了一篇张晓辉和华袁媛于2019年发表的论文《20世纪70年代以来西方法律人类学研究对象及范式的转变》①,第三章"法律人类学的起源和发展"增加了王静宜于2020年出版的著作《劳拉·纳德法律人类学思想研究》②,第五章增加了刘军于2020年发表的论文《人类学主要流派婚姻研究的理论轨迹》③。二是大纲的更新并不完全是固定文本,而是动态的增加过程。随着授课和阅读写作进程的推进,张晓辉教授收集和翻译了部分和课程内容紧密结合的法律人类

① 参见张晓辉、华袁媛:《20世纪70年代以来西方法律人类学研究对象及范式的转变》,载《广西民族大学学报(哲学社会科学版)》2019年第2期。

② 参见王静宜:《劳拉·纳德法律人类学思想研究》,中国社会科学出版社2020年版。

③ 参见刘军君:《人类学主要流派婚姻研究的理论轨迹》,载《云南社会科学》2020年第4期。

学和社会学领域中的英文文献,作为原有阅读版图的扩增。比如讲到第六章“法律与社会控制”,当时学术界有一篇话题度很高的文章《数字控制下的劳动秩序——外卖骑手的劳动控制研究》①,作者通过亲历外卖骑手的劳动过程,揭示外卖平台公司如何通过平台系统重新分配权力,并利用虚拟的软件开发出一系列评价体系控制着骑手并形成秩序。张老师在授课时提示我们阅读这篇文章需要兼顾纳德 1997 年发表的论文(也译为《过程控制:寻找权力的动态构成》),使我们能够清晰地看到社会控制在工业化社会中发生的改变,它的路径从压制型转向“人力管理”,这种文化控制可能源于企业,也恰如纳德所言:“它源于扩散的权力,这种权力穿越时空根植于参与者的头脑……新的控制现象是文化的多元和信息输入的系统。”②通过这样的配合阅读,学生既能了解新论文的理论来源,也能看到理论是如何有助于分析新的社会现象和事实,并得到真实有效的结论。

张晓辉教授给我们授课时,他的著作《法律人类学的理论与方法》③已经出版。我们虽然人手一本《法律人类学的理论和方法》,但课程内容却远远超出了书本。张晓辉教授在授课中始终坚持法学和人类学的相通相连,希望学生同时吸收法学和人类学的思想精要。他强调学习内容要兼顾整体与局部,写作逻辑推导要注重严密周延,思考立论要讲究求实创新,方法要亲自应用和实践。具体而言,张老师的授课呈现了下列四个特点:

---

① 参见陈龙:《数字控制下的劳动秩序——外卖骑手的劳动控制研究》,载《社会学研究》2020 年第 6 期。

② Nader Laura, *Controlling Process: Tracing the Dynamic of Powers*, Current Anthropology, Vol. 38:5, p. 711-738(1997).

③ 参见张晓辉:《法律人类学的理论与方法》,北京大学出版社 2019 年版。

第一,阅读为基本。每一个学生在上课前会收到一份“教学大纲”,大纲详细列明教学要求、教学内容、阅读资料。以第一章“人类学、法律人类学和民族法学”为例,此章包含了朱炳祥《社会人类学》①,爱弥儿·涂尔干(Emile Durkheim)、马塞尔·莫斯(Marcel Mauss)《原始分类》②,马林诺夫斯基(Malinowski)《西太平洋的航海者》③,牟军论文《刑事侦讯:一种权力的表达》④,西蒙·罗伯茨(Simon Roberts)论文《我们需要法律人类学吗》,杨圣敏论文《当前民族学人类学研究中的几个问题》⑤,王启梁论文《法学研究的田野:兼对法律理论有效性与实践性的反思》⑥和王伟臣论文《法律社会学和法律人类学的边界》⑦等著作和资料。作为学生,上课前要基本读完列出的资料,要对授课内容的导论和线索较为熟悉,能够参与到课堂讨论,才可以说完成了课前预习,因为张老师希望学生上课要以“获得”为目标,切不可浪费大好光阴。

刚开始上课时,多数学生不太适应大量阅读的节奏,后来发现随着章节推进,张老师会增加一些新发表的相关论文和资讯,阅读内容越来越多,阅读路线“从短跑转为中长跑”,学生只有不停地跑啊跑,中途休息无数次,甚至有点

---

① 参见朱炳祥:《社会人类学》,武汉大学出版社2009年版。

② 参见[法]爱弥儿·涂尔干、[法]马塞尔·莫斯:《原始分类》,商务印书馆2012年版。

③ 参见[英]马林诺夫斯基:《西太平洋的航海者》,于文浩导读、注释,上海译文出版社2021年版。

④ 参见牟军:《刑事侦讯:一种权力表达》,载《法学研究》2010年第5期。

⑤ 参见样圣敏:《当前民族学人类学研究中的几个问题》,载《广西民族大学学报》2012年第1期。

⑥ 参见王启梁:《法学研究的田野:兼对法律理论有效性与实践性的反思》,载《法制与社会发展》2017年第2期。

⑦ 参见王伟臣:《法律社会学和法律人类学的边界》,载《思想战线》2016年第2期。

“跑断腿”才能跟上老师的节奏。张老师做到了“教人先教己”,他在上课前即便早已多次看完阅读资料,依然会提前一周再翻一遍作为备课。上课时候,我就坐在紧邻张老师的座位,无意中看到了老师上课时常备的几本笔记本。这几本笔记本从封面和材质上一看就知道已经历了一些岁月,还保留着 20 世纪 90 年代末的塑皮和硬本风格。有时候我会很好奇这几本笔记本里写了什么内容,以至于张老师多数时候都放在讲桌上。有一天,张老师在课堂上讲解“亲属制度”,我偶然转过头去,看到了笔记本上用蓝黑色墨水钢笔工工整整地绘制了“核心家庭、扩大家庭、联合家庭以及父系继嗣、母系继嗣、交表和平表兄弟姐妹、联合继嗣”的图表。他温和地对我们说:“亲属制度是人类学研究的基础内容,这几个图表最好自己画一遍,这样就能掌握其中的区别了,而且有点考验逻辑思维,能够画好这几个图也是不容易的。图表画通了,基本也就清楚了亲属制度这一块知识上的难点。”后来这几本笔记本在讲述丹尼斯·劳埃德(Dennis Lloyd)的著作《法理学》的知识结构和“纠纷的多元解决机制”内容时也出现了很多次。这说明张老师的备课内容不仅来自他数十年来通过勤奋和刻苦建立的知识基础,也因他在任何时候都坚持阅读和记录,在课堂上坚持教课的认真和严谨,不讲没考证的内容,不讲没准备的内容。

张老师讲课时实现了“经典和当下相结合、教材和讨论相结合”的目标。他不厌其烦地回答我们读书中的困惑,将学生的法律人类学阅读能力从单个文本阅读提升为构筑立体阅读谱系,讨论的问题从知识获得层面引向理论提升和情怀塑造方面,从而让我们在内心建立法律人类学的信仰。张老师常常说自己 1983 年读完北京大学法律系本科,1986 年中国政法大学硕士毕业回云大任教以来,他的早期方向一直是刑法学研究。后来因为1995年到英国阿伯丁大学任访问教授后,才渐渐转向法人类学研究。转型的其中一个原因是他本人在访学期间受到了法律人类学的训练,阅读了大量人类学的英文著作,这种阅读体验和他出国前的云南地方调查经验碰撞后,让他坚定地感到法律人类学在云南一定能够做出有价值的研究成果。同时在国外完成研究任务回国后,他将带回来的一部分法律人类学英文资料陆续翻译出来,而课堂上的学生就是这一批资料最早的阅读者和受益者。他希望通过阅读训练,让云南大学的博士生首先就能接触到国际上的前沿研究成果。这样做的原因除了能够提升学生的英文阅读能力,也教育学生在学习法律人类学时不仅读国内的作品,也读国外的作品;不仅读一个学者的作品,还读一群人的作品;不仅读正向的观点,也读批判的作品。最终目标是博士生能够运用这些资料和结论在云南做深入细致的田野调查,用“世界的眼光”思考“云南的问题和中国的问题”,并反思西方的法律人类学理论,从反观自省建立文化自觉,写出有意义的论文。

2001年,张晓辉老师带着王启梁老师(当时是张老师的博士生)前往西双版纳自然保护区开展田野调查,写作完成《居住在西双版纳自然保护区:关于人与自然关系的个案研究》调查报告。这篇调查报告实际上是一份关于法律与发展的个案,通过居住在自然保护区的三个村寨不同族别的少数民族生活为背景,提出在发展过程中生态环境保护和人的生存如何协调的问题,并在考察《西双版纳傣族自治州自然保护区管理条例》的实施情况基础上分析该条例对自然保护区内居民的影响。可以说,这个问题直至今日依然具有核心价值或者更重要的意义,不仅因为人和自然相处如何实现“可持续发展”和“绿色发展”是永不过时的话题,也因在世界前所未有之大变局面前,现代化理论遭遇发展中国家的现实困境后越发暴露了明显的局限和弊端。法律与发展理论既体现了法学和社会科学研究的交叉价值,也让我们深刻反思法律在社会发展中扮演的角色和产生的作用,法律自身如何发展。

张老师讲课时将美国学者塔玛纳哈(Ztamanaha B.)1995年发表的论文*The Lessons of Law and Development Studies*(译作《法律与发展研究运动的教训》)翻译为中文,一部分内容放在了著作《法律人类学的理论和方法》中,另一部分关于论文的思考则在上课时分析这篇西双版纳田野调查报告时作了解释。他说:“虽然严格意义上这不是一篇标准的学术论文,比如里面缺失了理论阐释,但是这篇报告可贵之处在于选题的价值和对自然保护区内少数民族生活的细致描写,昆罕大寨的情况和曼糯村、曼纳览寨有所相同,也有所不同,因为每个寨子在自然保护区内的地理位置、经济发展程度、宗教信仰和风俗习惯、当地人对待自然保护区的态度都不一样,因此,版纳的自然保护区条例虽然颁布了,但对经济的发展以及少数群众生活的影响各有区别。经济的发展、环境的保护、当地人对生活现代化水平的诉求和保持原有的生活习惯的愿望、法律的制定与实施、政府的作用这几个矛盾已经交织成复杂的问题,这次田野调查就反映出来了。因此不能只读一个学者的一篇论文的观点就下结论,除了读塔玛纳哈之外,前面讲课时提到的姚建宗老师的论文、关于第三世界的研究、特波克(David M. Trubek)关于法律和发展运动的随笔都要一起读,而且要把法律与发展研究的内容放在法律全球化的背景中读。”

就是通过这样的阅读训练方法,我们从刚开始对法律人类学的粗浅认识和一知半解,逐渐了解到如何进行法律人类学研究。英国人类学家马修·恩格尔克(Matthew Engelke)的著作《如何像人类学家一样思考》①提出人类学始终在自然与文化、普遍与特殊、模式与多元、相似与差异的交叉处开展研究。人类学非常善于质疑概念,质疑常识,这个学科里一句为人熟知的老话是:“我们让熟悉变得陌生,让陌生变得熟悉,这种质疑和颠覆的过程是人类学的恒久价值之一。”②法律人类学经典著作和重要论文的阅读,绝非停留在研究的单一面向,而是背靠经典感受人类学交叉研究的趣味所在。而且通过张老师传授的阅读方法,我们从这些日常熟悉的阅读出发,发现阅读中的“陌生”问题或者新问题,培养自身的质疑和批判能力,形成自我意识,逐渐形成建立起做学问的基本素养。

第二,写作为核心。蔡元培在《我的读书经验》中总结了自己读书的两大短处,一是不能专心,二是不能勤笔,希望读者鉴于短处能够做到专心和勤笔,这样定能有所收获。③ 张老师教书育人几十载,一直要求学生养成提笔写作的习惯。针对《法律人类学》课程,他在教学大纲中提出要求:“课程考核和成绩评定以期中提交一篇自己选定的英文期刊翻译稿和一篇结合授课内容的书评,期末提交一篇以法律人类学

---

① 参见[英]马修·恩格尔克:《如何像人类学家一样思考》,陶安丽译,上海文艺出版社 2021 年版,第 4 页。

② 参见[英]马修·恩格尔克:《如何像人类学家一样思考》,陶安丽译,上海文艺出版社 2021 年版,第 7 页。

③ 参见蔡元培:《我的读书经验》,载胡适等:《怎样读书好》,北京联合出版公司 2017 年版,第 6 页。

为写作主题的课程论文为依据,论文篇幅要符合博士生写作要求,一般在万字以上。”张老师亲自校阅所有收到的学生论文,在如何写作书评、提升翻译技巧、拟订论文主题和提纲方面都提出极为细致的修改意见,甚至每一个标点符号他都会指出存在的问题。

近年来,张晓辉教授以法律人类学学术史为主要研究方向,因此学生的翻译作业和法律人类学论文也呈现了风格更加多元的面向。大致分为以下两个方面:一方面是国外法律人类学家的重要著述。从2007级博士生开始,每年有2—3篇法律人类学的英文文献被作为博士生的翻译作业,到我们上课时,阅读材料中已有近20篇师兄师姐们的译作了。另一方面是与博士学位论文方向相关的文献。比如我就结合我的博士论文选题,翻译了尼基塔·拉瓦尼(Nikita Lalwani)的《艺术的国家属性:文化财产如何成为国家安全优先事项》。①

对于写作,张晓辉教授在授课时以自身体会讲解阅读和写作的关系,谈论如何提炼写作的论点,如何在论文中恰当使用写作方法和技巧。例如,纳德从整体论提出来“上下求索进路”,并采用了“垂直切片”一词描述阶层研究。纳德(L. Nader)认为田野工作的不同进路可以组合成为一种理解社会事实的范式,所以将这种多点民族志的进路成为“垂直切片”。从学生的角度来说,知道方法固然重要,但在论文写作中学会使用这种方法也许更重要。当我们提出这个问题时,张老师运用第十章中自己指导的一篇已发表论文解释了如何使用纳德提出的“垂直切片”进路。这是一篇关于纠

① Nikita Lalwani, *State of the Art: How Cultural Property Became a National-Security Priority*, The Yale Law Journal Forum, Vol. 130, p. 78-108(2020-2021).

纷过程中权力博弈、以过程控制的方式分析处于社会不同阶层的纠纷当事人以及与医疗纠纷相关的当事人的角色和作用,以及如何影响医疗纠纷解决的论文。张老师提及:首先,作者本身在医疗机构工作,掌握了丰富的田野资料的问题。这些田野资料不是来自一个医院的一件医疗纠纷,而是作者在不同的医院、不同的科室、不同的利益诉求的群体中开展调查所获得的,保证了写作前占有大量实证材料。其次,作者运用"垂直切片"方法对法律和政策制定者、医疗机构管理者、医患双方、鉴定者、调解者或裁判者、当事人的权力和利益相关者做出了分类或者"切片",在此基础上对身份地位、知识构成、利益诉求进行多方面考察,此外也通过个案归纳了医疗纠纷的单边、双边、第三方处理程序。这些程序的过程中充满了权力博弈,这就是"垂直切片"方法的使用。萨利·安格尔·梅丽(Sally Engle Merry)的《诉讼的话语》①也有这种方法的运用。梅丽写作时也获得了大量第一手材料,将法庭中纷繁复杂的表达划分为三种类型的语言,分析法庭中当事人和法官的语言分别归属于哪一种话语,所以这篇论文的研究方法和写作技巧也受到阅读梅丽著作的影响。阅读不仅要看内容,也要看研究方法的使用。博士生刚开始写学术论文,可以按照名著的思路仿写,同时通过仿写也能重温名著的思想,这是一个交汇融贯的过程。在阅读中写作,在写作中提升阅读层次和收获,不断阅读不断写作不断修改,就会有所提高。

写作课程论文时,我从文化控制的角度选择电影国际贸易中普遍主义和特殊主义不同立场的交锋为主题开展写作,

① 参见[美]萨利·安格尔·玛丽:《诉讼的话语:生活在美国社会底层人的法律意识》,郭星华、王晓蓓、王平译,北京大学出版社2007年版。

张晓辉教授返回修改稿时指出该文的问题是:“没有从电影的本质来考察普遍主义和特殊主义的利弊。电影的本质是通过对社会事实的描述、提炼和形塑来表达和宣扬某种社会文化,进而影响或控制人们的文化选择和社会实践。普遍主义和特殊主义具有相对性。在电影国际贸易中,站在国家的立场,这两种主义会同时出现。也就是说,任何国家都不会放任宣扬某种不符合本国主流价值观的电影文化来实现其影响或控制本国公民的文化选择和社会实践。如果能厘清这条主线,讲清楚文化控制和反控制的合理性,并对西方电影贸易的文化霸权做必要的分析和批评,这篇文章就可以投稿。此外注释符号也需要符合学术规范。”

从指导博士生课程论文的角度来说,张老师从具体修改层面提出了四个方面的修改意见:第一,论文的最大问题是什么;第二,论文应当论述的核心和焦点是什么;第三,修改方向是什么,或者说修改思路是什么;第四,论文的规范性细节错误是什么,哪里存在问题就在哪里做标注。当我看到这篇返修稿的意见时,扑面而来的直观感受是张老师永远都那么认真,而且看得如此仔细,一语中的地提出问题的核心,也教会我如何具体修改,其中的主线修改意见加以拆分就是论文的二级标题。张老师不仅看了论文,也思考了论文如何改,张老师的治学态度和耐心,和当下网络上常常戏谑式讨论的“什么样的导师最坑学生·什么样的学生最坑导师”形成了最大对比,他生动诠释了教育工作者“大先生”的风范和品格。

第三,田野为必要。人类学最核心的研究方法就是田野工作法。如果说法学强调研究的规范属性,那么人类学方法提供了我们关注现实社会的另一种途径。《如何像人类学家一样思考》中提出不了解田野调查和文化相对主义，就不会懂得人类学。所谓田野，用非学术的语言来说，就是你应该四处闲荡和做这做那。一名田野工作者就好像学校里那个总是想和每一个人玩的孩子说："嗨，最近怎么样？我能加入吗？"这就是人类学家在田野点的状态。① 当然，完成田野生活返回书斋，面对的不是生活性记述，而是严格的学术写作。云南大学民族学与社会学学院马翀炜教授多次强调如何在民族法学专业的博士论文写作中具体使用民族学和人类学的研究方法，他说"写作时候要常常思考论文的民族学特点体现在哪里，案例和参与观察及深度访谈体现在哪里"，"研究视角上以文化的角度来看待法律问题，揭示法律问题背后的文化和社会结构"。可见，无论是专门从事民族学和人类学研究的学者，还是重视规范研究的法律人类学学者，都将田野工作法作为学生学术训练的基本功，可以说是"基础的基础"。

田野方法在张晓辉教授的著作和授课中一直占据着重要地位。他每次讲授田野工作法时，先让我们阅读人类学经典民族志作品，体味民族志作品和文学作品的区别，尤其是和法学作品的区别。阅读民族志作品后，张老师会在很多章节中讲授自己做田野的经验，从田野点的选择、如何开展访谈、田野日志的整理、法律民族志的文本表达等方面指导学生开展田野调查。此外，张老师还会告诉我们如何从人类学民族志作品中发现写作灵感，确定与法律有关的研究主题。有一次他在课堂上提到，当翻阅马林诺夫斯基的《西太平洋的航海者》时，他发现研究"神话"的规范功能是一个非常有

---

① 参见马修·恩格尔克：《如何像人类学家一样思考》，陶安丽译，上海文艺出版社2021年版，第12页。

价值的方向,于是收集了大量的西南少数民族创世神话中关于"规范"的一手资料,写就了《西南少数民族创世神话的规范价值——基于人类学的理论》一文,提出了研究神话规范变迁的三种方法:"其一是直接从创世神话的描述中发现规范变迁的事件和过程;其二是将创世神话中记载的行为规范与现实社会重点行为规范予以比较;其三是比较同一民族或不同民族的创世神话和现实社会中的行为规范和规范观念,对传统法律文化的变迁做出合理的解释。"①通过此事,学习法律人类学的学生们明白了阅读那些看起来离今天现代社会有些遥远的经典民族志作品并非无用,而是要从这些作品中发现今日写作的"问题意识"。

由于张老师身体和学术转向,他无法再回到怀念的田野中去。我能体会到他对田野工作的感情,这种感情有时候埋在心底不轻言,但是在讲田野经历时,张老师总是会通过生动的语言表现出他对田野生活的极大兴趣。在云南大学组织的云南少数民族村寨调查时期,他是民族法学调查提纲的执笔人之一,负责西双版纳傣族地区的习惯法田野调查工作,所以他的田野案例以版纳村寨居多,有时候也会讲在四川、贵州的调查情况。2000年,张老师在勐海县进行了一次田野调查,遇到了一位傣族老米涛(奶奶)的葬礼。按照一般的理解,在联系特别紧密的村寨,家中长辈去世,人们会弥漫在哀伤的气氛中,这是再熟悉不过的情景,但看见这个场景的不是一个普通的"别人",而是一位人类学家。张老师在到处行走的田野里看到这熟悉又陌生的场景,立即萌生了调查兴趣。张老师发现参加葬礼的男性代表带着长刀,三五

① 张晓辉:《法律人类学的理论和方法》,北京大学出版社2019年版,第348-351页。

成群在走廊上开始玩扑克,1.5元一局,玩到高兴之处还会喧哗起来,可以玩上7天。在这场葬礼上,死者的屋内是佛爷与和尚的念经声音,屋外是热闹的打牌现场,那么熟悉,却无比陌生。按照日常的生活惯例,傣族村寨并不提倡打牌赌博的游戏,可是葬礼的时候却是例外。葬礼结束后,村主任还用广播通知各家的人们晚上去死者家里玩7天,不去的还可能交30元钱。到了夜晚,刚刚结束葬礼的死者家里完全是热闹的气氛。如今再读这篇民族志,还是觉得张老师写得无比精彩,他以人类学家的身份运用了“熟悉又陌生”的田野方法,于“交叉之处”写出了一篇“结构与反结构”的民族志。如果说前文所述的是一种田野工作的抽象方法,那么这篇民族志诠释了民族志作品的“灵感”来源,表明了法律人类学作品的精彩和“小地方大社会”的学科特点。张老师以极为细节的深度观察方法和生动描述为我们展现了傣族村寨生活中一幅关于死亡仪式反结构的情景,这种地位逆转的仪式活动是对现有秩序的违反,也对结构起到新的整合作用。

此处采用张老师撰写的民族志为例,除了展示法律人类学田野调查方法和书写范本外,也尝试总结张老师在博士生法律人类学日常学术训练中的要求,那就是对当地文化的判断必须建立在自身的深度田野调查之上,这个问题在课堂上师生之间也多有深度讨论。对于仪式以及其结构过程的研究,是社会秩序和社会控制研究的常见课题,“在象征人类学的框架下解释仪式现象,说明其内在意义和社会关系”。①日常法理视野中,聚众赌博也是一种司空见惯被否定的行

① 赵旭东、张洁:《“差序”秩序的再生产——围绕皖南一村落丧葬仪式的时空过程而展开》,载《民俗研究》2019年第3期。

为,但从张老师这一篇民族志来看,结合其中论及的社会等级秩序区分和地位逆转仪式细节,并非毫无存在的合理性。我们发现"它在一种戏剧化或者荒谬形式中重新强调了规律性。在情感的层面,没有什么能够像过度的和暂时被允许的违法行为那样,为人们带来了极大的满足感。地位逆转的仪式是临时性的,是灾难威胁这个社区的时候才举行的"。① 这种反结构行为,对日常矛盾能够达到交融和化解紧张的作用,是对现实结构的一种加强。② 这个结论依赖于人类学家田野生活的细节观察,对反结构现象没有从国家法意义上加以绝对否定并被关注和理解的价值观构建上作了新的解读。

著名人类学和社会学学者赵旭东多次论述了田野方法并总结从事田野研究八个要去关注的向度,具体就是"心存异趣、扎实描记、留心古旧、知微知彰、知柔知刚、神游冥想、克己宽容以及文字天下"。③ 他认为:"人类学作为一门学科的出现,命定的是要去解决人的问题的,它不是用抽象的思维以及逻辑推理的模式去解决,而是在最微不足道的,甚至都拿不上台面的小事物之中,从具体的观察之中获得一种对人的理解。这样的认识论就使得对人的理解不再是单一的,而是多样的,当然也是丰富和立体的。"④由此,我们看到了人类学田野工作路径就是"基于现场的田野研究,天然地会

---

① [英]维克多·特纳:《仪式过程:结构和反结构》,黄剑波、柳博赟译,中国人民大学出版社2006年版,第179页。

② 张晓辉:《法律人类学的理论和方法》,北京大学出版社2019年版,第181页。

③ 赵旭东:《田野八式:人类学的田野方法》,载《民族学刊》2015年第1期。

④ 赵旭东:《理解个人、社会与文化——人类学田野民族志方法的探索与尝试之路》,载《思想战线》2020年第1期。

使人注意到活在社会空间和社会时间交错环境之中的人”。① 这是人类学学科体系中别样的目光注视,它也让法律人类学重新返回到人的本质问题,搭建立体理解人和社会的桥梁并提供证据,在整体性维度中重新阐释文化和法律。

第四,多学科为递进。人类学教学领域内的重点教材《人类学概论》写道:“在现实生活中,自然、社会与人本来就是一个无法割裂的整体,但随着学科的日益细分和专业化,很多的学者只能就整体中的局部现象进行研究。”②对于人类学而言,多学科研究一直是其“综合性”和“专业性”的体现。“综合性”体现在人类学从早期发展就与生物学、哲学等学科息息相关;“专业性”体现在人类学作为今日人文社会科学重要组成,已经在知识体系和方法论上和其他学科有所区分,形成了自身独特的领域。张老师在讲授当代法律人类学的研究对象发生重大变化和时代背景时,提及 20 世纪 70 年代以来人类学关于研究跨国性和国家层面的法律问题,已经成为一种新的研究思潮。这里的“新”,一方面是表现为研究方法发生变化,从小地方转为了大规模社会调查;另一方面是人类学家超越地方性的研究,形成全球性视野,将“在地性”与“全球性”相勾连,迈入了超越地方的场域。实际上,大规模社会调查同样要求学者具备人类学的“田野传统”,但因研究对象不再局限不发达的异文化,调查方法一定程度上必然发生变化,当今的网络社会则进一步拓展了研究空间,不断形塑人类学的学科体系。张老师在列出的阅读

---

① 赵旭东:《理解个人、社会与文化——人类学田野民族志方法的探索与尝试之路》,载《思想战线》2020 年第 1 期。

② 《人类学概论》编写组:《人类学概论》,高等教育出版社 2019 年版,第 75 页。

书目中已经展现出多学科的学术内涵和广阔的学术视野,除了每章的材料之外,他向我们列出人类学的名著共有30本,民族和民族史10本,民族法学和法人类学类20本,法理学21本,跨越历史、政治、哲学、社会学、经济学等多个领域。当然结合每个学生的兴趣还涉及自然科学中的统计学、生态学,由此铺开了一幅关于人类学跨学科研究的画卷。

在法学研究中,法律人类学是一个小众学科,不仅表现在学术团体的规模,也表现在不太受学术期刊青睐的现实困境。当我们向张老师提出这个问题时,原本以为老师会陷入沉思或者露出一丝苦笑,他却出乎意料地表现了乐观豁达的心境和淡然的态度。他反问:"法学的研究方法可以有哪些?"我在这里写出这个问题,是因为这个反问导致我思考在结束法律人类学课程的学习后,如何将学到的知识和方法应用到博士学位论文的研究中,如何正确认识法律多元观念和运用多学科方法。注重经验是法律人类学的魅力,也是法律人类学方法论的核心,这个方法常常与法教义角度的规范研究产生不同的认识,法律人类学的训练为正确认识经验研究和合理运用多学科方法打开了另一扇窗。首先,"概念化"是法学知识生产的特征,也是其理论贡献之一。法律人类学的经验研究特质不仅仅是对经验本身的一味强调而忽略理论创新,反过来看正是因为经验事实的细节处理和充实,最终在理论的"概念化"做出了贡献。"真正有创见的学术研究,必然会经历一种跳跃式思维方式,即从经验跳跃到概念,从事实上升到理论。"①其次,多学科思维意味着研究采用的方法不仅是规范的,也是实证的;不仅是抽象的,也是经验

① 陈瑞华:《论法学研究方法》,法律出版社2017年版,第255页。

的。博士论文开题期间，张剑源教授针对我的开题报告提问，问题之一是："你的论文要与谁产生理论对话？"起初我是懵懂的，直觉就是这个问题在问我什么？问题核心是什么？论文究竟是和语言学对话，还是和国家安全学对话？如果选择一种，那法学论文的本质体现在哪里？顺着这个问题，又该如何思考法学和人类学、语言学等方法"一"和"多"的关系？法学的发展历程表明偶尔戏称"法学一脚踏在神学上，一脚踏在科学上"①并非笑谈，因为法学既要处理事实判断，也要处理价值判断，法律的总则部分放在最前面，常常处理的也是价值层面的问题。对于价值判断的问题，经济学、统计学、政治学的学科特点就会不明显，比如司法场域中使用大数据和描述性统计方法用以分析数以千计的案件判决书，必然使用前述研究方法，最终通过可视化方式呈现，但这些方法揭示了某种法律规范在法律适用中或者社会结构中的实现程度和实施效果，却"无法创造法律规范本身"②。最后，多学科的研究思维对一个法律的学习者而言，是一种递进，这种递进式的思维是"法律之外看法律"，意味着研究者研究的是法律，并以正确和熟练使用社会科学的方法解释"社会生活中的法"为表现。但这些方法并不完全替代部门法研究的规范方法，它是一种纵深研究，是一种广阔视野的研究，与前沿的法学理论开展对话，发现这些理论的边界和范围，从而产生新的富有解释力的理论。

---

① 陈瑞华：《论法学研究方法》，法律出版社 2017 年版，第 261 页。

② 陈瑞华：《论法学研究方法》，法律出版社 2017 年版，第 261 页。

[二] 名师荟萃和滔滔后浪，凸显法律人类学的魅力和“远方”

麻国庆教授在《作为方法的云贵高原》①中提出,云贵高原在空间意义和内涵上发生转换,在学术概念、方法论建构、跨区域社会体系层次上发生了根本性的变化。云南大学的法律人类学学术共同体建设,基于云贵高原的文化优势和田野调查的便利条件,依赖于老一辈民族学和人类学学者的学术发展而发展。在云南大学民族学和人类学的学科体系中,法律人类学的学科建构除了早期对西方理论的借鉴和移植,也勃发于法学院师生群体在吸收理论后深入展开的田野调查。当然,这样的田野活动是组织化的实践考察,属于教师在课堂上系统讲授及学生形成理论根基之后的自然转化,加之田野调查活动培养了深度参与者的敏锐意识和问题嗅觉,最终形成了“课堂—田野—课堂”的教学逻辑和人才培养模式,学术研究实现了“前浪”引导、“后浪”追逐、“涛声阵阵”的法律人类学代际传承。普遍意义上说,无论是自然科学还是社会科学,都将学术角色作为研究个人学术史和学科发展史的基础。有学者在研究“有机化学之父”尤斯图斯·冯·李比希(Justus von Liebig)及“吉森学派”(也称李比希学派)的学术角色和理念时,提出了“学者·导师·学派领袖”的研究路径,并提出“融学者、导师和学派领袖为一体的学术角色,近乎完美地向世人诠释了优秀大学教师形象的具体内

① 参见麻国庆、蒙祥忠:《作为方法的云贵高原——从费孝通的区域板块研究看中华民族共同体》,载《开放时代》2022 年第 4 期。

涵”①，从这层意义上而言，张晓辉教授及其他云大法律人类学研究的学者所构成的群体，已经用“课堂和田野”的实际行动展示了这一形象。人类学者徐新建教授在《新生代人类学家之路》的序言中借用玛格丽特·米德（Margaret Mead）《文化和承诺》②提出的代沟思想及“前喻文化”“并喻文化”“后喻文化”立场，认为“无论人类学关注的世界现实或人类学的学科自身，多元互补的对话式承继看来更适应人类群体的未来前景。以此为前提，对于崛起中的‘新生代’而言，真正的关注不是担忧他/她们是否会忘记前人；恰恰相反，应是更多关心后来者能否成为自己、展现标志学术年代的独特话语，继而做出名副其实的‘新生代’贡献，使年过世纪的人类学中国队超越本土，参与全球，融入人类”。③ 米德提出的代际讨论，映射于今日的云大法律人类学学术团体，已经不再是单纯比较的“前喻”时代或“后喻”时代，更倾向于“并喻”或者是一种代际平衡的状态，新生代学者和前辈相向而行，并行互动。

在云南大学工作和从云南大学离开的中青年学者已经接续法律人类学的火炬，在法律人类学和法律社会学研究中注入了新的活力。恰如澳门大学朱寿桐教授以著名戏剧理论家陈瘦竹先生的学派意识为例，提出了“全局性的学术思考，治学忌孤单，表达了中国当代学术发展的一种诉求，即在一些重要的学术领域，组织具有相当实力的研究力量，以该

---

① 何振海、张鸣：《学者·导师·学派领袖——吉森学派创始人李比希的学术角色及其理念》，载《河北师范大学学报（教育科学版）》2021年第6期。

② ［美］玛格丽特·米德：《文化和承诺——一项有关代沟问题的研究》，周晓红、周怡译，河北人民出版社1987年版。

③ 徐新建：《人类学：代际相传治学路》，载徐杰舜、韦小鹏主编：《新生代人类学家之路》，学苑出版社2021年版。

学术领域'国家队'的姿态进入学术研究和学术交流之中"。时至今日,云南大学法律人类学的研究实力堪称准"国家队"水平,做到了"应该有学人、学术成果,有如作者、作品;应该有传播平台,如杂志出版机构等;也应该有思潮与学术流派"。① 王启梁教授多年来推出了一系列关于法治建设的社会基础方面的成果,专著《迈向深嵌在社会与文化中的法律》②和论文《法治的社会基础——兼对"本土资源论"的新阐释》③《国家治理中的多元规范:资源与挑战》④《法学研究的"田野"——兼对法律理论有效性与实践性的反思》⑤等,既将法律当作社会事实加以研究,也反思法律人类学今日的田野将往何处去的问题。我的导师罗刚教授是边疆治理研究的专家,其专著《云南边境民族地区非法移民问题及其治理研究——以河口瑶族自治县为例》⑥,2014年4月获云南省第17次哲学社会科学优秀成果著作类一等奖。该书实际上就是以法人类学和社会学作为基本的研究方法。昆明理工大学李婉琳教授的专著《社会变迁中的法律:穆尔法人类学思想研究》⑦曾获第二届中国法学优秀成果奖,该著作是

① 朱寿桐:《学术流派意识的学术文化意义——陈瘦竹学术文化观念的价值省思》,载《宁波大学学报(人文社会科学版)》2020年第6期。

② 参见王启梁:《迈向深嵌在社会与文化中的法律》,中国法制出版社2010年版。

③ 参见王启梁:《法治的社会基础——兼对"本土资源论"的新阐释》,载《学术月刊》2019年第10期。

④ 参见王启梁:《国家治理中的多元规范:资源与挑战》,载《环球法律评论》2016年第2期。

⑤ 参见王启梁:《法学研究的"田野"——兼对法律理论有效性与实践性的反思》,载《法制与社会发展》2017年第2期。

⑥ 参见罗刚:《云南边境民族地区非法移民问题及其治理研究——以河口瑶族自治县为例》,法律出版社2012年版。

⑦ 参见李婉琳:《社会变迁中的法律:穆尔法人类学思想研究》,中国人民公安大学出版社2011年版。

国内第一部系统研究法人类学理论的著作,也是云南首部获此殊荣的作品。张剑源教授的成果总是新意频出,在《边疆治理中的国家能力》①《治边西南:历史经验与当代启示》②《多中心治理下的林木资源管理:法律、市场与地方性知识——滇西北山地个案研究》③《发现看不见的事实:社会科学知识在司法实践中的运用》④等论文中,他一方面将眼光投向边疆,另一方面在理论和经验研究进路上用扎实的制度分析和鲜活案例强化阐释和论证。

难能可贵的是这几位青年教授通过"导师合作"形式全部参与到云大法学院博士生的培养中来,无论是课程授课、论文讨论还是讲座论坛,总是想方设法为学生创造学习的环境和机会。"导师合作"形式要求学生走出固定的思维定式,学术研究一定要抓"真"问题,不能局限于书斋里的学问;读书要广阔但应聚焦研究重点;要勤于写作和投稿;鼓励学生申请科研项目和参加学术活动,从而为构建学生的学科整体观和知识体系打下了坚实基础。

法理学者卓泽渊在 20 世纪 80 年代末就讨论了中国法学研究的组织性,他指出:"统筹安排本学派的主要研究课题,集中研究本学派所极为热心的学术方面,就自然加强了法学学术研究组织性。"⑤在云大法律人类学研究团体中,虽

① 参见张剑源:《边疆治理中的国家能力》,载《西南边疆民族研究》2017 年第 2 期。

② 参见张剑源:《治边西南:历史经验与当代启示》,载《法律和社会科学》2014 年第 2 期。

③ 参见张剑源:《多中心治理下的林木资源管理:法律、市场与地方性知识——滇西北山地个案研究》,载《西南边疆民族研究》2013 年第 1 期。

④ 参见张剑源:《发现看不见的事实:社会科学知识在司法实践中的运用》,载《法学家》2020 年第 4 期。

⑤ 卓泽渊:《法学学派的形成与法学繁荣》,载《法学》1987 年第 6 期。

然都将法律人类学为研究方向,但由于各位教授的学术背景和兴趣不同,学术研究的整体进路反而显得立体和全面。

方慧教授是云南大学著名的少数民族法律史专家。方慧教授的少数民族法制史的研究融入了民族学、历史学和法学的跨学科研究方法,给法律史学界带来了一股清风。其中的《元明清时期国家政权与边疆民族地区基层社会互动关系研究——以法律变迁为中心的考察》①《云南少数民族传统文化的法律保护》②《少数民族地区习俗与法律的调适:以云南省金平苗族瑶族傣族自治县为中心的案例研究》③《中国历代民族法律典籍:"二十五史"有关少数民族法律史料辑要》④《云南法制史》⑤等著作,是中国西南少数民族法制史研究领域的经典著述。吴大华教授的研究领域为民族法学、法律人类学和刑法学,出版了《民族法学通论》⑥《中国少数民族习惯法通论》⑦《侗族习惯法研究》⑧等重要的民族法学和法律人类学著作,其撰写的《论民族习惯法的渊源、价值与传承——以苗族、侗族习惯法为例》⑨《论少数民族犯罪的立

---

① 参见方慧:《元明清时期国家政权与边疆民族地区基层社会互动关系研究——以法律变迁为中心的考察》,中国社会科学出版社2012年版。

② 参见方慧:《云南少数民族传统文化的法律保护研究》,民族出版社2002年版。

③ 参见方慧主编:《少数民族地区习俗与法律的调适:以云南省金平苗族瑶族傣族自治县为中心的案例研究》,中国社会科学出版社2006年版。

④ 参见方慧:《中国历代民族法律典籍:"二十五史"有关少数民族法律史料辑要》,北京民族出版社2004年版。

⑤ 参见方慧主编:《云南法制史》,中国社会科学出版社2005年版。

⑥ 参见吴大华:《民族法学通论》,中国方正出版社1997年版。

⑦ 参见吴大华、潘志成、王飞:《中国少数民族习惯法通论》,知识产权出版社2014年版。

⑧ 参见吴大华:《侗族习惯法研究》,北京大学出版社2012年版。

⑨ 参见吴大华:《论民族习惯法的渊源、价值与传承——以苗族、侗族习惯法为例》,载《民族研究》2005年第6期。

法控制》①《中国少数民族犯罪社会控制的实践与反思》②等论文的引用率高达100多次,是研究中国少数民族习惯法的基础文献。吴老师是《法律人类学论丛》的创始人和主编,作为中国法律人类学研究的组织者,为中国法律人类学的发展做出了重要贡献。牟军教授领衔的民族地区司法制度研究的团队在法律人类学研究方面取得的成果集中在少数民族地区司法制度及其实施方面。其《民族村寨村规民约"异化"及与国家法调适——基于元阳梯田核心区村规民约的分析》③《集市与纠纷解决机制的变迁——以滇中W县龙村定期集市为样本的分析》④《乡镇司法所纠纷解决的实践与机制构建——以滇中桂乡司法所为视角》⑤等论文揭示了纠纷解决机制中的基层司法制度和实践。

除了学者群像,云大法律人类学学术团体组织的活动也精彩纷呈,这也成为中国法律人类学吸收外来,不忘本来的标志之一。张晓辉教授从英国访学归来后,在偶然的机会下接触荷兰学者刘本提供的光盘版西方法律人类学资料,这一批资料包含2003年以前的经典著作和论文,涵盖了国外法律人类学的研究体系。这一批资料,作为云南大学法律人类学早期教学和研究基础,为一批批青年教师和博士生培养提

---

① 参见吴大华:《论少数民族犯罪的立法控制》,载《云南大学学报(法学版)》2005年第2期。

② 参见吴大华:《中国少数民族犯罪社会控制的实践与反思》,载《湖北民族学院学报(哲学社会科学版)》2005年第1期。

③ 参见牟军、徐超:《民族村寨村规民约"异化"及与国家法调适——基于元阳梯田核心区村规民约的分析》,载《思想战线》2018年第4期。

④ 参见牟军、苏斐然:《集市与纠纷解决机制的变迁——以滇中W县龙村定期集市为样本的分析》,载《思想战线》2013年第3期。

⑤ 参见牟军、牛文欢:《乡镇司法所纠纷解决的实践与机制构建——以滇中桂乡司法所为视角》,载《思想战线》2015年第6期。

供了最初的养分,也成为法律人类学学科建设的起点。在此基础上,云大法学院持续加强和挪威奥斯陆大学、特罗姆松大学等国外高校的合作,在硕士生和博士生中开展了《法律和民族事务》《国际人权法和少数人权利保护》等工作坊,伦德博格(Anna Maria Lundberg)教授和索格斯塔(Sidsel Saugestad)教授多次在法学院讲学,介绍国外法律人类学研究的新视角和新进展。与此同时,国内法律人类学的校际交流也颇为频繁,专家讲座、青年教师学术沙龙、博士生论坛贯穿一体,拓展了云大法律人类学的学科影响力。

[三] 结语

今天,“80 后”甚至“90 后”学者面临的现实问题是如何将法律人类学的研究进一步与中国法治的重大理论和实践问题加以深层次结合,回应国家治理和社会治理中“人”与“法律”之间黏合却又存在张力的事实并提供可能答案。值得关注的是,不仅在云大有一批从事法律人类学研究的学者,其他大学的青年学者群体也产出了一批法律人类学的成果,形成了一种“江山代有才人出”的辐射效应。他们开始思考中国法律人类学研究的新的变化:“中国的法律人类学一方面不能仅限于乡村和少数民族地区,而应当把目光投向城市地区,投向现代社会,投向国际社会和海外;另一方面,我们中国的法律人类学也要超越西方的认识和理解,不能仅限于纠纷或纠纷解决。”①“当代中国法律人类学研究应围绕

① 王伟臣:《我和我眼中的法律人类学》,载中国社会科学网 2022 年 4 月 1 日,http://soci.cssn.cn/shx/shx_bjtj/202203/t20220331_5401665.shtml。

问题、理论、历史与地理等四个维度依次展开，树立'中国问题'意识，注意中国本土法律人类学概念与术语的提炼，大力发掘中国传统法学与人类学知识谱系中的法律人类学资源。"①

在当今全球化进程和反全球化浪潮双向运动且相互交织的过程中，人类学的研究价值取向显得愈加珍贵，因为人类学最擅长的就是阐释文化之间的"不理解"，更加关注现实的文化冲突及其对社会秩序带来的影响。而法律人类学者的研究将法律和社会勾连起来，研究特定时空中的社会事实细节，揭示地方性、全球性、跨国性纠纷与秩序的过程、变迁及其文化意义，从制度文化的层面推动"各美其美，美人之美，美美与共，天下大同"愿景的实现。

为了实现上述目标，法律人类学者必须传达思想影响力并形成更多类似或者超越云大法律人类学的学术团体。谢晖教授认为法律人类学的思想影响力在于"法人类学研究路线它能够提供一种知识基础，这种知识基础就是要说明我们人类生存的多样性它本身具有普遍性"②。"另外，中国的法学流派可能既会从研究的方法或者研究的对象这个角度来划分流派，也可能会通过一定地域内学者们的研究或者某个学府内学者们的研究特点来形成流派。"③云大法律人类学学术团体植根于云南民族文化和社会结构，着眼于国家法治建设与地方法治实践的勾连，关注跨国性社会事实与地方社

① 刘顺峰：《当代中国法律人类学研究的四个维度》，载中国社会科学网，http://ex.cssn.cn/fx/fx_xzyc/202205/t20220504_5406718.shtml。

② 谢晖：《西北法学研究与中国法学流派》，载《甘肃政法学院学报》2010年第1期。

③ 谢晖：《西北法学研究与中国法学流派》，载《甘肃政法学院学报》2010年第1期。

会秩序的互动,已经形成自觉的法律人类学意识的学者群。假以时日,我觉得会有一个"云南学派"呈现于法律人类学的学术史,这就是我们憧憬的那个"远方"。

《法律和社会科学》(2023)　第20卷第1辑,第161~186页

司法档案中的田野:论中国法律史研究的民族志方法

黄骏庚*

摘　要:在国内学界方兴未艾的法律人类学,不仅能够对法学理论作出智识贡献,在法律史研究中亦可有所作为。相较于人类学的概念与理论,法律史学界对作为人类学之"看家本领"的民族志的关注尚属有限。以掌握当地人之视角为目标的民族志方法,对于处理数量庞大、细节丰盈、声音多元的司法档案而言不乏借鉴意义。立足于民族志的理念,反思既有的聚焦司法档案的中国法律史研究,将会洞见到以法律实践为中心的主流研究进路的启发与短板。在法律史研究中践行民族志的方法,既须从"人"出发去解读法律,也要留意到司法档案作为文本的复杂之处,还可以通过实地的田野调查来补足"现场感"。

关键词:历史民族志　历史人类学　法律史研究方法　司法档案

* 黄骏庚,中国人民大学法学院博士研究生。

[一] 法律人类学、法律史与民族志

在国内法学界,法律人类学作为一门方兴未艾的学科,正在逐步扩展其影响力。大体上看,法律人类学在国内的兴起与既有的社科法学传统密不可分,因此在学科门类上,其影响也主要展现在法学理论领域。笔者作为法律史学的研习者,在本文中所关心的核心议题是:对于法律史研究,法律人类学能否有所贡献?又如何作出贡献?

毋庸置疑,人类学的概念与理论已经进入中国法律史研究的视界。早在 20 世纪 40 年代出版的《中国法律与中国社会》中,瞿同祖就大量参考了梅因(Henry Maine)、马林诺夫斯基(Bronislaw Malinowski)等人类学先驱学者的相关成果。① 当代研究中同样不乏其例,例如,梁治平在《清代习惯法:社会与国家》中借鉴了美国人类学家芮德菲尔德(Robert Redfield)对大传统与小传统的区分;②又如,黄宗智对格尔茨(Clifford Geertz)与布迪厄(Pierre Bourdieu)等人类学家的理

① 关于瞿同祖受梅因、马林诺夫斯基等学者之启发而写作《中国法律与中国社会》的经历,参见瞿同祖:《中国法律与中国社会》,商务印书馆 2010 年版,第 413-414 页。

② 梁治平对芮德菲尔德理论的明确引用,参见梁治平:《清代习惯法:社会与国家》,中国政法大学出版社 1996 年版,第 127 页。

论的运用。① 相较于在概念与理论层面的交流无碍,法律史学界对人类学的民族志方法则似乎甚少措意。在某种意义上,民族志的方法才真正是人类学的标志,理论与概念则更多地为整个社会科学领域所共享。因此,笔者想进一步追问的是:作为人类学之"看家本领"的民族志方法,能否运用到法律史研究之中?

乍看上去,由于人类学关注共时性、历史学关注历时性,法律人类学与法律史学二者在方法上泾渭分明,前者从事参与观察式的民族志,后者则埋首故纸堆中,似无相互借鉴之可能。这一差别在英国的经典社会人类学那里被放大,如人类学家巴斯(Fredrik Barth)所言,马林诺夫斯基与拉德克利夫-布朗(Alfred Radcliffe-Brown)的作品"以共同的立场主张使得用历史解释来探寻起源的研究方式被抛弃,并代之以新的要求,即对民族志资料的分析可以通过沉浸到当地人行为在当代时刻所展现的细节中来取得"。② 进言之,马林诺夫斯基在其代表作《西太平洋的航海者》中所确立的参与观察式的民族志方法,要求调查者完完全全生活在当地社会中,对于专注于过去的历史学家而言显然是无法企及的。③

不过,如果将这种对民族志的经典理解暂且放在一旁,则不难发现,近半个世纪以来,在历史学研究中运用民族志

① 关于黄宗智对人类学理论的借鉴,参见柴承晶、杜东夷:《迈向实用道德主义的学术关怀——从人类学角度看黄宗智的中国法律史研究》,载《青海民族研究》2021 年第 2 期。

② [挪威]弗雷德里克·巴特等:《人类学的四大传统——英国、德国、法国和美国的人类学》,高丙中等译,商务印书馆 2008 年版,第 29 页。关于人类学与历史学的分离,参见陆启宏:《历史学与人类学:20 世纪西方历史人类学的理论与实践》,复旦大学出版社 2019 年版,第 2-3 页。

③ 关于马林诺夫斯基所提倡的民族志方法,参见[英]马凌诺斯基:《西太平洋的航海者》,梁永佳、李绍明译,华夏出版社 2001 年版,"导论"。

方法的例子已不罕见。其中典型的代表当属法国年鉴学派历史学家勒华拉杜里(Emmanuel Le Roy Ladurie)的专著《蒙塔尤:1294—1324 年奥克西坦尼的一个山村》。① 在这本以中世纪法国南部的一座村庄为研究对象的书中,民族志方法的展开依托于当地宗教裁判所主教雅尼·富尼埃所留下的一批诉讼和审讯文件,其中包含极其丰富的对当地村民的自我陈述的记录。勒华拉杜里按照当地社会的不同方面,对这些言说进行重新分类与整理,再以一种细致入微的、立足当地村民之视角的笔调加以呈现,从而给读者营造出一种在阅读其他人类学民族志时也可以获得的身临其境之感。这种对过去的历史时期加以考察的民族志形式被称作"历史民族志"或者"在档案馆中做田野工作"。②

当然,历史民族志与马林诺夫斯基意义上的民族志存在明显的距离,但在笔者看来,差距更多地体现在形式而非实质上。经典的民族志方法固然包含诸如掌握当地语言、在当地长期生活等多项形式要求,但我们也不应该忘记民族志的目标所在,用马林诺夫斯基自己的话说,"这目标就是把握土著人的观点、他与生活的关系,搞清他对他的世界的看法"。③ 换言之,民族志首先追求的是理解当地人的所作所

---

① [法]埃马纽埃尔·勒华拉杜里:《蒙塔尤:1294—1324 年奥克西坦尼的一个山村》,许明龙、马胜利译,商务印书馆 2007 年版。

② 参见陆启宏:《历史学与人类学:20 世纪西方历史人类学的理论与实践》,复旦大学出版社 2019 年版,第 10-15 页。此外,有学者还区分了"历史民族志"与"历史的民族志",前者是依据运用档案等文献资料对过往的特定时期做田野工作,后者则是运用历史资料对当下进行人类学考察。本文所称的"历史民族志"指的是前一种形式。参见张佩国:《历史活在当下——"历史的民族志"实践及其方法论》,载《东方论坛》2011 年第 5 期;陈静:《"历史民族志"与"历史的民族志"——民族志实践中的历史之纬》,载《东方论坛》2011 年第 5 期。

③ [英]马凌诺斯基:《西太平洋的航海者》,梁永佳、李绍明译,华夏出版社 2001 年版,第 18 页。

为，从当地人的视角出发去把握他所身处的村庄或社区。①借用人类学家马文·哈里斯（Marvin Harris）所区分的“主位”（emic）与“客位”（etic）这对概念，民族志首要的工作是对参与者的主位观点（而非观察者的客位观点）的描述与解释。② 这种将研究者自身代入当地人的视角去实现理解的方式，才体现出民族志区别于其他研究方法的特质所在。就此而言，以《蒙塔尤》为代表的历史民族志之所以是可能的，正在于研究者尝试着跨越时间的阻隔，去勾勒档案资料背后的历史人物处于何种具体的社会情境，他们又对自身以及周边的世界采取何种看法。

在英美法律人类学界，将民族志方法运用于历史研究也已经不是新鲜的话题。法律人类学家梅丽（Sally Engle Merry）早期的成名作《殖民夏威夷：法律的文化权力》就是一部法律题材的历史民族志或者历史维度的法律民族志。③她在总结自己如何运用民族志方法分析司法档案时指出，“档案中的民族志意味着将法庭所处理的案件置于管理这些案件以及身陷其中的人们的情境当中，也置于更广阔的经济

① 对当地人观点的探求不是民族志的全部，也未必是民族志的终点，但它至少是民族志不可或缺的部分，也是民族志与其他社会科学方法的不同之处。参见黄应贵：《反景入深林：人类学的观照、理论与实践》，商务印书馆2010年版，第86页。

② 当然，按照格尔茨的看法，“主位”观点与“客位”观点（格尔茨自己的表述则为“近经验”与“远经验”）之间的往返交织才是民族志的核心，但此种“诠释循环”工作的目标仍然在于“从土著的观点来看事情”。参见［美］克利福德·格尔茨：《“从土著的观念来看”：论人类学理解的性质》，载［美］克利福德·格尔茨：《地方知识：阐释人类学论文集》，杨德睿译，商务印书馆2016年版。

③ See Sally Engle Merry, *Colonizing Hawai'i: The Cultural Power of Law*, Princeton University Press, 2000.

与政治变革的情境当中”。[①] 美国法社会学家弗里德曼(Lawrance Friedman)也在其短文《关于民族志、历史及法律的几点思考》中探讨了民族志与历史研究、档案研究之间的关系。他认为,“民族志是一种观察研究对象的技术或方法”,即便是定量研究也需要借助它来了解数据背后的事实,因此,“从某种程度上讲,档案研究、历史研究、司法档案的解读分析,归根结底都是民族志研究”。[②] 虽然从其论述来看,弗里德曼基本上将民族志等同于定性研究,所以才会作出“几乎关于人类社会的每一项重要研究都使用或暗含了民族志的研究方法”[③]这样较为绝对化的论断,但他将民族志界定为观察研究对象之技术的洞见,同样也启示了我们应该从实质意义上去把握民族志的内涵。

由此可见,如果我们对民族志采取更加开放的理解,将它界定为一种掌握当地人观点的技术,而不是在形式上固守马林诺夫斯基所确立的典范,那么民族志方法完全有可能运用于法律史研究中。事实上,运用民族志方法的法律史研究,在国内学界也不乏先例。[④] 张佩国在21世纪初立足对概念化书写与学科本位意识的反思,试图整合经济史、社会史、法制史等不同学科的资源,对近代江南乡村地权展开的

---

① Sally Engle Merry, *Ethnography in the Archives*, in June Starr & Mark Goodale eds., Practicing Ethnography in Law: New Dialogues, Enduring Methods, Palgrave Macmillan, 2002, p. 136.

② [美]劳伦斯·M.弗里德曼:《关于民族志、历史及法律的几点思考》,王伟臣、吴婷译,载《法律史评论》(2021年第2卷),法律出版社2021年版,第183页。

③ [美]劳伦斯·M.弗里德曼:《关于民族志、历史及法律的几点思考》,王伟臣、吴婷译,载《法律史评论》(2021年第2卷),法律出版社2021年版,第183页。

④ 早在十几年前,侯猛就注意到“历史人类学将法律档案与田野调查结合在一起”的研究动向,参见侯猛:《法律和人类学研究:中国经验30年》,载《法商研究》2008年第4期。

历史人类学研究，可以看作开创性地将人类学方法用于研究法律史题材的尝试。① 在评论法律史研究成果之时，张佩国更特别提到，应该“抛弃概念化模式去解读在地方社会中生活的人们眼中当时的秩序究竟是什么形象，并按照传统社会中国人活动于其中的意义世界去理解他们的生活，唯其如此，才能更好地再现乡土社会的法秩序，奉献出更富创新意义的法制史文本”。② 无独有偶，张小也同样认识到历史人类学方法对于法律史研究的意义：一方面是“在个案研究中将官方文献、民间资料与田野调查结合起来，并将研究对象置于区域社会的结构与脉络之中进行考察”，“意识到法与秩序必须由具体的社会历史情境来定义，而不是由一套抽象的概念来定义”；另一方面则是“在宏观研究中将纷繁复杂的文献还原到历史发展的具体过程中，可以使研究者的思考从资料本身的脉络出发，而不是服从主观的逻辑”。③ 不过直至目前，从中国法律史研究的整体来看，对民族志方法的关注与运用仍旧不多。

最近二三十年，国内陆续对外开放与整理出版的诸如淡新档案、巴县档案、南部档案、龙泉档案等司法档案，吸引了越来越多的法律史学人投身其中。这些司法档案的总体数量不仅相当可观，而且囊括了涉及法律、但又不限于法律的与社会经济生活相关的大量信息。非但如此，司法档案并不像律典、官箴书、地方志等常规史料那般由社会精英书写而

① 参见张佩国：《近代江南乡村地权的历史人类学研究》，上海人民出版社2002年版。此后张佩国继续开展了一系列结合法律人类学与历史人类学的研究，代表性成果可参见张佩国：《财产关系与财产法秩序》，学林出版社2007年版；张佩国：《林权、坟山与庙产》，中国社会科学出版社2014年版。

② 张佩国：《近代江南乡村地权的历史人类学研究》，上海人民出版社2002年版，第35页。

③ 张小也：《官、民与法：明清国家与基层社会》，中华书局2007年版，第37页。

成,而是"通常包含有原告、被告、证人、官府等站在不同乃至对立立场的多类主体的丰富信息"。① 信息量大、细节丰富、声音多元等特点,使得研究者有可能利用司法档案重构出历史的具体场景,同时关照到社会生活的各个方面,深入到不同历史主体的主观世界中。在此意义上,司法档案是在法律史研究中实现民族志方法的不可多得的史料。据笔者目力所及,杜正贞的《近代山区社会的习惯、契约和权利——龙泉司法档案的社会史研究》(以下简称《近代山区社会》),或许是最近几年为数不多的以民族志方法系统利用司法档案的中国法律史专著。② 与此同时,利用司法档案展开的法律史研究虽然可谓如火如荼,已经积累了相当丰硕的研究成果,却也面临视野单一、缺乏问题意识等诸多批评。③ 鉴于此,借用民族志的观念来反思既有的研究成果,或许能够推动司法档案研究在方法与视野上的更新,也有助于人类学与法学的跨学科交融真正深入法律史研究中。下文将首先对既有研究当中的主流研究进路展开检讨,进而揭示民族志方法的意义,随后再聚焦《近代山区社会》一书,考察民族志方法如何运用于司法档案研究之中。

[二]为何需要民族志:基于对实践进路的反思

在中国法律史研究中运用司法档案的风潮,在很大程度上

① 尤陈俊:《批评与正名:司法档案之于中国法律史研究的学术价值》,载《四川大学学报(哲学社会科学版)》2020年第1期。

② 杜正贞:《近代山区社会的习惯、契约和权利——龙泉司法档案的社会史研究》,中华书局2018年版。

③ 参见谢晶:《史料中的问题与问题中的史料:法律史研究中司法档案运用方法刍议》,载张志铭主编:《师大法学》2017年第1辑,法律出版社2017年版。

与黄宗智作品的示范作用有关。虽然在此之前，法律史学界已经不乏有学者在研究中关注并利用了司法档案，但在国内尚未引发热烈反响。① 恰恰是在以黄宗智为代表的 UCLA 法律史学人群体的作品在国内陆续翻译出版以后，才出现了“大量原始档案被相继点校出版，相关专著、论文更是如雨后春笋般陆续问世”②的热闹景象。值得注意的是，被学者冠以“新法律史”之名的 UCLA 法律史学人群体的系列研究，其“新”不仅仅体现在对司法档案的广泛且系统的利用，而且还反映于以特定的视角与方法来运用司法档案。③ 后者正是本文的关切所在。

（一）司法档案研究中的实践进路

黄宗智利用司法档案，曾经出版了三部在时段与主题上前后衔接的法律史作品，即《清代的法律、社会与文化：民法的表达与实践》《法典、习俗与司法实践：清代与民国的比较》《过去与现在：中国民事法律实践的探索》。在笔者看来，这三部作品有着一以贯之的特点，即对法律实践的高度关注。④ 基于对不同地区的司法档案的系统考察，这些作品

① 关于国内中国法律史学界自身利用司法档案的学术脉络，参见尤陈俊：《批评与正名：司法档案之于中国法律史研究的学术价值》，载《四川大学学报（哲学社会科学版）》2020 年第 1 期。

② 参见谢晶：《史料中的问题与问题中的史料：法律史研究中司法档案运用方法刍议》，载张志铭主编：《师大法学》（2017 年第 1 辑），法律出版社 2017 年版，第 107 页。

③ 关于“新法律史”的讨论，参见尤陈俊：《“新法律史”如何可能——美国的中国法律史研究新动向及其启示》，载《开放时代》2008 年第 6 期。

④ “实践”概念在黄宗智的学术构想中占据着十分关键的地位。在黄宗智看来，“实践”包含三重含义，即相对于理论的实践、相对于表达的实践与相对于制度的实践。参见［美］黄宗智：《中国法律的实践历史研究》，载［美］黄宗智、尤陈俊主编：《从诉讼档案出发：中国的法律、社会与文化》，法律出版社 2009 年版。本文仅仅在“法律的实际运作”的意义上去界定实践，而这一意涵为“实践”的上述三个层次所共同分享。

超越了法律史中以法律条文为中心的传统做法,将法律实践纳入研究视野中,并且通过细致勾勒法律实践的样态,试图提炼出清代以来的中国法律所隐含的特质。在《清代的法律、社会与文化:民法的表达与实践》中,依托于后续影响甚广的表达与实践二分的分析框架,黄宗智检视了清代官方关于民事法律的三种典型表达(民事诉讼不多、良民一般不涉讼、州县官以调处的方法处理民事案件)以及与此相反的实践状况(民事诉讼占据重要地位、大量平民为自身利益而参与诉讼、州县官通常是依据律例断案),进而将表达与实践既背离又抱合界定为清代法律的本质所在。①《法典、习俗与司法实践:清代与民国的比较》则立足法典、习俗与司法实践三个层次的考察,深度解读了清代至民国的法律变迁:既非对西方法律的照搬,也非对传统法律的沿袭,而是传统与现代、中国与西方之间的二元对抗、妥协、拉锯与互动。②《过去和现在:中国民事法律实践的探索》从社区调解、离婚法实践、民事判决、法庭调解等多个方面入手,考察了中国自清代至当下的法律在实践中所形成的传统,旨在揭示法律实践背后从实际出发、以道德观念为指导的"实用道德主义"理念,并且将其看作中国法律的自主性所在。③

此种通过法律实践来发掘中国法律之特质的做法,可以用"实践进路"(黄宗智本人的提法是"实践社会科学")来加以概括。那么,本文更为关心的是,实践进路是如何处理

① 参见[美]黄宗智:《清代以来民事法律的表达与实践:历史、理论与现实》(卷一),法律出版社2014年版。

② 参见[美]黄宗智:《清代以来民事法律的表达与实践:历史、理论与现实》(卷二),法律出版社2014年版。

③ 参见[美]黄宗智:《清代以来民事法律的表达与实践:历史、理论与现实》(卷三),法律出版社2014年版。

与分析司法档案的？简单地说，司法档案被当作真实反映法律实践的一手材料加以运用。在上述这些作品中，具体的操作方式往往是从司法档案中的案卷入手，提炼出各个案件的具体事实与裁判结果，以此来勾勒出法律实践的样态。在考察法律实践的过程中，一个重要的比照对象就是法律条文。换言之，对法律实践的描述，是在明确了法律条文的内容后展开的，也是在与法律条文的互相比对中进行的。例如，在论证“州县官通常是依律断案而非从事调解”这个经典命题时，黄宗智采取的做法是分门别类地考察不同案件，首先展示与各类案件相关的律例规定；其次通过司法档案来考察这些案件在州县诉讼过程中如何被处理，以举例的方式说明这些案件的基本案情与裁断结果；最后得出州县官的判决是否符合大清律例的结论。①

这种聚焦法律实践、将档案作为实践之反映的研究取向，同样体现于 UCLA 法律史学人群体中的其他学者身上。例如，白凯（Kathryn Bernhardt）对清代与民国时期的司法档案中继承类案件的广泛考察，其目的在于通过观察法律实践来说明在帝制中国的后期至民国这段时间内，妇女的权利发生了何种变化。② 又如，胡宗绮（Jennifer M. Neighbors）对司法档案的运用，也是服务于她对清代民国的刑事法律实践中裁判者如何考察犯罪意图的讨论。③ 再如，白德瑞（Bradly W. Reed）基于巴县档案对州县衙门吏役的深度研究，同样专

① 参见[美]黄宗智：《清代以来民事法律的表达与实践：历史、理论与现实》（卷一），法律出版社 2014 年版，第四章“处理纠纷的正式系统：大清律例与州县审判”。

② 参见[美]白凯：《中国的妇女与财产：960—1949》，上海书店出版社 2007 年版。

③ 参见[美]胡宗绮：《意欲何为：清代以来刑事法律中的意图谱系》，景风华译，广西师范大学出版社 2020 年版。

注于县衙行政的实践层面,即"并非地方政府应当如何运转,而是地方行政事务实际上是怎样运作的"。① 在《从诉讼档案出发:中国的法律、社会与文化》这部收录了 UCLA 法律史研究群体之代表作品的论文集中,实践进路的旨趣也随处可见,如艾仁民(Christopher Isett)关于清代东北地区旗民之间的非法土地买卖的论文,旨在通过分析司法档案以及其他史料来揭示当面临法律与习俗之间的冲突时,作为裁判者的地方官会选取何种判决立场。② 概言之,这些研究都不满足于从官方表达或者法律条文入手去描摹相关法律议题的历史图景,而是试图从司法档案出发去考察更为真实的制度实践。

观察近年来国内法律史学者的司法档案研究,不难发现实践进路也已经构成了其中的主流。例如,在一部立足晚清四川南部县档案、围绕州县诉讼中的审断问题展开了细致分析的专著中,虽然作者里赞以黄宗智所持"州县官依律断案"观点之批评者的姿态出现,但该书所重点论述的清代州县诉讼的流程、审断是否依律、审断的依据为何等内容并没有跳脱出实践进路所设置的议题范围。③ 又如,刘昕杰关于民国四川新繁县档案的研究,也"侧重于以一个地方的法律实践来说明民国中央政府移植西方法学制定的民法典在某

① [美]白德瑞:《爪牙:清代县衙的书吏与差役》,尤陈俊、赖骏楠译,广西师范大学出版社 2021 年版,第 7 页。

② 参见[美]艾仁民:《清代东北地区的非法土地买卖:民间习俗与司法实践》,傅强译,载[美]黄宗智、尤陈俊主编:《从诉讼档案出发:中国的法律、社会与文化》,法律出版社 2009 年版。上文列举的白凯、胡宗绮、白德瑞等学者的作品,也以摘编的形式收录于这部论文集中。

③ 参见里赞:《晚清州县诉讼中的审断问题:侧重四川南部县的实践》,法律出版社 2010 年版。

一特定的地方司法中是如何实现的”。① 同样是利用了四川南部县档案,吴佩林以民事纠纷为主题的专著,对民事纠纷在基层社会与地方衙门如何解决、官方制度表达与地方司法实践有何偏差、衙门以何种思路处理案件等问题的探讨,明显也受到了实践进路尤其是黄宗智作品的影响。② 在最近一二十年,这类通过司法档案来研究法律实践的专著可谓是不胜枚举,虽然它们未必都完全符合黄宗智所提倡并践行的“实践社会科学”,但可以肯定的是,将法律实践作为研究焦点、将档案资料作为反映法律实践的材料,是这些作品的共同特点。③

(二)实践进路的洞见与局限

相比于过去专注于法律条文的法制史研究,实践进路通过利用司法档案来考察法律实践,无疑大大拓宽了我们对法律的理解。实践进路不仅让我们意识到在文本维度的“书本上的法”(law in books)之外还存在实践维度的“行动中的法”(law in action),而且引领我们将法律放置到更为广阔的社会经济背景以及更为具体的地方社会中去加以观察。更具有启发意义的是,如黄宗智所言,由于实践本身比较包容,允许不同传统与逻辑的多元并存互动,因此我们还有可能基于对法律实践的考察,去提炼贴合中国本土实际的理论概念

---

① 刘昕杰:《民法典如何实现:民国新繁县司法实践中的权利与习惯(1935~1949)》,中国政法大学出版社 2011 年版,第 10 页。

② 参见吴佩林:《清代县域民事纠纷与法律秩序考察》,中华书局 2013 年版。

③ 具有类似旨趣的专著,至少还包括李艳君:《从冕宁县档案看清代民事诉讼制度》,云南大学出版社 2009 年版;张晓蓓:《冕宁清代司法档案研究》,中国政法大学出版社 2010 年版;张勤:《中国近代民事司法变革研究——以奉天省为例》,商务印书馆 2012 年版;赵刘洋:《妇女、家庭与法律实践:清代以来的法律社会史》,广西师范大学出版社 2021 年版。

乃至探索出中国法律的自主性所在。① 黄宗智本人所提出的“第三领域”“集权的简约治理”“实用道德主义”等概念，即是这一方面的出色范例。

但也应该看到，实践进路并未完全跳脱出法制史研究的传统范围，恰恰相反的是，二者之间仍然有着一脉相承之处。具体而言，实践进路虽然付出了诸多有助于拓宽研究视界的努力，但它所追问的核心问题仍然在于“法律制度是什么样的”，只不过实践进路将关注点从制度的文本转移向制度的实践，从正式制度推进到了非正式制度。实践进路改变了对制度的既有认识，但它的关注重心仍然在于制度本身，因此传统的法制史研究的盲点与短板，对实践进路而言也同样可能存在。在笔者看来，实践进路所面临的一大局限，或许在于容易以研究者自身的看法，去取代身处历史情境中的人对制度的理解。

具体而言，尽管实践进路意识到立足法律条文或者官方表达去理解法律将有失片面，但它也相信只要在法律文本之外新增司法实践的维度，对司法档案中的大量诉讼案件作出细致扎实的梳理，那么我们仍然有可能把握住法律的实质。这种“法律文本—司法实践”的思维定式，有助于通过与社会科学的对话来对中国法律的性质作出富有启发性的判断，进而将中国法律加以类型化并开展中西、古今的比较，但它容易忽视的是在历史情境中具体的个人是如何认识法律的。换言之，人们如何看待、回应与利用法律，法律对于人来说具有何种意义与作用，法律实践如何在人与人的互动之中展

① 参见［美］黄宗智：《中国法律的实践历史研究》，载［美］黄宗智、尤陈俊主编：《从诉讼档案出发：中国的法律、社会与文化》，法律出版社 2009 年版，第 29 页。

开，对这类问题的考察在实践进路中不是被忽视就是被轻易地处理了。①

在此意义上，梁治平早年从文化解释的角度对法律的界定，仍然值得我们重温："法律是被创造出来的，而且，它是在不同的时间、地点和场合，由不同的人群根据不同的想法创造出来的。人在创造他自己的法律的时候，命定地在其中贯注了他的想象、信仰、好恶、情感和偏见。"②我们不必像梁治平那样采取阐释人类学的立场并且将法律看作一种"地方性知识"，但也应该意识到，如果脱离了人的行动与观念去理解法律及其实践，这种理解注定是不完整的。实际上，在黄宗智关于清代法律的论述中，诸如"清代存在民法""州县官依律断案"等观点已经受到相当有力的学术挑战，这恰恰与实践进路更为强调从外部展开客观分析、脱离了时人对法律的具体认知有关。③ 进一步而言，由于法律及其实践内嵌于当地人的生活世界，对法律的理解也不可能仅仅通过对法律案件本身的考察实现，我们还需要去关注纠纷发生的来龙去脉、当事人之间的人际关系网络、与此相关的社会经济背景、法律在当地人生活中的位置等。换言之，我们需要去关注当地人如何在作为整体的生活中去理解法律，而不是将我们自身关于法律的预设直接凌驾于他们的看法之上。

① 历史学者赵世瑜在评论法学取向的法史研究时，也提出了相似的看法。参见赵世瑜：《历史司法档案的利用与法史研究的不同取向》，载《中国政法大学学报》2013 年第 6 期。

② 梁治平：《法律的文化解释》，载梁治平编：《法律的文化解释》（增订本），生活·读书·新知三联书店 1994 年版，第 54 页。

③ 相关的学术批评，参见［日］寺田浩明：《清代民事审判：性质与意义——日美两国学者之间的争论》，王亚新译，载［日］寺田浩明：《权利与冤抑：寺田浩明中国法史论集》，清华大学出版社 2012 年版；［法］巩涛：《失礼的对话：清代的法律和习惯并未融汇成民法》，邓建鹏译，载《北大法律评论》（第 10 卷第 1 辑），北京大学出版社 2009 年版。

与此相应的是,在对司法档案的运用上,由于实践进路更为注重分析案件的基本事实和最终处理结果,因此它所利用的史料主要是当事人的诉状与州县官的批词、判词,至于形成于诉讼中间环节的各类文书,例如,双方当事人的供词以及包括立嗣书、婚书、契约等文书在内的大量证据,则鲜有细致的分析。① 在后一类史料中,不仅可以解读出大量有助于将涉讼纠纷还原到具体社会情境中的背景信息,而且还包含了当事人自身对案件来龙去脉的进一步言说。这些言说固然也经过特定的裁剪与加工,但相较当事人提交的极可能由他人代为草拟的状词,无疑更能够反映当事人自己的观念,也更具有庭审的现场感。可见在实践进路的主导下,虽然相关研究论著的数量已经相当可观,但司法档案的史料价值仍然有待充分发掘,这或许就需要研究视角与方法推陈出新。

如果我们意识到实践进路过于强调法律实践本身而忽视了人的行动与观念,对司法档案的分析也偏重用来直接证明法律实践如何,那么民族志的研究方法已经呼之欲出。须注意的是,民族志方法的引入并不意味着对实践进路的取代,而是旨在与实践进路形成互补。一方面,民族志对人的行动与观念的考察,需要在对法律文本及其实践的充分认识下展开;另一方面,实践进路擅长于从经验中提炼概念,与社会科学理论展开积极对话,也能够帮助民族志克服其"碎片化"的弊端。实际上,黄宗智所提倡的综合表达与实践、主观

① 唐泽靖彦对供词的专门分析可以说是一个例外,但这项研究本身在"新法律史"中也相当另类。参见[日]唐泽靖彦:《从口供到成文记录:以清代案件为例》,尤陈俊译,载[美]黄宗智、尤陈俊主编:《从诉讼档案出发:中国的法律、社会与文化》,法律出版社 2009 年版。

与客观的"新文化史",本身就蕴含了容纳民族志方法的可能性。① 当白德瑞在《爪牙》中分析衙门吏役如何对待自身的工作、他们又如何去应对与利用"奸胥蠹役"的话语时,当苏成捷(Matthew H. Sommer)将招夫养夫看作一种生存策略而不仅仅是违法现象,进而尝试去理解人们为何如此行事时,他们也已经将一只脚踏入了民族志的领地。② 只不过这种自发的民族志分析尚需要提升方法论层面的自觉,而杜正贞的《近代山区社会》一书无疑为我们提供了具体的范例。

[三] 民族志如何可能:以《近代山区社会》为例的分析

虽然《近代山区社会》一书从头至尾没有使用过"民族志"一词,但如果考虑到作者杜正贞所身处的"历史人类学"的学术传统,那么《近代山区社会》可以说是一部明确地借鉴了民族志方法的法律史作品。始于20世纪七八十年代,以科大卫(David Faure)、萧凤霞(Helen F. Siu)、刘志伟、陈春声、郑振满为代表的一批学者,通过在珠江三角洲、潮州地区与莆田地区开展以历史学与人类学合作为特色的研究,至今已经形成了颇成气候的被称作"华南学派"的学术共同体

① 参见[美]黄宗智:《学术理论与中国近现代研究——四个陷阱和一个问题》,强世功译,[美]黄宗智主编:《中国研究的范式问题讨论》,社会科学文献出版社2003年版,第122-124页。

② 参见[美]白德瑞:《爪牙:清代县衙的书吏与差役》,尤陈俊、赖骏楠译,广西师范大学出版社2021年版;[美]苏成捷:《性工作:作为生存策略的清代一妻多夫现象》,李霞译,载[美]黄宗智、尤陈俊主编:《从诉讼档案出发:中国的法律、社会与文化》,法律出版社2009年版。

以及“历史人类学”的学术传统。① 作为“华南学派”的最新成果之一,除了在区域上从华南转向浙南,《近代山区社会》也没有选取宗族、信仰、礼仪等传统议题展开讨论,而是将历史人类学方法推进至法律史领域。那么,历史人类学的方法在这部主要利用龙泉司法档案的著作中是如何实现的?或者说,民族志如何可能?

(一)以“人”为解读法律的出发点

民族志的目标在于进入历史主体的内在视角,这要求研究者在从事民族志时必须去考察“人”的行为和观念。在《近代山区社会》的“导言”部分,杜正贞特别谈及本书的研究思路:“本项研究更侧重‘人’的行动,而非‘法律’的实践。”②这种以“人”的行动而非“法律”的实践为关注重心的旨趣,既是该书与实践进路的区别所在,也彰显了历史人类学和民族志方法的特色。实际上,从具体选题来看,《近代山区社会》所关注的各项议题,诸如立嗣、祭田、族规、招赘、契约、产权,在法律史研究领域中均已经有相当数量的讨论。面对这些“老生常谈”的研究议题,历史人类学的新意恰恰来自观察角度与解读方向的与众不同。

在该书上编第三章中,作者详细讨论了一起发生在龙泉季氏宗族内部、围绕《增修谱例》展开的诉讼案件。③ 这个案件的特殊背景在于国民政府时期新民法的出台废除了宗祧

① 关于“华南学派”的学术史,参见赵世瑜:《历史人类学的旨趣:一种实践的历史学》,北京师范大学出版社2020年版,第37-75页。

② 参见杜正贞:《近代山区社会的习惯、契约和权利——龙泉司法档案的社会史研究》,中华书局2018年版,第32页。

③ 参见杜正贞:《近代山区社会的习惯、契约和权利——龙泉司法档案的社会史研究》,中华书局2018年版,上编第三章“民国时期的族规与国法——以‘龙泉季氏修谱案’为例”。

继承，因此不免与民间立嗣的家法族规发生冲突。常规的法律史研究思路，或许是去追问国法与族规在法律实践中如何互动，尤其注重考察在诉讼案件中，法官如何在国法与族规之间做出抉择，从而揭示出法律及其实践的逻辑。但对本书而言，如果要讨论国法与族规的关系，与其关注法律如何实践，毋宁考察当时的人们是如何行动的。通过对这起案件以及相关的宗族实践的考察，作者看到龙泉季氏宗族一方面仍然在积极调整谱例，规范立嗣行为；另一方面则借助"民主"的话语，通过评议会的形式来为族规谱例寻求新的合法性。其中，国法与族规的关系，具体地转化为在宗族内部，不同的族人通过纠纷、提出评议、司法诉讼等途径来互动抗衡的过程。

相同的研究思路，也体现在下编第二章对近代地权证明方式演变的考察中。① 民国时期从契约到不动产登记的地权证明方式的重大变化，在法律条文层面可以一蹴而就，但在实践中却非一朝一夕能够完成。这一章花费了不少篇幅去探究法律条文发生了哪些变化，法律变革又如何落实到具体的实践中，但更重要的是对普通民众在制度变迁下的行动和观念变化的讨论。换言之，在作者看来，地权证明方式的转变不仅仅是国家政策自上而下的推进过程，而且还是"在一个具体的地方社会中经由微观、具体的人际关系而展开的"，是"通过复杂的各种人群间的竞争过程逐步实现的"。② 在这种以"人"为中心的关照下，我们也才能够看到人们将

① 参见杜正贞：《近代山区社会的习惯、契约和权利——龙泉司法档案的社会史研究》，中华书局2018年版，下编第二章"从契约到土地产权状——地权证明方式的演变"。

② 杜正贞：《近代山区社会的习惯、契约和权利——龙泉司法档案的社会史研究》，中华书局2018年版，第347-348页。

私契视作管业凭证的观念是如何发生变化的,人们又如何利用关于验契、土地登记的新规定来争夺土地产权。

以"人"为解读法律的出发点,不仅能够使作为历史主体的"人"的身影在法律实践的图景中重新浮现,而且"习惯""契约""权利"等法律概念也被放回到"人"的具体行动中加以重新检视,从而帮助研究者摆脱固有的以西方为模板的法律想象,获得对中国法律的兼具历史与情境的理解。与此同时,对"人"的关注也意味着不能仅仅就法律言法律、就诉讼言诉讼,而必须去看到法律是如何与"人"的生活世界融贯在一起,这就为法律史研究引入了人类学的整体论视野,也为重新理解法律提供了可能。

(二)对司法档案的多角度透视

在实现关注点从法律实践到"人"的转变以后,基于司法档案的民族志还需要完成另外一项任务。正如人类学家黄应贵所提醒的,人类学与历史学结合的困难在于,"必须先了解人类的社会生活或实践,如何被'文本化'(entextualization),才有可能更精确掌握文献记录或档案所蕴含的生活内涵"。① 具体地说,在经典的民族志方法那里,搜索资料的主体和研究的主体是合二为一的;然而对历史民族志而言,信息的搜集与记录却是由历史中的人物而非研究者自己完成的。这一差别使得历史民族志的研究者必须运用特殊的方法去处理包括司法档案在内的历史文献,因为后者的"文本化"过程并不像田野笔记那样,是由人类学家本人在具备反思性的专业方法引领下实现的。即便像《蒙塔尤》的作者勒华拉杜里一样幸运,碰上了由一位严谨可靠的信息收集者所

① 黄应贵:《人类学研究的历史化》,载黄应贵:《人类学的视野》,群学出版有限公司2006年版,第111页。

做的细致详密的记录，"文本化"过程中的权力结构仍然使我们不能轻易放弃对这些记录的反思。①

实际上，有关司法档案存在的"虚构""片面"等问题，在法律史学界已经有过相当充分的讨论。② 本书的作者杜正贞也敏锐地意识到了司法档案的文本特点，因此在开篇就指出对司法档案的解读，应该"始种意识到并尽可能谨慎地处理档案的叙述和档案所反映的事实之间的差别"，"我们不是仅仅试图了解文献告诉我们发生了什么，而是力图也专注于事情是怎样被说出来或被记录的"。③ 由于当事人基于特定的诉讼目的会对纠纷事实进行选择性陈述，案件的真相无论对于当时的裁判者还是现今的研究者来说都显得晦暗不明，因此《近代山区社会》没有企图通过司法档案去探讨涉诉纠纷的真相为何，而是尝试去挖掘档案中所记录的各方言辞背后的"人"的观念。

例如，在上编第二章所讨论的一件发生于1937年的"祭田轮值案"中，当原告在谈论自己对已故弟弟的祭田权益时，即便推事已经专门问及其寡嫂与侄女，原告也没有以其寡嫂没有留下男性子嗣为理由，而是采取了自己为弟弟垫付了丧葬费用，因而希望通过耕作祭田来获得补偿的说辞。作者在

① 这一点恰恰是《蒙塔尤》的不足之处，对此的批评可以参见[美]雷纳托·罗萨尔多：《从他的帐篷的门口：田野工作者与审讯者》，高丙中译，载[美]詹姆斯·克利福德、[美]乔治·E.马库斯编：《写文化——民族志的诗学与政治学》，商务印书馆2006年版。

② 参见徐忠明：《关于明清时期司法档案中的虚构与真实——以〈天启崇祯年间潘氏不平鸣稿〉为中心的考察》，载《法学家》2005年第5期；徐忠明：《台前与幕后：一起清代命案的真相》，载《法学家》2013年第1期；陈利：《史料文献与跨学科方法在中国法律史研究中的运用》，载《法律和社会科学》（第17卷第1辑），法律出版社2019年版；尤陈俊：《批评与正名：司法档案之于中国法律史研究的学术价值》，载《四川大学学报（哲学社会科学版）》2020年第1期。

③ 杜正贞：《近代山区社会的习惯、契约和权利——龙泉司法档案的社会史研究》，中华书局2018年版，第34-35页。

此没有深究原告说法的真实性,而是话锋一转,指出上述说法背后暗含了在言说者的观念中,即便没有男性子嗣的家庭也仍然可以拥有轮值祭田的权利,这提示出传统的唯有男性族人可以轮值祭田的民间观念已经发生重大变化。① 类似的分析策略在全书十分常见,同样体现在对另一起清代乾隆年间的"寡妇立嗣案"的讨论。在该案中,寡妇王左氏以立嗣书为证主张自己已凭族长立嗣,族人则指控王氏受父亲挑唆私立嗣子。面对上述针锋相对的呈诉,作者同样将重心放在言辞背后的观念而非案件事实上:双方的说辞都表明他们持有寡妇需要"凭族"择嗣的观念。②

不过,通过当事人的言辞来分析观念的变化,仅仅是该书解读档案的第一条路径。在中编第三章"晚清民国庭审中的女性"中,作者在分析供词与笔录时指出,"通过观察询问者与当事人之间的问答,我们可以体验到法官在诉讼过程中的行为和权力","隐藏在法律条文和程序公正背后的不平等也得以显露出来"。③ 换言之,通过对司法档案的细致解读,不仅可以揭示出当事人的观念,而且还能看到诉讼过程中的权力结构。在此章中,作者的核心工作即是通过司法档案中女性当事人的供词和笔录,来分析在以男女平等为目标的法律变革下,女性在法庭上的处境发生了何种变化,特别是经由对推事与当事人之间问答的细致解读,富有说服力地揭示出民国时期重视言词辩论与直接证据的法庭规则对女

① 参见杜正贞:《近代山区社会的习惯、契约和权利——龙泉司法档案的社会史研究》,中华书局2018年版,第118-119页。

② 参见杜正贞:《近代山区社会的习惯、契约和权利——龙泉司法档案的社会史研究》,中华书局2018年版,第186-187页。

③ 杜正贞:《近代山区社会的习惯、契约和权利——龙泉司法档案的社会史研究》,中华书局2018年版,第256-257页。

性的不利影响。①

通过从不同的角度来透视司法档案，在有效地应对了司法档案作为文本的“虚构”问题的同时，也能够挖掘出司法档案中蕴含的不同层次的丰富信息。恰恰是以转换视角的方式从档案中解读出案件事实以外的其他信息，诸如当事人对待法律的观念与心态、他们在法庭的结构中所处的位置，以“人”为中心的民族志才有可能真正实现。在此意义上，司法档案所面临的“危机”，却也是民族志的“生机”所在。

（三）与实地的田野调查相结合

容易让人忽视的是，《近代山区社会》的民族志不仅仅展现在对司法档案的解读中，也同样依托于作者在龙泉乡村实地展开的田野调查。借助实地的田野调查来推进历史研究，可以说是“华南学派”的标志性特色。田野调查对历史人类学至少具有两方面的意义：一是收集普通百姓日常生活中生产和使用的民间文献；二是寻找历史的痕迹，帮助研究者回到文字记录的历史现场，更好地理解研究对象的世界观。②申言之，与民间文献的相互配合有助于摆脱单一史料的局限性，在田野调查中寻找“现场感”，则是研究者得以避免先入为主，从而真正进入历史上的“人”的内部视角与意义世界的重要凭借。

---

① 参见杜正贞：《近代山区社会的习惯、契约和权利——龙泉司法档案的社会史研究》，中华书局 2018 年版，中编第三章“晚清民国庭审中的女性——以供词、笔录为中心的研究”。

② 参见黄国信、温春来、吴滔：《历史人类学与近代区域社会史研究》，载《近代史研究》2006 年第 5 期；赵世瑜：《历史人类学的旨趣：一种实践的历史学》，北京师范大学出版社 2020 年版，第 64 页。刘永华则更加细致地从史料搜集、史料解读、历史过程重建三个层面说明了田野调查的意义，参见刘永华：《田野调查与区域社会史研究：一个基于个人的观察》，载《公共管理评论》2022 年第 3 期。

事实上,由于法律史研究者受到时间的阻隔而无法像人类学家那样真正去到当地,往往需要通过自己的想象来补足"现场感"的缺失,因此田野调查的后一方面意义殊为关键。历史学者刘永华在介绍戴维斯(Natalie Zemon Davis)写作《马丁·盖尔归来》的经历时指出,"参与电影制作,给她提供了一个'思想试验'的机会,她不得不像田野中的人类学家那样,探究在某一特定时间、某一特定小地方的人们是如何生活的,这种思维活动类似于人类学家的民族志写作,其实也是微观史学方法论的核心"。① 如果说民族志的实践必然要经历一个研究者放下自身成见、接纳当地人观念的过程,②那么对于无法真正进入当地社会并在那里长时间生活的历史人类学者而言,则显然需要一个额外的契机。这个契机对戴维斯来说是参与电影制作的经历,而对《近代山区社会》的作者杜正贞而言,则是去到历史曾经发生的地方进行田野调查。

在该书的后记中,杜正贞以生动的笔调讲述了田野调查的意义:"当我怀疑自己快被这些文字吞没的时候,我就走到档案中提到的那些乡村里去,那些大山、梯田、小路和安安静静生活的人们,就把我从'旋涡'里'捞起来'。档案有毒,要用田野来解;文献有毒,要用生活来解。"③虽然注定无法回到历史发生的现场,但地理环境、社会风俗、思维方式等诸多方面的延续性,仍然为田野中的研究者提供了凭借去想象历

① 刘永华:《戴维斯及其〈马丁·盖尔归来〉》,载刘永华:《时间与主义》,北京师范大学出版社2018年版,第35页。

② 这个过程可以区分为进入、文化冲击、建立和谐关系和理解文化四个阶段,参见[美]卢克·拉斯特:《人类学的邀请》,王媛、徐默译,北京大学出版社2008年版,第88-97页。

③ 杜正贞:《近代山区社会的习惯、契约和权利——龙泉司法档案的社会史研究》,中华书局2018年版,第480页。

史上的人们的思想观念与行为逻辑。换言之,实地的调查或者访谈能够提供一个“民族志的片刻”(ethnographic moment),帮助研究者去提出问题,从而了解司法档案是在何种社会历史情境中形成的。① 当然,这种获得“现场感”的方式或许不具备全面推广的价值,毕竟百年来的现代化进程已经改变了中国许多地方的自然风貌与文化景观,时间的距离远近也会影响这种由今推古的思考方式的有效性。但无论如何,在田野与档案之间往返流转,相比于单一地依赖档案本身,能够给研究者提供更多而非更少的想象历史的灵感。

[四] 结语

在分析法律人类学所面临的学科身份之困境时,有学者颇具见识地指出,学科交叉的关键在于研究方法。② 这或许意味着要想推动法律人类学真正走向成熟,从人类学的学科分支走向与法学的深度交融,需要在法学研究中开展更多的且更为自觉的民族志实践,而不仅仅是简单地挪用人类学的概念与理论。本文尝试通过梳理运用司法档案的既有研究,探讨在中国法律史研究中践行民族志方法的重要性与可行性。在司法档案研究中引入民族志方法,可以帮助我们洞见法律实践的内在视角,从而弥补既有研究对“人”的观念与行为关注不足的缺失。《近代山区社会》作为这方面的先行范例,提示出民族志方法的要点在于从“人”出发去解读法

---

① See Sally Engle Merry, *Ethnography in the Archives*, in June Starr & Mark Goodale eds., Practicing Ethnography in Law: New Dialogues, Enduring Methods, Palgrave Macmillan, 2002, p. 131.

② 参见王伟臣:《法律人类学的困境——格卢克曼和博安南之争》,商务印书馆2013年版,第300页。

律及其实践，同时也须留意到司法档案作为文本的复杂之处，而实地的田野调查则能够帮助研究者尽可能地贴近历史现场。

最后，还需再做两点说明。其一，民族志只是诸多方法中的一种，司法档案也只是诸多史料中的一种。与任何一种方法一样，民族志方法并非万能的，也需要与其他方法形成互补。同样地，在法律史研究中尽可能地援用不同类型的史料，才能够克服单一史料本身的局限性，对司法档案的研究也不例外。本文对司法档案的讨论仅仅旨在展示民族志方法的一种可能，对于其他史料，诸如契约、族谱等民间文献，日记、书信等私人文献，小说、戏曲等文学作品，研究者同样可以进行民族志式的解读。

其二，方法也从来都不只是方法。赵世瑜在总结历史人类学的特征时就谈到，历史人类学在方法论层面体现为“文献民族志”，在认识论上是“以现实的生活世界中的人的经验，去帮助理解历史上的人的活动”，在本体论上则寻求“从现实的生活世界中发现自己的历史研究课题”。① 这三个层面可谓环环相扣。因此，相信读者也早已察觉到，民族志绝非仅仅是一个方法论层面的实际操作问题，更涉及对“应该从何种角度观察法律”“法律的何种面相更为重要”等一系列问题的判断。这表明民族志能够给法律史研究带来的智识刺激，始于方法，但又不止于方法，也意味着本文对方法的讨论不过是一个开始。

---

① 赵世瑜：《历史人类学的旨趣：一种实践的历史学》，北京师范大学出版社 2020 年版，第 8-11 页。

《法律和社会科学》(2023)　第20卷第1辑,第187~210页

重识“地方”:法律人类学的本土化

郭　婧*

摘　要:法律人类学传入中国后,“地方”的方法性价值是中国法学界对人类学功能的最初认识。在民族事务治理法治化和中国法学为实现东西方对话而不断寻求理论突破的现实需求下,以“地方”为方法的法律人类学迅速在少数民族习惯法研究和社科法学研究中找到了本土化的土壤。然而,在中国法律人类学近十年的发展中,“地方”的方法功能逐渐遭遇发展“瓶颈”。“悬置”先在理论预设上,把地方文化脉络作为认识论基础,突破了方法认识的依赖性,并可反身于法律人类学本土化的困局。研究发现:法律人类学本土化危机源于二元对立的认识论冲突和对法律人类学本体的忽视。建构以问题为中心的整体性认知关联是法律人类学从方法论功能转向认识论价值的途径。

关键词:法律人类学　本土化　地方　格尔茨　认识论

---

* 郭婧,贵州民族大学法学院副教授。本文系法治建设与法学理论研究部级科研项目专项任务课题“乡村振兴战略下民族地区法律意识认同研究”(项目编号:20SFB4003)阶段性成果。

“当我们迷失方向,流离失所,彷徨且沮丧时,有必要回到原地,了解它的全部意义。我们只有反思,才能为记忆与想象的结合找到它的独特魅力。”①当代美国哲学家爱德华·凯西(Edward S. Casey)在《回到原地:重新认识地方》(*Getting Back into Place*:*Toward a Renewed Understanding of the Place-World*)前言部分写下了这么一句话。“地方”,无论是在人类学世界,还是在法律人类学的研究里,不仅意味着相对主义视角的异域,更意味着进入地方的意义世界。“Getting back into place”是指进入意义世界,其目的在于深化“Place”的认知与理解。同时,“Place”在爱德华·凯西那里既是其时空哲学思想的表征,也是一种方法路径。中国法律人类学已发展四十年有余,但过程起伏,并不风顺。当代,法律人类学的知识发展再次迎来希望的曙光,②然而,过去的危机仍未解决。当前极有必要以“地方”为索引,回到学

① See Edward S. Casey, *Getting Back into Place*: *Toward a Renewed Understanding of the Place-World*, John Wiley & Sons, 1993, p. xvii.

② 公共卫生危机促使传统的知识交流与传播转向以互联网技术为媒介的学术共同体,地域与时间的跨越及组织、交流的灵活和便利更有利于云端“志同道合”的集结。法律人类学的民间学术共同体以“法律人类学云端读书会”(详见于“法律人类学世界”微信公众号)为典型代表。该自发形成的民间学术同盟为上海外国语大学法学院的王伟臣和湖南师范大学法学院的刘顺峰召集,旨在促进中国法律人类学的发展。

术研究开始的“原地”，在时空之维重新认识法律人类学之“地方”，以求摆脱中国法律人类学的局限性效能。

[一] 中国法律人类学研究维度里的“地方”与其认识

非西方国家在现代学科知识东渐之后，其学科自觉之路是一条寻求“他者”向“自我”的自觉转向，以及诉求与西方知识对话的本土化之路，正如法律人类学的本土化。克里福德·格尔茨(Clifford James Geertz)的“地方知识”论传入中国后，“地方”作为一种相对于中心主义的他者视角以方法为“他山之玉”在国内学界广泛传播，并在此过程中渴望实现在地化的知识建构。迄今为止，“地方”带来的方法性功用价值仍是中国法学界对人类学功能的认识表现。在民族事务治理法治化和中国法学为实现东西方对话而不断寻求理论突破的现实需求下，以“地方”为方法的法律人类学迅速在少数民族习惯法研究和社科法学研究中找到了本土化的土壤。

(一)“地方”在少数民族习惯法研究中的本土化

人类学传入中国后，“地方”与法律的结合较早体现在国家对民族地区的治理过程中。20世纪20年代，人类学传入中国，并在20世纪三四十年代步入发展高峰期。因为当时国内高等院校关于人类学课程设置有两种方式：单独设置成系或是在社会学系内部设置人类学课程。所以，按照课程设置方式可以将人类学在中国的知识传播分为南、北两个学术阵地：一个是教会学校燕京大学，以社区研究为核心，寻找科学地认识与解决中国社会问题途径的社会学阵地，或称燕京学派,又称“北派”;另一个是南京国民政府支持下的中央政府研究院,将民族学、人类学、考古学、社会学和历史语言研究的跨学科知识结合后作为研究方法,研究工作重心为寻找中华民族源头和一体性的考古发掘与民族起源的历史研究,又称“南派”。① 实际上,“北派”和“南派”的划分主要是因为作为知识来源的英美人类学与欧陆人类学二者研究风格存在差异。“北派”受马林诺夫斯基(Malinowski)、A. R. 拉德克利夫-布朗(A. R. Radcliffe-Brown)等功能结构主义学派的影响较深,致力于社区研究和边政研究;“南派”受弗朗兹·博厄斯(或译为法兰兹·鲍亚士,Franz Boas)及古典进化论学派的影响,偏重材料收集与解释。② 今天,民族学与人类学③研究中的重要领域——“西南学”,其发端可从这个历史阶段追溯起。④ 或许,正是当时南、北两派不同的研究侧重和研究范式为今天法律人类学本土化的经纬之分奠定了基础。

在“南派”基础上形成的,以民族文化资源为地方知识的中国法律人类学研究可称为“少数民族习惯法研究”,其形成的首要条件与重要特征是“国家在场”。具体而言,少数

---

① 参见章立明、马雪峰、苏峰:《社会文化人类学的中国化与学科化》,知识产权出版社 2014 年版,第 72 页。

② 参见章立明、马雪峰、苏峰:《社会文化人类学的中国化与学科化》,知识产权出版社 2014 年版,第 234 页。

③ “人类学”“民族学”“社会学”在传入中国前后发生学科名称交替使用的混乱情况是造成今日法律人类学取向分散、无法形成统一的学术规范的原因之一。上述学科以及相邻学科的名称使用和学科划分的历史可参见章立明、马雪峰、苏峰:《社会文化人类学的中国化与学科化》,知识产权出版社 2014 年版,第 226-255 页。

④ 参见章立明:《个人、社会与转变:社会文化人类学视野》,知识产权出版社 2016 年版,第 272 页。另参见王传:《从“西南民族研究”到“西南学”:近代中国西南研究的学思历程》,载《西南民族大学学报(人文社科版)》2016 年第 5 期。

民族习惯法的研究路径是将西方法律人类学中“法”的宽泛定义与国内少数民族传统社会的制度文化相结合,而该路径发端于1950—1987年国家的民族识别和民族大调查工作。20世纪50年代至70年代,人类学由于历史原因未能得以正式冠名为学科,但其知识体系却因国家民族识别工作的需要以及相关学科,如民族学的支持,而得以保存。① 正是在这次民族识别和大调查工作中,“少数民族习惯法”作为调查民族地区制度文化调查表上的一项调研内容首次出现在国内学人视界,至此确定了该研究取向的名称,而该研究所关涉的调查方法与写作范式也在此过程中固定下来。② 人类学的田野调查方法在识别和调查中为少数民族习惯法收集工作提供的有力支持,获得了学界的肯定。③ 据此可见,少数民族习惯法研究诞生于国家治理的时代需要和田野调查的方法实践过程中,这不同于从法学家的理论推演中产生的传统路径。党的十一届三中全会以后,随着国内学术研究的逐渐恢复,人类学的当务之急是学科建立,因此,在西方中心主义中诞下的“地方”概念在这时未能来得及引起国内学人的反思,法律人类学本土化的自觉意识也尚未形成。④ 但并不能因此忽视法律人类学在此阶段响应国家号召、为中国

---

① 参见徐杰舜、许立坤主编:《人类学与中国传统》,民族出版社2009年版,第129页。

② 参见周勇:《法律民族志的方法与问题——1956—1964中国少数民族社会历史调查队少数民族固有法的记录评述》,载王筑生主编:《人类学与西南民族——国家教委昆明社会文化人类学高级研讨班论文集》,云南大学出版社1998年版,第309-331页。

③ 参见周勇:《法律民族志的方法与问题——1956—1964中国少数民族社会历史调查队少数民族固有法的记录评述》,载王筑生主编:《人类学与西南民族——国家教委昆明社会文化人类学高级研讨班论文集》,云南大学出版社1998年版,第309页。

④ 参见章立明:《个人、社会与转变:社会文化人类学视野》,知识产权出版社2016年版,第274页。

民族法学的学科建设与少数民族地区的法治实务提供理论与方法支撑而发挥的重要作用。① "国家在场"的路径特征意味着国家治理既是这一研究场域的主体,也是研究发展的驱动力。由此可知,少数民族习惯法研究的是以外力为主要作用力的法律人类学实践路径。

民族法学作为"国家在场"的学科具象化给少数民族习惯法提供了研究的发展空间,而民族法学的服务价值也决定了少数民族习惯法研究知识生产的依托之路。在研究队伍方面,学者的个体经历多在血缘、地缘、学缘或业缘等与少数民族发生日常经验关联,加之研究对象的特殊性,少数民族习惯法研究的地理分布主要集中在我国境内的多民族省份和民族院校。该领域的学者多来自法学、民族学、人类学、民族理论政策等相关学科领域。与此相应的是,法律人类学在此过程中也逐渐形成了专业培养和学科建设的初步形态。在这些省份的高等院校、研究机构和民族院校的法学、法律专业学位培养过程中,通过设置研究方向和课程,或者设置相关专业研究方向和其他相关课程的诸多方式实现了法律人类学的学科化培育。② 除前述两项之外,学术资源的持续性供给也是一项学术研究维持生存和发展的原动力。纵观少数民族习惯法的法律人类学研究路径发展历程,其学术资源供给的最强支撑表现在从国家到地方(主要是多民族地区)的各级科研项目立项上。以1990年至2021年的国家哲

---

① 参见张晓辉:《"法律人类学理论与中国问题"专题研究》,载《贵州民族研究》2021年第1期。

② 例如,云南大学在法学理论专业的法学博士培养方案就设置了"法人类学"的研究方向;贵州民族大学不仅在法学本科选修课程中开设了"民族法学",在法学理论和民族法学专业的法学硕士学位研究生培养方案中,将"法人类学"作为核心课程列入。据笔者访谈了解,在中央民族大学、西北民族大学、北方民族大学等院校的少数民族习惯法相关课程中,法律人类学也是一项重要的教学内容。

学社会科学基金项目的立项项目为例,项目责任单位所在地和项目研究对象所涉地多出现在西南民族地域,这让"西南"成了一个具有地理标志性意义的学术符号。① 尽管没有成为法学研究主流领域里的显学,但这一现实路径却让领域外的很多学者产生了误将法律人类学和法律民族志(田野调查法)直接等同于少数民族习惯法的认识。甚至,"地方性知识"成了部分学者口中少数民族习惯法的代名词。是故,有学者提出,法学界对人类学的关注应超越("西南")习惯法研究传统。②

然而,"视行为完全为先存的文化类型和社会规则所规定"③的民族习惯法研究仍逃不过巅峰④之后衰退的趋势。例如,美国法律人类学的部落习惯法在20世纪80年代之后逐渐从主要研究对象转变为研究对象的某一分支类型。中国少数民族习惯法研究在40多年的发展历程中曾创造了15年左右的发展大势。以1995年至2022年少数民族习惯

① 笔者搜索国家哲学社会科学基金规划办公室项目数据库发现,1990年至2021年以"民族习惯法"或"某族习惯法"为名称的立项数为44项,且具有以下特点:(1)项目类别上涵盖了重大项目外的所有项目类型,重点项目1项,一般项目14项,西部项目11项,青年项目4项,后期资助项目5项,中华学术外译项目1项。而目前项目库中暂没有以"法律人类学"命名的项目(不包括实际用田野调查法或人类学理论研究法律现象或法学理论的项目)。(2)项目支持具有时间连续性,其中2005年至2015年不间断立项共占立项总数的82%。数据来源:国家社会科学基金项目数据库,http://fz. people. com. cn/skygb/sk/index. php/Index/seach,最后访问日期:2022年3月15日。

② 参见王伟臣:《法律人类学的身份困境——英美与荷兰两条路径的对比》,载《法学家》2013年第5期。

③ Sally Falk Moore, *Certainties Undone: Fifty Turbulent Years of Legal Anthropology*, 1949 - 1999, in Sally Falk Moore, Law and Anthropology: A Reader, Blackwell Publishing, 2004, p. 350.

④ 仅以少数民族习惯法研究在其各个历史阶段的发展变化为比较材料,于主流的规范法学研究而言,少数民族习惯法研究、民族法学研究,或是法律人类学研究这类新兴研究领域皆为"小众"法学研究,处于学界研究边缘。

法研究论文(学术论文和学位论文)的发文量为例(见图1),分析如下。

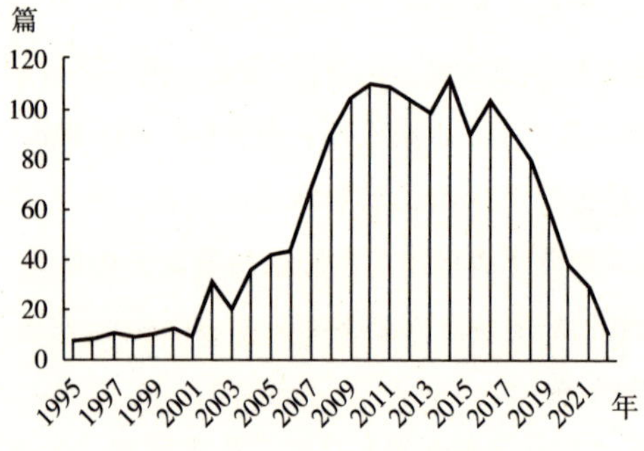

图1　少数民族习惯法研究发文量

资料来源:以"少数民族习惯法"为主题搜索中国知网1995—2022年文献数据库而得。

2000年至2016年研究成果呈快速攀升状态,此后转向断崖式下降①。这与该范式形式愈加固化、学术对话愈加狭窄和集合式的法律民族志调查已趋于饱和不无关系。此外,相关学科的发展变化亦间接对习惯法的研究趋势变化产生了影响。2010年前后,"人类学的中国化"在人类学界引起剧烈讨论,并在争论中逐渐形成人类学的中国化思路。之后,传统人类学"地方"中的"他者"开始从自我中心主义的严重缺陷中逐渐改变。然而,少数民族习惯法研究并没有抓住这一时机进行反身式革新。由于少数民族习惯法研究一直沿袭研究初期的集合范式,重材料而轻理论,在基础理论立场上一面接受博厄斯人类学相对主义的影响,一面又无法

① 根据中国知网1995—2022年文献数据库收录的少数民族习惯法论文发文量来看,1995—2016年这12年间,少数民族习惯法发文量从8篇上升到104篇;从2017年1月—2022年11月,发文量从93篇下降到11篇。

摆脱对抽象普适的向往,导致研究路径日趋僵化,而且研究者的自我认同暗藏分裂,使得本就艰难的寻求主流法学界认同之路更为坎坷。

事实上,作为中国少数民族习惯法研究的重要代表学者,高其才早在十余年前就进行过方法的内部剖析。他指出民族习惯法在发展较为高峰时期就已出现超脱式研究较重、参与式研究不够、经验研究与规范研究相互脱节、缺乏互鉴等问题。① 关于田野调查的专业性实践上,长期关注法律人类学的人类学家赵旭东认为,中国民族习惯法研究在田野调查法上存在重经验材料、轻意义;视域封闭,忽视文化流变;局限地方内部,忽略地方外的关系比较;重视材料的仪式场景,忽略与日常的现实交流等缺陷。②

(二)以格尔茨的“地方”为方法

相较于法律人类学在少数民族习惯法本土化的实践路径,以社会变迁的自发性为动因的“社会在场”是法律人类学作为社科法学走向本土化的重要路径。20 世纪 80 年代中期兴起的“寻求现代化为主要目的的‘文化热’”③浪潮下,法律人类学译介进入了理论法学界的视野,丰富了经验法学研究方法的多样性,为后来诞生社科法学的法律人类学实践路径奠定了基础。④ 1984 年开始兴起的这场“文化热”是在国家经济体制改革下,基于文化危机的忧患意识,中国

① 参见高其才:《习惯法研究的路径与反思》,载《广西政法管理干部学院学报》2007 年第 6 期。

② 参见赵旭东、张洁:《从异域到本土:中国法律人类学本土研究的现状与发展》,载《江苏社会科学》2017 年第 2 期。

③ 陈美容:《新文化运动、“文化热”与“国学热”——从文化整合中的三种现象看文化转型规律》,载《中国石油大学学报(社会科学版)》2010 年第 5 期。

④ 参见侯猛:《法律和人类学研究:中国经验 30 年》,载《法商研究》2008 年第 4 期。

知识分子通过引进与批判西方知识成果重塑传统文化价值的一场文化自觉。尽管 80 年代的“文化热”被认为继承了“五四”祛魅精神与重塑激情,但是其具备更为多元与开放的思想视野和更深层的理性批判需求,以人为价值本位的思想也伴随其中。有学者指出,这场思潮并不仅仅属于知识界,它实际得益于“大众社会和国家治理的共谋”①。法律人类学的译介正是在这场思想之火下于中国法学界迅速蔓延,其中对中国法学界冲击力最大的是格尔茨的文化阐释人类学理论。正是“文化解释”与“地方知识”帮助了当时正渴望突破旧格局,建立新格局的法学知识人的理论自觉。② 20 世纪与 21 世纪之交,朱苏力提出了包括法社会学、法人类学和法经济学等在内的社科法学研究,打破了中国传统法学的中心格局,③而他的“本土资源论”在中国法学界掀起了一场“本土化”讨论。④ 尽管国家作为外力在这一发展进程中是不可忽视的重要因素,但该路径的“社会在场”特征从目前来看,主要特征是以学术研究自发的问题意识为主体,以寻求思想发展与突破为动因的内生型路径。

社科法学研究在研究范式上师承“北派”的社区研究,深受 20 世纪 80 年代以后的英美法律人类学地方知识的“深描”影响。该研究路径将“村落社区”视为“地方”,关注社区

① 参见贺桂梅:《“新启蒙”的知识档案:80 年代中国文化研究》,北京大学出版社 2010 年版。

② 参见陈柏峰、尤陈俊、梁治平、汪雄涛:《对话梁治平:法律文化论再审视》,载苏力主编:《法律和社会科学》第 15 卷第 1 辑,法律出版社 2016 年版。

③ 参见苏力:《也许正在发生——中国当代法学发展的一个概览》,载《比较法研究》2001 年第 3 期;苏力:《中国法学研究格局的流变》,载《法商研究》2014 年第 5 期。

④ 参见祁进玉:《中国法律人类学研究三十年:1978—2008》,载《西北民族研究》2009 年第 3 期。

纠纷治理。在研究队伍上不仅包括具备法学专业背景,擅长借助人类学研究方法观察法律现象的学者,也包括具备专业的人类学调查研究知识背景,关注微观个案中的规则现象的人类学、社会学等跨学科学者;在地理位置上位处北京、上海、武汉和湖南等学术资源的中心或富足地带,享有天然的知识生产和话语输出优势。迄今为止,获得最多认可且具有代表性的研究成果是梁治平的《法律的文化解释》、朱苏力的《法治及其本土资源》以及朱晓阳的《语言混乱与法律人类学的整体论进路》。① 此外,还包括梁治平的《寻求自然秩序中的和谐:中国传统法律文化研究》和赵旭东的《法律与文化——法律人类学研究与中国经验》等。这些代表作品无疑皆带着格尔茨的色彩。然而,在法律人类学的学科化方面,尽管依托的法学理论专业在法学学位培养课程设置中具有广泛性,但是由于与法社会学在研究方法上的日趋接近,法律人类学知识的代际传递却在后续发展中逐渐受限。

自诞生起,社科法学的标志就是注重跨学科的方法运用,以实现对既有理论的修正为目标。② 正因如此,“一叶障目”的问题在实践过程中极有可能发生,正如格尔茨的“文化解释”和“地方知识”尽管在这里常被推崇为类似“圣经”的地位,但真正将之应用的研究成果并不多见。

无论“地方”的边界扩展到哪里,在追求普世理性与因果单一论证的学者眼中,“地方”都仅是个案的象征,或是案例

---

① 参见王伟臣:《从边缘到边缘:法律人类学在中国的译介与传播》,载《法治现代化研究》2019 年第 1 期。

② 参见侯猛:《社科法学的传统与挑战》,载《法商研究》2014 年第 5 期。

法(trouble-case①)的符号。个案或案例法最终要为现代法治理论的同质性服务,而现代法治理论是秉持二元对立认识分类体系的西方中心主义知识体系。因此,“地方”在这里不应是异质的或个体性的,也不是丧失精英视角的与科学实验客观性的。这与人类学将“地方”视为“去中心主义”“去他者化”和注重系统关系而非逻辑推演的认识立场格格不入。因此,在这一学术阵营的研究成果中,此“地方”非彼“地方”:尽管法学学者们努力想向人类学学者的方法论靠近,但源于这两个不同学科知识体系在认识上截然不同,导致了对“地方”深层理解的差异化。该差异化象征了法律人类学在法学交叉学科运用中的实用意义,同时揭示了法律人类学在此路径实践中的“工具”本质。而一个“工具”在以跨学科为特征的经验研究场域所遭遇的最大危机就是,在尚未来得及发动其内在动力优势、实现知识深化或拓展升级时,就可能被其他“工具”取代而丧失了存在的价值。

作为工具的法律人类学被取代的最大风险来自研究对象与研究方法的重叠。20 世纪与 21 世纪之交,当法律人类学、法律社会学和法律经济学一起进入社科法学的视野时,在学界吸了一波“眼球”,似乎能各凭技艺效力。然而,法律

---

① 由卢埃林和霍贝尔创造,在二人合作的《夏安人的方式:原始法学中的冲突与判例法》(Karl Llewellyn & E. Adamson Hoebel, *The Cheyenne Way: Conflict and Case Law in Primitive Jurisprudence*, University of Oklahoma Press, 1941.)一书中提出,被认为是西方法律人类学继马林诺夫斯基之后的第二个发展阶段。参见 Ajay K. Mehrotra, *Law and the "Other": Karl N. Llewellyn, Cultural Anthropology, and the Legacy of the Cheyenne Way*, Law & Social Inquiry, Summer, 2001, p. 742; Daniel Kroslak, *The Idea of Legal Pluralism (with Regard to the Conception of Leopold Pospisil)*, SSRN Electronic Journal (2011), https://papers.ssrn.com/sol3/papers.cfm?abstract_id=1784804,最后访问日期:2021 年 9 月 2 日。

人类学并没有在这里绕开方法的“诅咒”,法律人类学的方法优势,在工具的认知中逐渐丧失属地。在这里,“法律人类学”(无论是 Anthropology of Law,还是 Legal Anthropo-logy)似乎都是“法律民族志”(Legal Ethnography)的代称。法律民族志与社会调查、定性研究或者质性研究等方法逐步竞合,意味着法律人类学的独立性同时在消失。与研究方法一起被“带走”的还有研究者。与研究者一起被“带走”的还有学术标签。对于观察现代社会的法律现象来说,把前工业社会视为“地方”的人类学(传统刻板印象),远不如本身就为工业社会打造的社会学与法学结合起来有“默契”。

那么,社科法学中“法律民族志”是否符合格尔茨的文化解释论呢?格尔茨的“文化解释”是探索每个社会群体文化意义的载体,即“意义之网”,而找到“意义之网”的目的是“对理解的理解”(the understanding of understand-ing)。① 格尔茨认为,文化的功能是将意义强加给世界,并使之被人们理解。人类学家的作用就是“尝试——尽管不可能完全成功——去解释每种文化符号”。② 因为符号、叙事,尤其是语言,都是无处不在的社会生活塑造者。对格尔茨来说,没有一个地方是没有被语言和符号所覆盖的。也就是说,没有一个社会空间的文化意义不可以被创造和解释。所以,以“地方”为方法意味着用符号象征理论,去阐释社会空间的意义之网上的各种隐喻。那么,社科法学的学者又是如何理解或者完善法律民族志的呢?无论是在认识层面还是方法实践

---

① 参见[美]克利福德·格尔茨:《地方知识——阐释人类学论文集》,杨德睿译,商务印书馆2014年版,第6-7页。

② Eric Hobsbawm & Alan Macfarlane, *Creative Lives and Works: History, Culture and Ethnography: Jack Goody, Clifford James Geertz and Phillippe Descola*, Social Science Press, 2022, p. 72.

上,参与式观察往往被认为对学者们完成调研的难度最大。因为这一方法的提出者——马林诺夫斯基对田野时间的要求把学者"吓"到了。无论是社科法学学者还是民族习惯法的研究者往往很少能完成这一"苛刻"要求。甚至,有学者指出"法律事件的发生与时间和季节关联并不大,一年内发生的法律事件也往往并不多,不足以进行法律民族志的研究,因此,在实践中深度访谈是更为重要的法律民族志田野调查方法"。① 在《地方知识——阐释人类学论文集》中,尽管格尔茨也未对马林诺夫斯基的参与式观察全盘肯定,但他反对的是马林诺夫斯基要求将成为当地人本身作为了解当地人的方式。对于他理解当地人的方法,他这样举例,"尝试去判明当地人如何界定自己,他们所抱持的'自我'观念……"②具体的方法是"找出各个地方的人实际用来对自己和对其同胞们表达自己的象征形式(词汇、意象、制度和行为),然后加以分析"。③ 所以,理解"何谓自我"并不在于一定要满足一个刻板的时间要求,关键是要能识别"地方"知识的象征意义。倘若一个熟悉地方文化意义的人能很快识别符号,自然不用待够马林诺夫斯基所要求的时间,但是这样的人似乎只能在自己非常熟悉的"地方"调查,而且很容易因为过于熟悉而丧失对问题的感知锐度。从另一个角度看,熟悉"地方"一年四季如何变化的研究者方能实现快速识别的要求,这正好说明符号的识别是需要花时间"泡"在

① 陈柏峰:《法律民族志与当代中国法律社会学的使命》,载郑永流主编:《法哲学与法社会学论丛》第 11 期,北京大学出版社 2007 年版,第 134 页。

② [美]克利福德·格尔茨:《地方知识——阐释人类学论文集》,杨德睿译,商务印书馆 2014 年版,第 71 页。

③ [美]克利福德·格尔茨:《地方知识——阐释人类学论文集》,杨德睿译,商务印书馆 2014 年版,第 71 页。

文化空间里才能培养起来的。将法律事件与非法律事件的关联断开,甚至将彼此视为没有联系,又如何实现学者们常常所说的“整体”和“系统”?

此外,由于该研究阵营里,对法律人类学“地方知识”的来源并非仅是从世俗世界的在地习得,而更多是源于西方法律人类学的知识谱系,导致从问题意识到研究框架,再到研究结论,不离西方逻辑,更像是对西方论点进行证实的论据。① 加之现代法学本身是西学的结果,对抽象与理性的崇拜,以及对普适性结果的追求,让法律民族志要么像一个自然科学实验室的结果,要么“烟火气”不够,在地化难寻。归根结底,仍然可以将之归因于对法律人类学的认识只停留在民族志的表象功能上。

当然,法律人类学内部并不乏自省的声音,但这些评价彼此之间却存有矛盾之处。如王伟臣认为“法学界需要更全面、更深入系统地接受人类学的知识”;②谢晖认为法律人类学作为经验研究的研究方法,其本质无法突破研究者描述主观和经验有限的问题。③ 值得注意的是,近年来已有学者不再紧盯法律人类学的方法论问题,开始将目光转向法律人类学的认识论。例如,朱晓阳 2007 年发表的《“语言混乱”与法律人类学的整体论进路》就已经提及对整体论的关注问题,④但一直没有引起法学界的重视,即便这篇文章被法学

① 参见陈柏峰:《法律民族志与当代中国法律社会学的使命》,载郑永流主编:《法哲学与法社会学论丛》第 11 期,北京大学出版社 2007 年版。

② 王伟臣:《从边缘到边缘:法律人类学在中国的译介与传播》,载《法治现代化研究》2019 年第 1 期。

③ 参见谢晖:《法(律)人类学的视野与困境》,载《暨南学报(哲学社会科学版)》2013 年第 2 期。

④ 参见朱晓阳:《“语言混乱”与法律人类学的整体论进路》,载《中国社会科学》2007 年第 2 期。

界认为能代表中国法律人类学的高水准。王启梁强调了“地方”的整体论意义,并将格尔茨的“深描”从法律制度转向了法律意识,并建设性地提出要运用人类学向法律的知识发问。① 有趣的是,关于法律人类学认识论到底是将法律人类学带出危机,还是带入危机这一问题,学界尚有争议。② 可惜,无论是“认识论支持说”还是“认识论否定说”,在两种观点发表后一直未见到其他回应性文章。那么如何实践整体论?如何深描法律意识?之后会得到一个什么样的结果?或许“只有通过民族志的手段,才能理解人类学实践的巨大多样性”。③

[二] 重新认识“地方”:一段“逐火”的田野经验

人类在技术媒介的社会中彼此联结越紧密就越能感受到,没有哪一个国家可以在风险社会中成为孤岛,也没有哪个角落能报之以侥幸。“灾”是一个从有序转向无序的临界,也是运用不确定性反观确定性的有利路径。

(一)何处是“原地”

从人类的灾难历史中看,火灾绝对不是人类陌生的不确定性事件,因此,对火灾及防火制度的观察,相当于格尔茨向

---

① 参见王启梁:《进入隐秘与获得整体:法律人类学的认识论》,载《江苏社会科学》2017 年第 2 期。

② 例如,王伟臣提到,法律人类学关于纠纷的狭隘认识论与法律人类学的危机有关。参见王伟臣:《从规则到过程:法律人类学纠纷研究的理论进路与现实启示》,载《中央民族大学学报(哲学社会科学版)》2020 年第 1 期。可惜,无论是王启梁的“认识论支持说”,还是王伟臣的“认识论否定说”,在二文发表至今仍未见到其他回应性文章。

③ See Michael E. Harkin, *Uncommon Ground: Holism and the Future of Anthropology*, Reviews in Anthropology, Vol. 39:1, p. 30(2010).

心理分析学借来陈述人类学方法论的“远经验”(experience-distant)①。从上古时期,茹毛饮血的时代,人类就与火不断在日常里相互控制。当火“控制”了人,火就成了人的“灾”;当人“控制”了火,人就因火而获得一次“确定性”或者“有序感”。所以,相较于水、风、土等带来的灾,人与火建立的有序性和对其无序性的防范发生在日常起居与劳作之中。既然,人与火最为关系密切,而此关系产生于关系之网中。

一个远离研究者生活圈的“地方”意义之网,就是格尔茨所说的“近经验”(experience-near)。那么发生在少数民族村寨的火灾及其防火制度,对于我这样的中国研究者来说就是在“近经验”和“远经验”的地方知识,符合格尔茨对“地方”的要求。

研究这个既熟悉又陌生的“地方知识”的价值又在何处呢?民族村寨火灾是一个隐藏于现代社会背后的边缘问题,但人类学理论对风险研究的启示就是永远没有绝对的边缘问题。每年秋季至下一年的春季是西南农村地区火灾高发的时期,其中很多是民族文化传统村寨。例如,2014 年 1 月

① 为了陈述清楚马林诺夫斯基参与观察的“两难”境地,格尔茨借用心理分析学家海因茨·柯胡特(Heinz Kohut)的“近经验”和“远经验”这组相对概念。“近经验”是指“某个人,不论是一个病患、一个研究对象,还是我们人类学行话说的‘一位报告人’,他可以自然地、不费吹灰之力地用来说明他和他的同伴看到、感受到、想到、想象到……的是什么东西的那些概念,而且当他的同伴用到这些概念时,他也能毫无困难地了解他们在说什么。‘远经验’的概念则是指任一行业的专家,不论是分析师、实验师、民族志学家,甚至是神职人员或意识形态家,他们用来达到其科学上的,哲学上的和实践上的目的那些概念”。[美]克利福德·格尔茨:《地方知识——阐释人类学论文集》,杨德睿译,商务印书馆 2014 年版,第 69 页。

火烧大半村寨的贵州省报京侗寨①,2021年2月发生火灾联营的云南翁丁佤寨②,等等。灾难面前不关大小,无关边界,只关人心。所以仅从统计学意义下的经济损失或是生命损失来识别“灾”,就很难看到“灾”背后人与人、人与灾,乃至人与防灾制度之间的深层联结。求索寻真,回到原地,重识我们对灾的认知、防治制度知识,重拾一种法律人类学的关系视角,或许能在理解世俗世界的同时寻得解开研究困境的钥匙。如果说一个亦近亦远的研究对象是窥见事实的理想之镜,那么“回到”法律人类学本土化之初始地——民族地区——是非常有必要的。因此,笔者拟栖身于西南山地之中,搁置对客观世界的预先判断,在诸表象之间的协同关系中识别变化莫测的现象背后的稳定意义,在民族社会文化空间脉络中,在那些“回禄③”肆虐的日常,在人、火和制度彼此间的关系互动中,识别制度的内在逻辑,以期在此过程中照见法律人类学新的感知。

(二)以无预设“地方”为前提

“无预设”借用了现象学的“悬置”理念,也就是“必须将我们的观念摆到一边”④。“悬置”在现象学中意味着所有维度和方法都围绕着这样一个目的:“把自己向亲历经验打开——某个现象和事件如何在生活经验中自我构成和自我

---

① 参见郑海鸥:《传统村落,如何与我们共守乡愁》,载《人民日报》2015年1月15日,第18版。

② 参见高维娜:《从翁丁火灾事故探究传统村落火灾防控对策》,载《中国消防》2021年第6期。

③ 回禄:一种说法是传说中的火神,对吴回、陆终的指称。《左传·昭公十八年》:“郊人助祝史除于国北,禳火于玄冥,回禄。”另一种说法指火灾。

④ [美]克利福德·格尔茨:《地方知识——阐释人类学论文集》,杨德睿译,商务印书馆2014年版,第72页。

给予”①,“以我们经验世界的方式来接触世界”②。此外,悬置理论中还有一个“还原”③的核心概念:“现象学是对人类存在的经验生活之基本结构的自我克制的反思。”④自科学划分为自然科学和社会科学后,科学与否的标准是在自然科学的主导下实现的。社会科学要实现其科学性,也需按照自然科学的标准完成。即便是经验研究这一似乎能带有些许非预设性的研究取向,在托马斯·库恩(Thomas S. Kuhn)的科学革命中,证明其科学性的标准在于,必须首先找出理论范式,然后像实验室里的科学家那样,按照范式一步步用材料去对理论进行证实或证伪(当然,国内的很多成果主要是为了证实)。这导致了长久以来的一个现象——“人类学学家一直通过理论的重新估计和人种志的著述抵制勾销本学科基本原理”⑤,这在法律人类学者中也普遍存在。格尔茨的文化解释正是为反对这种教条主义。⑥

最需要排除在外的是西方中心主义及其二元对立的认知逻辑。这种“主客二元对立”的中心主义思维模式是指把事物的认识建立在主体和客体对立立场的基础之上。现代法学的底层逻辑就是二元对立。“他者”在传统法学是物格

① [加]马克斯·范梅南:《实践现象学——现象学研究与写作中意义给予的方法》,尹根、蒋开君译,教育科学出版社2018年版,第278页。

② [加]马克斯·范梅南:《实践现象学——现象学研究与写作中意义给予的方法》,尹根、蒋开君译,教育科学出版社2018年版,第278页。

③ 这里的“还原”概念不能与西方哲学的“还原论”绝对等同。西方哲学的“还原论”更类似目的,而这里的“还原”概念可以理解为悬置的方法。

④ [加]马克斯·范梅南:《实践现象学——现象学研究与写作中意义给予的方法》,尹根、蒋开君译,教育科学出版社2018年版,第278页。

⑤ 参见[澳]尼古拉斯·托玛斯:《人类学的认识论》,载《国际社会科学杂志(中文版)》1998年第3期。

⑥ 参见[美]克利福德·格尔茨:《文化的解释》,韩莉译,译林出版社2014年版,第6页。

(the others)的。法律要求界分清楚,边界清晰。而日常生活则不然。尤其对于中国人而言,关系越紧密边界就越模糊,关系疏远时反而办事比较规矩和刻板。同时,田野中的传统规则以及中国传统制度都是民刑不分。这也是法学学者与人类学学者对话时往往出现认知不一致的原因。① 二元对立加上西方中心主义在认识论上表现为主智论与反智论、单元论与双元论、民族自我中心论与文化相对论②,以及"中心—边缘""我群—他群"二元对立。人类学中常提到的"自我"与"他者"划分的源头也在于二元对立思维。即便到了想打破二元思维的后现代,"自我"与"他者"的含义仍是二分的西方主义/东方主义。这是在进入田野前要去除的,否则面对"民族"和"地方"可能产生无意识的文化偏差,违反法律人类学本土化的初衷。近年来,传统法律多元主义在学界广泛传播,二元对立思维影响下,到处可见法与法之间的"冲突"关系。不禁想问,是否制度有差异就一定意味着冲突?即便真有差异,差异也有形式差异和实质差异之分,而是否冲突绝不能依靠不证自明。一切不证自明之物,恰恰是法律人类学告诫我们要警惕的。

(三)深嵌社会文化脉络中的"地方"

社会文化脉络是在格尔茨的文化意义之网的基础上建构的一种共时性研究与历时性研究的整合。它的理论基础是整体论和系统论。共时性是横向的时间概念。历时性是文化体系或者某个文化现象形成、发展和演化的动态发展过

① 参见陈柏峰、尤陈俊、侯猛编:《法学的11种可能》,中国民主法制出版社2020年版,第65页;另参见侯猛、朱晓阳、孙超、杨锦程、尤陈俊:《对话朱晓阳:法学遇上人类学》,载苏力主编:《法律和社会科学》第15卷第1辑,法律出版社2016年版。

② 参见何星亮:《文化人类学的认识论刍议》,载《世界民族》2016年第1期。

程,目的是在时间的维度上了解文化与文化之间的关系以及文化发展规律。也就是说,历时性是一个空间在不同时间维度的表达,共时性是空间的解释律。如此,社会文化脉络就是关系主义取向的动态时空,目的是在复杂的社会文化时空中理解知识的象征意义。

火、人、土地(自然)就是这个社会文化脉络系统中相互作用、互相能动的构成元素。防火制度也产生于这个文化脉络中,并与文化脉络交缠在一起。作为知识,防火制度更多是以秩序观的方式存在,外在形式丰富多样,大部分时候作为符号与隐喻,而法学学者们熟悉的成文形式却占少数。它既可以是禁忌,也可以是告诫;既可以是诗歌、神话,也可以是文化图腾;既可以是某种声音信号,也可以是结界标志。正因如此,劳伦斯·罗森(Lawrence Rosen)有此提醒,就法律的全部专业能力而言,它最好不要被简单看成某种处理争端或执行裁决的机制,不被孤立地看作表述清楚的规则或权力中立的佐证,甚至不应该被视为个人价值(权威)或是崇高信仰的具体化;相反,法律应该被视为某种有序关系的框架,某种其自身赖以栖身的所有井然有序的领域。① 而且“地方”不是仅以地理为界,而应把“地方”里的法律与日常生活关联。所以,法律人类学世界中的“法”也好,规则也罢,不成文的形态应是多于成文的形态。若带着西方二元对立的思维,进入田野时思考法律现象就能想到冲突,观察法律制度就看到张贴于房前屋后的村规民约。并不是研究个体的冲突或者乡村的村规民约不好,而是不应将此作为辨别法律人类学与其他研究的标准,更不能将问题意识局限在可见且

① 参见[美]劳伦斯·罗森:《法律与文化:意味法律人类学家的要去》,彭艳崇译,周世清校订,法律出版社 2011 年版,第 5-6 页。

有限的传统法学的认知里,否则很容易重新陷入传统法学研究的范式中。倘若法律人类学仅贡献了一张“外皮”,那么世间定会缺失一些类似《小村故事:罪过与惩罚(1931—1997)》①这样有趣的法律民族志。

[三]超越“地方”

法律人类学“本土化”的危机实际上是一场来自二元认识论下的意义危机,其根源在于没有以法律人类学为本位出发,通过研究方法这一外在价值表现,识别其关系和解释的意义内核。西南民族地区防火制度民族志的认识论实践照鉴了法律人类学的价值意义不仅体现在研究对象之间,更是体现在研究者与研究对象之间,甚至也可以映射在法律人类学与其学术发展之间。今天,回头再看格尔茨的“地方性知识”,已然不再仅贡献于方法论。事实上,从其《地方性知识》的导言中就可知,他在认识论上比前人的实证方法观更进一步。例如,他提到“从什么位置看”“用什么东西看”等②。格尔茨将解释作为对民族志的理解。“解释”是什么?解释是研究者与地方的关系,是研究者的反身活动。也就是说,“地方”是研究者实践中的认知过程。埃莉奥诺拉·蒙图斯基(Eleonora Montuschi)在其所著的《社会科学的对象》中也有同样的认识,甚至指出人类学应与民族志相区别,人类学是一门概括性的学科,而民族志只是人类学收集数据的

① 参见朱晓阳:《小村故事:罪过与惩罚(1931—1997)》,法律出版社2011年版。

② 参见[美]克利福德·格尔茨:《地方知识——阐释人类学论文集》,杨德睿译,商务印书馆2014年版,第5页。

准备阶段,格尔茨的解释人类学的真正贡献在于为学界提供了一套“对理解的解读”的知识模型。① “地方”在格尔茨的思想里非常之大。他在指出“地方知识具有局限性”②后将“地方”推向了这两个问题:“一个国家如果不是民族,那它是什么”;“一个文化如果不是共识,那它是什么”。这些更大的“地方”问题被对工具的热衷淹没。今天,回味马林诺夫斯基的参与观察,“同吃同住同劳动”真的说的是方法的问题吗?其实质难道不正在铺垫格尔茨地方认识论的“知识如何而来”?另外,法律人类学的研究成果一直没有人类学和社会学学者写的研究成果影响力大,除侯猛提到的田野成本和态度的问题之外,③其背后还有一个重要原因,那就是法律人类学者尚未对人类学真正的“打开”,也就是现象的悬置。法学一直带有精英气质和保守主义,法律高居于“神坛”,以技艺傍身远离日常世俗之染。而人类学恰恰相反,它就是研究世俗之物,观察烟火之气。有时候,与这两个专业的学者相处,就能感觉得到不同。甚至从事法律人类学研究的学者与传统法学学者的气质也不相同。当然,法学的保守还影响了其对跨学科知识的吸收,这或许跟法学本身的分界性格有关。法学内部部门法之间很难实现跨专业。

打破科学知识分类的预设,将问题悬置,将关注点放在开放性的时空中,可以看到法律人类学自身、研究者、学界、相关智识、国家、时代等这些以往“无关”的现象都成了获取

① 参见[英]埃莉奥诺拉·蒙图斯基:《社会科学的对象》,祁大为译,科学出版社 2018 年版,第 24-27 页。

② 参见[美]克利福德·格尔茨:《烛幽之光——哲学问题的人类学反思》,甘会斌译,商务印书馆 2013 年版,第 124、215、255 页。

③ 侯猛:《转型社会的乡村法律民族志:方法与对象》,载《清华法律评论》2006 年卷。

问题意识的知觉素材,彼此相连且互为镜鉴。

由此可见,这场源于独立性危机的自觉性“革命”不是法律人类学本土经验中的偶然邂逅,而是根植在认识深处的“命中注定”。这不是仅属于中国法律人类学的危机,这些问题早已以相同或者另一种形式在其他地方上演过,甚至与法学和人类学的自觉化舞台相比,仅是“小巫见大巫”的程度。换句话说,法律人类学某个研究取向的学术危机,也是其他研究取向以及这一学科风险的映射而已。风险从来就不仅属于边缘之地,只是因为边缘的脆弱性更高。法律人类学的本土化的过程关联于法律人类学与相邻学科之间的互动关系,相邻学科之间的互动又与法律人类学发生联系,层层结构,息息相关。与此同时,法律人类学与时代的血脉关系也应放在社会文化结构的系统中考量,如此才能在“意义之网”中识别和阐释符号的各种隐喻。凤凰浴火之后是涅槃,风险的另一面是契机。方法之路未能完成的,或许在认识论中能找到立身之本。

《法律和社会科学》(2023) 第20卷第1辑,第211~246页

习惯运行过程的人类学知识考察

刘顺峰*

摘　要:传统法学有关习惯运行问题的探究,主要是围绕国家法框架展开的,忽略了法律多元视域下习惯运行的一般理论与经验表达。借由西方法人类学中习惯运行的知识考察,可发现习惯的运行,主要循沿的是习惯的遵守、习惯的适用,以及习惯的废止的实践与逻辑。习惯的遵守与否,将直接决定习惯是否会被适用与废止。习惯的适用与废止,又会反过来影响习惯的遵守。中国法学知识场域的习惯运行过程研究,不但需要结合习惯的法学与人类学学理,更需要结合习惯在中国场域的历史与经验展开。

关键词:习惯　知识考察　法律多元　运行过程

* 刘顺峰,湖南师范大学法学院副教授。

在法学知识传统中,有关习惯的知识生产,主要是从三个进路展开的:一是规范主义进路,主要着力于论证习惯的法源地位,以及习惯在司法实践中的现实功能;①二是历史主义进路,主要集中于探究习惯的单线进化逻辑,特别是从习惯到习惯法,再到法律的具体过程;②三是文化主义进路,主要致力于揭示习惯在法律文化中的应然角色,以表达习惯对法律文化特征形塑的影响。③ 虽然如上三种进路对我们把握国家法视域下习惯的概念内涵与历史演进有着重要意义,但却遮蔽了非国家法视域下习惯的真实样态。纵观法人类学发展史,有关习惯的知识生产,主要是围绕"法律多元"视角下"习惯的实然表达"而展开的,意在揭示习惯的实践运作过程与内在逻辑。不过,值得注意的是,虽然有许多法学家与人类学家在其研究中都关涉了"习惯的运行"问题,但却甚少有学者对"习惯的运行"问题展开过系统探究。可以说,"习惯的运行"既是一个问题,也是一个视角,透过这一问题和视角,我们可以深刻把握习惯的本体与方法问题实

---

① 参见谢晖:《论"可以适用习惯""不得违背公序良俗"》,载《浙江社会科学》2019 年第 7 期。

② 参见余成峰:《罗马史上"习惯法"的源起与流变——一个法律思想史角度的考察》,载《比较法研究》2018 年第 3 期。

③ 参见于语和:《寻根——民间法絮言》,清华大学出版社 2012 年版。

质。基于此,在本文中,笔者拟以西方法人类学知识史为考察对象,循沿习惯的遵守、适用与废止的“行动逻辑”,系统抽象、归纳与分析其间有关“习惯的运行过程”的“意思表示”,为进一步思考中国法学知识场域“习惯的运行过程”问题提供参考。

[一] 习惯的遵守

在部落社会,习惯既是一种客观事实,也是一种文化现象。因此,对习惯的遵守,既可以从事实层面观察,也可以从文化层面予以解释。基于不同的学术立场与研究旨趣,法人类学家在对该问题的探究中,大致有三种不同的思考进路,由此也形成了三种不同的学说。

(一)以自愿性遵守为中心的进化主义进路

对部落习惯的自愿遵守,是从19世纪中后期直到20世纪初叶,一直占据法人类学界的主流学说,其与两大“因素”紧密相关:一是进化论思潮;二是原始社会、原始文化与习惯的关系。那么,“自愿性遵守”的学说究竟有哪些内容呢?这种学说又是否存在瑕疵?有关于此,马林诺夫斯基(Bronislaw Kaspar Malinowski)专门做了论述,他说:

> 当我们开始探究,为什么一些令人厌烦的、粗糙的、不受欢迎的行为规则被人们遵守,以及是什么让私人生活、经济合作、公共事件能如此顺利地展开的时候,我想答案确实不好回答。因为,人类学家给出的任何答案似乎都无法令人满意。只要此种观点坚持认为“原始人”真的是“原始的”,他

> 基本上没有法律可以遵守,由此呈现出散漫与自由的生活,那么,问题就变得不存在了。然而,当问题变得现实之时,亦即规则太多而不是没有法律是原始生活的特征之时,科学的观点便开始转向相反的方向,即原始人不仅是守法的模范,而且遵守部落规则和约束是他们生活中的一条公理、他们有着自然而然地服从规则的倾向。原始人对传统和习惯充满着敬畏,他们自动地服从传统和习惯的约束……这一点在哈特兰(Edwin Sidney Hartland)《原始法》中有着清晰地体现,或许我可以同意他的所有观点,但是他所提到的原始人对习惯的遵守是与生俱来的观点,恕我不能苟同。①

哈特兰是著名人类学家,他的《原始法》比马林诺夫斯基的《原始社会的犯罪与习俗》早两年出版。1924年,哈特兰的《原始法》出版后受到了学界的普遍关注,他是受进化论思潮影响甚深的学者,因此,他喜欢以"文化的线性发展"视角审视法律,以致他的《原始法》出版后,有出版公司认为,该书的名称不应该叫"原始法",而应该叫"法律观念的进化"。对习惯的"自觉性遵守",的确是哈特兰在《原始法》中表达的观点之一,不过,马林诺夫斯基在揭示哈特兰这一观点的过程中,只是"片段式"地引用了哈特兰的观点,这对全面把握哈特兰的真实"意思表示"产生了重要影响。那么,哈特兰的原意究竟是什么呢?要客观了解哈特兰有关"习惯的自觉遵守"的观点,有两个问题需要厘清:一是他对原始社

① Bronislaw Malinowski, *Crime and Custom in Savage Society*, Kegan Paul, Trench, Trubner & Co., Ltd., 1926, p. 9-10.

会的定义;二是原始法与文化的关系。换言之,原始社会、原始法、原始文化,是了解哈特兰有关“习惯的自觉遵守”的三把“钥匙”。

关于原始社会,哈特兰指出,人类社会从其诞生至今的进化史,是现代人类学面对的最有趣的问题。当人在变成人的那一刹那间,整个人类的社会状态是怎样的?早期的人类,是沿着怎样的路径来展开进化的?人的进化在人类文明的不同地域,是不是循沿着相同的方向,并经历着相同的发展阶段?① 人类社会就是一个复杂的有机体,它的历史就是一部人类的成长与进化的过程。②

哈特兰坚信,原始社会是人类社会的早期形态,它还没有完全成长与发展起来。原始法作为人类早期的法,或者说还没有发展起来的原始部落的习惯的整体,它深深植根于原始部落的文化,受原始人的思维影响明显。对此,哈特兰说:

> 原始法,事实上就是原始部落习惯的整体。没有任何人与任何事能脱离部落的“视线”,原始人所居住的空间比我们更具开放性,因此,任何背离一般模式的行为,不仅会受到关注,还会受到部落族群成员的谴责。③
>
> 由法学家奥斯汀定义的法律,强调国家对其臣民的治理。但是,这种定义仅仅适用于存在现代文明的地方,而人类学家所研究的地方,大多是原始

① See Edwin Sidney Hartland, *Primitive Society: The Beginnings of the Family and the Reckoning of Descent*, Methuen & Co. Ltd., 1921, p. 1.

② See Edwin Sidney Hartland, *Primitive Society: The Beginnings of the Family and the Reckoning of Descent*, Methuen & Co. Ltd., 1921, p. 157.

③ Edwin Sidney Hartland, *Primitive Law*, Methuen & Co. Ltd., 1924, p. 5-6.

> 人或半原始人,在他们所生活的场域,法律不是出自国家或某个君主的命令,它是整个原始人生活场域的传统规则……我们探究原始法之时,需要从原始人的思维方式切入。原始人对相似性的感知,在速度与范围方面均远远超过对差异性的感知。原始人甚少在法律与道德、宗教、医学或艺术之间画上连接线。所有这些要素都是社会结构和精神结构的组成部分,原始人根本不是卢梭所想象的那般自由和不受约束。相反,他受各种各样的习惯所牵绊,受各种各样的传统所束缚,这种牵绊与束缚,不仅体现在社会关系领域,还体现在宗教、医学、工业、艺术等各个领域。这种牵绊与束缚,被他们视为理所当然的,因此,他们从未想过要去打破它。①

从哈特兰有关原始社会、原始文化、原始法的论述中,可以看出,哈特兰对原始人"自觉遵守习惯"观点的强调,源于他的进化论视角,即他认为原始社会是人类社会的发展早期,还没有进化至一定阶段,与此阶段相适应的只能是原始文化。原始文化,相较于现代文化,更加注重传统。生活在原始文化中的原始人,他们与现代人的最大差异在于精神思维。在他们的精神世界里,法律与道德、宗教与艺术等没有实质差别,它们都以习惯为表现形式。人人都生活在一个公开的由习惯组成的社会秩序中,一旦有人未能遵守习惯,其不但会受到其他族群成员的关注,还会受到相应的谴责与处罚。应该说,哈特兰对原始人"自觉遵守习惯"的逻辑论证,

---

① Edwin Sidney Hartland, *Primitive Law*, Methuen & Co. Ltd., 1924, p. 137-138.

存在一定合理性。首先,他设定的前提是社会发展水平的差异性,即原始社会是人类发展的早期,它与现代社会存在明显差异,因此,不能也不应以现代人的“眼光”审视原始人。其次,他围绕原始人的居住空间展开探究,强调原始人生活在一个比现代人更加开放的“公共空间”,他们的所有行为均会直接受到“公共空间”的监督。换言之,“公共空间”既是一个行为交往空间,也是一个行为规制空间。所有部落族群成员的行为,都会在该空间接受评判。最后,哈特兰以原始社会的“地域性”“文化性”特征为基础,结合有关违反习惯的制裁机制的分析,得出“原始人必然自觉遵守习惯”的结论。当然,这种合理性是“学理意义”上的,而不是“经验意义”上的。它受哈特兰所在时代“进化论”“法的主权论”等知识思潮与主流观点的影响,因此,它能受到广泛认可,恰恰证明了他的研究是契合时代的。

(二)以强制性遵守为中心的社会控制进路

20世纪初叶,随着田野调查的兴起,人类学的学科使命发生了变化,由此也影响到了人类学的研究方法与知识属性。在此背景下,学界有关习惯的遵守问题,无论是在研究思路,还是研究方法上相较于以往都有了一些改变:一方面,其受到人类学“科学化”思潮的影响,即认为人类学是“科学”,因此,应该以精确性为目标,而获得精确性的主要方法就是对研究对象展开经验观察,客观呈现研究对象,不掺杂任何个人情感与态度;另一方面,还受到当时以庞德(Roscoe Pound)等为代表的“社会法学派”的影响,该学派认为,构成“法律”的核心要素既不是法庭或者法典,也不是国家或者主权者,而是一种确保法律得以遵守、实施与执行的“强制力”。由此,“强制性遵守”的观点渐渐受到关注。

秉持习惯的“强制性遵守”观点的代表性学者是布朗(Alfred Radcliffe-Brown)。作为与马林诺夫斯基齐名的人类学家,布朗在对“习惯的遵守”问题探究中,明显受到了美国法学家庞德的影响。庞德在谈到“什么是法律”以及“什么是习惯”这些本体论问题时,都谈到了“社会控制”,他认为,法律是一个有着多层含义的术语。这个单词的历史,在所有的语言中,都可追溯至无差别的社会控制时期。彼时,它的含义包括了调整有政治组织的社会中的关系的习惯模式、伦理习惯、宗教仪式、道德命令,城邦国家制定的规则,一般的习惯,以及作为整体的社会控制。① 从习惯法的哲学基础方面来看,那些19世纪的历史法学家,都循沿着萨维尼的步伐,认为习惯法——从由法庭认可的大众行为习惯、司法裁决的习惯、法律思维的模式、人们的权利观念等内容中获得的法律——仅仅是人们司法观念的表达,是人们关于正确的、合法的社会控制的观念表达。②

从庞德的论述中,我们似乎可以感受到,他所表达的“社会控制”的范围是极其广泛的,既包括借由习惯的社会控制,也包括借由法律的社会控制,甚至还包括借由道德、伦理与宗教等的社会控制。然而,“社会控制”这一概念或者说分析框架却不是庞德的原创。在对“法律的社会学与社会法学派”这一问题进行探究时,庞德专门就“社会控制”的概念渊源进行了阐述,他指出,有不少社会学家都尝试对法律展开社会学的解释……然而,在一系列于1896年至1901年发表

① See Roscoe Pound, *The Task of Law*, Franklin and Marshall College, 1944, p. 37.

② See Roscoe Pound, *Jurisprudence*, St. Paul, West Publishing Co., 1959, p. 390.

的论文(这些论文在1901年被收录在一本文集里)中,罗斯(Edward Alsworth Ross)向我们贡献了"社会控制"概念,以及"社会控制"方式的学说,他将法律视为借由社会来实施的最专业、最完备的社会控制机器。①

罗斯所提出的"社会控制",在本质上是心理控制,但庞德将这一概念移植至法学场域时,却拓宽了它的意义范围,即不再局限于心理意义上的控制,还包括社会意义上的控制。这种理解思路,为布朗论证部落族群对习惯的"自觉性遵守"提供了指引。布朗在对安达曼岛人的田野调查中,甚至在对部落法学的研究过程中,都将"社会控制"置入与"习惯的遵守"有关的问题分析框架中,比如,在谈到非洲部落族群纠纷解决时,布朗说:

> 生活在东非肯尼亚山东部和东南部地区的一些族群,他们的部落中没有酋长。在生活实践中,他们按照年龄被分为若干个不同的组,其中有一个组几乎都是由长老组成。这些长老被赋予了宗教与司法权力。如果某个族群成员认为他的权利受到了另一族群成员的侵犯,他便会将该纠纷提交至长老处让他们裁决。之后,纠纷双方当事人便把他们彼此所在地区的长老都召集在一起,由他们组成一个法庭来处理此案。法庭主要充当"仲裁庭"的角色,它会根据公平正义的习惯规则来裁决纠纷。然而,它几乎从不对过错方执行判决,而是将判决的执行交由权利受到侵害方。在一些严重犯罪的

① See Roscoe Pound, *Sociology of Law and Sociological Jurisprudence*, University of Toronto Law Journal, Vol. 5:1, 1943.

> 案例中,当犯罪嫌疑人的行为已经影响到整个社群或者被社群成员确定为惯犯,那么,长老们则会借由权威来执行裁决。对于那些拒不执行裁决的族群成员而言,长老们会对其进行诅咒,这种诅咒会让他们感受极其恐惧,因为,他们相信诅咒会让他们受到超自然力的惩罚。①

正是这种作为心理学意义上的超自然力的惩罚的存在,肯尼亚东部和东南部地区的一些族群才不会也不敢不遵守由长老做出的裁决。因为,长老的组成,是根据习惯确定的;长老的权力来源,是根据习惯确定的;长老的诅咒,也是根据习惯确定的。有一种强大的力量,在不断"强迫"着族群成员对习惯的遵守,它就是对违反习惯所带来后果的预判,以及违反习惯而引发的制裁。

(三)以目的性遵守为中心的实践功能进路

强制性遵守与自愿性遵守,是两种截然不同的对待习惯的态度,也是习惯的两种不同的内在运行机制。然而,这两种遵守模式都过于"极端",它们很容易与人类学家借由经验观察到的"事实"发生冲突。马林诺夫斯基在对特罗布里恩德群岛经济贸易展开调查的过程中,发现了一个极为有趣的现象,他将此命名为"库拉"(kula)。在马林诺夫斯基看来,库拉是一种族群成员之间的"物物交易"方式,不过,与其他"物物交易"不同的是,它有一套较为系统的规则和程

---

① A. R. Brown, *Structure and Function in Primitive Society: Essays and Addresses*, The Free Press, 1952, p. 217-218.

序。① 然而，在马林诺夫斯基看来，问题的关键不在于揭示"库拉"现象，而在于找到催生这种现象的原因。对此，马林诺夫斯基由现象到经验，再由经验到理论，对库拉贸易中的"原则"进行了详细考察，他说：

> 库拉贸易中的"物物交换"的第一个原则是，通过库拉方式赠送的礼物具有仪式性礼物的性质，它意味着受赠者必须要给赠与者回赠一个同等的礼物。然而，在实践中，这种回赠，有时候是几分钟，有时候多达一年甚至更长时间；库拉贸易中的"物物交换"的第二个原则是，回赠"同等"礼物的"同等"标准，由回赠者自己决定，不受任何其他强力限制。②

这些原则虽然是马林诺夫斯基从特罗布里恩德群岛的个案中提炼出来的，不能够代表"一般性"，但是，在对这些原则进行深入分析后，可以看到，库拉现象的发生，源于交换本身所具有的功能，比如，它可以解决内陆地区与沿海地区，基于自然环境的物品短缺。内陆人拿木头与沿海人交换贝壳，它可让一向很难与贝壳发生"交集"的内陆人，直接占有并使用贝壳。它还可以满足赠与者的虚荣心，夯实其在部落族群中的经济地位。有些赠与者，在赠与过程中会故意为赠

---

① See Bronislaw Malinowski, *Argonauts of the Western Pacific: An Account of Native Enterprise and Adventure in the Archipelagoes of Melanesian New Quinea*, Routledge, 1922, p. 62.

② Bronislaw Malinowski, *Argonauts of the Western Pacific: An Account of Native Enterprise and Adventure in the Archipelagoes of Melanesian New Quinea*, Routledge, 1922, p. 73.

与物贴上各种价值连城的“标签”,如传家宝、限量物品等,让参与库拉活动的族群成员在内心对其产生钦佩,继而让自己获得优越感。库拉交易所具有的这些功能,让所有参与该活动的族群人员都能从中实现自己的期待,此即“互惠”。这种“功能主义”观,一开始被马林诺夫斯基用来分析特罗布里恩德群岛的经济贸易,后来又被他拿去分析部落社会的习惯遵守问题。在谈到部落习惯的遵守方式问题时,马林诺夫斯基说:

> 如果我们将特罗布里恩德群岛所有的规则、惯例和行为方式,视为习惯体系的组成部分……那么,我们可以发现,存在着诸多训练工匠如何从事贸易的习惯,这些习惯之所以能够保留至今,并被严格遵守,究其原因,不是因为原始人对习惯的自愿服从,而是因为,他们知道,这些习惯的实践功能,获得了经验的认可和理性的承认。此外,还有一些关涉朋友、亲戚、兄弟等相处方式的习惯,它们之所以被遵守,是因为他们清楚,如果他们未能遵守习惯,就被会族群其他成员视为部落里的“他者”。①

在马林诺夫斯基看来,部落族群成员对习惯的遵守,既不是自愿的,也不是强制的,而是带着一系列或明或暗的目的。正是这种目的,驱使着部落族群成员遵守习惯,不敢逾越习惯的边界范围,由此表现出模范的守法公民的“假象”。

---

① Bronislaw Malinowski, *Crime and Custom in Savage Society*, Kegan, Paul, Trench, Trubner & Co., Ltd., 1926, p. 51-53.

从形式上看，马林诺夫斯基对习惯的“目的性”遵守的观点，非常具有说服力。它是以经验观察为基础，借由对“习惯遵守”的现象、过程及遵守习惯者的心理的综合分析得出的结论。然而，需要注意的是，仔细分析马林诺夫斯基的观点之后，我们可能会进一步思考的是，在他所调查的特罗布里恩德群岛，是不是所有部落成员都带着“目的”去遵守习惯，甚至带着“目的”去生活？关于此类问题，笔者在马林诺夫斯基公开发表的著述中没有找到答案。不过，在谈到部落法学研究的代表性学者与著作时，法律史学家西格尔（William Seagle）对马林诺夫斯基及其部落法研究，却给予了高度评价，认为他的研究是继梅因的《古代法》之后，最有影响的一部原始法著作。但西格尔也对马林诺夫斯基有关“习惯的遵守”的论证逻辑与所得结论予以了批评，他说：

> 马林诺夫斯基“部落社会凝聚力的关键要素，在于部落成员不能摆脱习惯的自动支配”的观点，存在着严重缺陷。他没能让自己相信，习惯之所以被遵守，就是因为它是习惯。他也没能理解，习惯可能也有着它自身的强制力。作为一名人类学家，马林诺夫斯基竭力宣称他自己是个“功能主义者”，他的目标必须是，毫无保留地研究特定社会的作为生活的观念、习惯和制度，及其具体运作机制。由于每个习惯都包含了一个目的，那么，就必须要去为习惯的存在寻找正当的理由。如果我们认为，有一些习惯确实包含了目的，但我们却无法肯定所有的习惯都包含了目的。此外，习惯本身就是一个体系化的制度，一旦我们变得更加关注于个人习惯，

那么,可以说,它就是忽略习惯的自身功能的体现。许多个人习惯的来源是模糊不清的,但更重要的是习惯本身的基础。它呈现给社会心理学家的是,一个犹如“天性”一样的复杂的和神秘的难题。不过,习惯的目的——促进行为的一致性,建立社会契约的基础——似乎是较为清晰可见的。但是,习惯若要发挥它的社会功能,就必须要承认它是国家的而不是个人的。①

西格尔的批评不无道理。作为一名人类学家,马林诺夫斯基强调并实践了“田野调查”方法,将理论臆测置于经验场域,让经验直接面对理论。但是,经验研究的局限性是非常明显的,它无法以“局部”替代“整体”,更无法回应“整体”的根本诉求。所以,马林诺夫斯基的“特罗布里恩德族群个案”,仅能证明特罗布里恩德族群成员对习惯的遵守存在一定的目的,它不能证明所有部落族群成员对习惯的遵守都有一定的目的。不仅如此,在西格尔看来,马林诺夫斯基的“目的观”,遮蔽了一种经验意义上的生活常识,即“习惯的遵守”就是一种“习惯”,没有其他目的。或者更准确地说:“不是每个人的遵守习惯,都是目的主义的。”

早期法人类学家对“部落社会族群成员遵守习惯”的探究,围绕三种不同的进路展开,由此形成了自愿性遵守、强制性遵守、目的性遵守三种代表性学说。自愿性遵守,强调的是族群成员对习惯的无意识服从,即在内心深处将习惯视为一种潜在的“习惯”,既无动机,又无目的;强制性遵守,关注

① William Seagle, *Primitive Law and Professor Malinowski*, American Anthropologist, Vol. 39:2, 1937.

违反习惯的可能性消极后果，凸显权力与制裁之间的内在关联；目的性遵守，以遵守习惯能够带来何种积极后果为基点，借由实践功能框架阐释遵守习惯的原因。如上三种关于习惯遵守的学说虽有所差异，但却均不否认“习惯被遵守”这一事实的客观性。如果说“习惯是否被遵守”，只是一种静态的观察与叙说习惯的视角，那么，“习惯是否被适用”，则是一种动态的观察与叙说习惯的视角。换言之，只有习惯获得了遵守，才能为习惯的适用，创造观念基础与实践前提。

［二］习惯的适用

习惯的适用，一般发生在部落社会的矛盾纠纷裁决场域。面对由部落族群成员提交的矛盾纠纷，部落社会的法官首先需要的是寻找合适的“法律渊源”，接着是运用一定的技术，确保习惯能被准确地适用。从适用方式层面来看，部落社会法官对习惯的适用，主要有直接适用与间接适用，或者说无条件适用与附条件适用两种类型。

（一）习惯在纠纷裁决中的直接适用

对习惯的直接适用，表达的是法官直接援引习惯作为裁决的依据，或者“当事人”直接援引习惯作为自己行动“合法性”的依据，而不对习惯的内涵、特征与意义等做进一步解说。纵观法人类学发展史，每个阶段都可看到法官或当事人直接适用习惯的案例。20 世纪初叶，在伊富高部落的买卖过程中，经常会出现买卖双方因为权利义务问题而产生的各类纠纷，在处理此类纠纷的过程中，法官一般会直接适用习惯作为裁决依据。巴顿（R. F. Barton）曾记录了一个有关于此的典型案例：

> A委派B作为中间人出售一块稻田。一开始,B签订的合同是将稻田出售给C。后来,B得知,由A所提供的合同条款非常有利于买方,于是,他便就将稻田出售给他的亲属D。在这个案件中,B要承担违约责任,并向C支付"hogop(违约金)"……因为,根据伊富高部落习惯,在任何情况下,都不能让签订了合同的买方,对卖方的违约行为承担赔偿责任。①

如上习惯,在伊富高部落是众所周知的,因此,法官在处理这类纠纷时,直接适用了该习惯,且未对该习惯做任何解释或说明。当然,对于法官援引这个习惯的行为本身,当事人一般也不会提出任何异议。在另一起由格拉克曼观察记录的土地所有权纠纷案例中,我们也能看到法官对习惯的直接适用。格拉克曼说:

> Muwana和其他5个男人都抱怨,他们的果园,包括了4个大的和2个小的山丘,全被INGANGWANA和IMASIKWANA夺走了。他们还说,他们去年所种庄稼的茎秆还在果园的地上,他们的牲畜去年还在地上施了肥。但是,他们今年却被告知,快将他们的牲畜从果园里带走。那个果园过去一直是Imuwa王子(该王子来自洛兹北方,一直在Mongu一家商店工作)所有。他们声称,那些果园

① R. F. Barton, *Ifugao Law*, University of California Press, 1919, p. 59.

属于他们、他们的父亲和他们的祖父所有。

一位法官说:"Imuwa 王子曾经向国王索要一些果园,但国王说他没有果园。Imuwa 王子用手指了指国王身后的一些果园,但国王却说,这些果园是 INGANGWANA 的,因此他不能直接从 INGANGWANA 那儿将果园直接拿过来。后来,INGANGWANA 同意将一些果园送给国王,INGANGWANA 和 Imuwa 王子获得了皇室的赞誉。"

另一位法官却说:"那些果园只不过在名义上是 INGANGWANA 的,他不能自己将果园赠送给自己。这一点我们必须要考虑到。"

……接着,在法官的讨论过程中,他们都提到了一个与此案类似的案例,大意是"人们不应该中断对其先祖的土地的继承"。最后,法官们做出裁决,原告对果园享有所有权。①

对于该案,格拉克曼评论认为,在巴罗策洛兹部落的司法过程中,法官们通常都会预设"当事人对其所在部落的习惯比较了解",而习惯中又包含了个人的习惯性权利与集体的习惯性权利。② "一个人对其先祖留下来的果园,当然享有继承权,其他任何人不得干涉",这是洛兹部落人人皆知的习惯。所以,当原告将该纠纷提交到法庭时,法官们需要做的就是"厘清基本事实",直接适用习惯来裁决纠纷。

① Max Gluckman, *The Judicial Process among the Barotse of North Rhodesia*, 2nd ed, Manchester University Press, 1967, p. 103-104.

② See Max Gluckman, *The Judicial Process among the Barotse of North Rhodesia*, 2nd ed, Manchester University Press, 1967, p. 239.

如果说在民事纠纷中直接适用习惯,相对较为容易理解的话。那么,在刑事纠纷中直接适用习惯,似乎与现代法学意义上的"刑事案件的司法理念与司法原则"有一定差异。但是,部落法学的司法逻辑,植根于部落社会的历史、经济、政治、文化和社会背景,我们需要用"自我"而非"他者"的眼光,去观察与分析发生于部落社会的刑事纠纷的裁决过程。在所有法人类学家中,博安南(Paul Bohannan)在此方面做了较为深入的探索,它为我们从刑事法学视角探究此类纠纷裁决过程中的习惯适用问题,提供了经验素材。博安南说:

> 我从当地文件中看到过一些材料,其中记录了小偷在被殴打的过程中致死的案例,而这些案例都将那些殴打行为定性为"自我救助"。在此我具体呈现一个案例,该案例中的女人,名叫阿瓦德杰尼亚(Awadzenga),曾在偷山药时被抓个正着。根据证人证言,阿瓦德杰尼亚已过生育年龄,但她却是个偷山药的惯犯,因此,也多次被抓入狱。一次,她在偷胡马伦(Hummaren)家的山药时被抓了。胡马伦和她的婆婆晚上在地里照看山药之时,看到阿瓦德杰尼亚拿铲子在挖。胡马伦的婆婆立马就大喊了起来,听到喊声后,汉根(Hangen)、塔(Tar)、伊巴(Igba)、卡安(Kaan)等人迅速赶了过来,对阿瓦德杰尼亚进行了恐吓,并准备殴打她。然而,胡马伦的婆婆却提出了反对,她说:"不要打她,让她赔偿损失。"当他们把阿瓦德杰尼亚带到他们家的院子里时,阿迦(Agaga)说:"阿瓦德杰尼亚及其儿子所

> 实施的一系列盗窃行为，给我们带来了很多麻烦，因此，我认为，你们应该要打她。”听到阿迦这样说后没多久，他们便把阿瓦德杰尼亚拖出院子，用榕树条抽打她，一直打到榕树条断掉为止。伊巴则拿弯刀面击打阿瓦德杰尼亚的后背。他们打啊打，一直打到阿法卡（Afaka）让他们停下来为止。一个叫卡伊（Kayen）的女人把辣椒放到阿瓦德杰尼亚的眼里，因为阿瓦德杰尼亚曾经抢过她家农场里的东西。一直到第二天早上，阿瓦德杰尼亚还被这些人捆着。后来，伊卡尔（Ikar）放了她，并帮她洗了洗，再准备带她回她自己的家。然而，就在阿瓦德杰尼亚到了家门口的时候，却一命呜呼了。
>
> 对于此案，被告会辩称：“我是按照一些之前制定的规则（习惯）来行为的，该规则（习惯）是：如果一个人抓到了一个小偷，他就应该杀死他。如果我有错，你们可以杀了我，但是首先得赔偿我妻子所损失的山药。”的确，针对这种类型的案件，提夫人普遍认为，在过去，任何抓到小偷的人，都可以殴打小偷。这种方式，比把小偷直接带到法庭起诉要更有效。①

“自我救济”作为一种被提夫族群成员普遍认可的习惯，在刑事案件中会被经常适用。因此，“谁抓到了小偷，谁就可以对小偷实施殴打，哪怕是殴打致人死亡”，就成为提夫人社会生活与生产中坚信并实践的一种习惯。当部落族群成员

---

① Paul Bohannan, *Justice and Judgment Among the Tiv*, Oxford University Press, 1957, p. 122-123.

发现某人实施了盗窃行为,便可以直接适用该习惯,并以此来捍卫自己的权利。在适用该习惯过程中,其他族群成员,甚至包括族群部落的“法官”也不会提出反对,更不会对“为什么要殴打盗窃者”提出疑问。

从巴顿、格拉克曼、博安南所列举的部落族群成员对“习惯的直接适用”的个案中,我们会发现,看似“习惯的直接适用”是没有任何条件的,法官也好,当事人也罢,似乎都不会对他们自己或对方所使用的习惯提出异议。然而,这种无条件的适用,却隐藏着一系列条件要求。在笔者看来,那些被法官或当事人所直接适用的习惯,必须是众所周知与通俗易懂的,它不能存在歧义,甚至也不能意义过于宽泛,它必须能够引起部落族群成员在认知层面的情感共鸣。它还不能与部落族群的“一般道德”以及“道德实践”相冲突,它反映道德,却不等于道德。

(二)习惯在纠纷裁决中的间接适用

与习惯的直接适用不同的是,习惯的间接适用,表达的是法官或者当事人在适用习惯的过程中,有意识地对习惯的来源、性质、意义和目的等做进一步说明。众所周知,并不是所有的习惯都可从部落的历史中找到渊源,有些习惯可能来自其他部落,有些部落可能对同一习惯存在多种理解。因此,对习惯进行补充说明是极其必要的。①

格拉克曼曾经记录了一起土地纠纷,虽然该纠纷的裁决过程稍显复杂,主要是当事人对“习惯/法律”的意义表述存在较大争论,但它能在一定程度上说明,“习惯的间接适用”

① 对习惯进行补充说明,源于习惯本身存在着“缝隙”。但是,习惯的“缝隙”,并不是绝对的。比如,同一个习惯,可能在立法场域没有“缝隙”,而在司法场域却存在“缝隙”。反之亦然。

比“习惯的直接适用”更加考验法官的司法技术。格拉克曼说：

A、B、C前往部落法庭起诉他们的叔父Y，Y是A、B、C所在小镇的首领。当A、B、C还是婴儿的时候，他们的父亲K就去世了，是Y含辛茹苦地把他们拉扯大。在庭审过程中，关于诉讼理由，A说道：“今天我们来法庭起诉，主要是因为果园纠纷。而引起这个纠纷的导火索是，我们的堂兄Z，也就是Y的儿子，与我们兄弟C的妻子发生了通奸行为。C抓到Z的时候，打了Z。平时，我是在白人社区打工，很少回家。该事件发生后，我们尝试着在家里面进行内部处理，但却没有成功，于是便将该纠纷提交至我们所属部落的族长法庭。按照部落习惯，C的妻子应赔偿1只牛给法庭作为罚款，Z应该赔偿2只牛给C。但是，C的妻子按照要求履行了义务之后，Z却迟迟不履行义务。不仅如此，Z还侮辱了C。当C向我们的叔父，也就是Z的父亲叙说情况之时，Y却将C赶出了镇子。”

Z辩解道：“在我与C的妻子发生通奸行为之前，A让我的堂弟带了‘绿帽子’。我承认我实施了通奸行为，我也承认我拿走了他们的果园，但是他们不是被驱赶走的，而是逃出去的。我是他们的兄弟，难道我还会把他们赶走？我从来没有辱骂C，是C辱骂了我。”

B说道：“当我们从白人社区回来后，我尝试着请求我们的叔父Y，把所有纠纷当事人召集到一

> 起,大家一起坐下来认真沟通纠纷的解决办法。Y却说,不可能。我因为看到Y在这件事上,明显偏袒于他自己的亲生儿子。所以,我在A搬离镇子后不久,也搬出去了。"
>
> ……
>
> 一位法官认为:"Y,如果你不返还果园给你的侄子们,我们自然会认为,是你把他们赶出镇子的;如果你返还果园给你的侄子们,那会证明你至今还是爱着你的侄子们的。"
>
> 最终,法官做出裁决,如果你们已经告诉了我们事实,即你们还想和给你们提出要求的叔父一起生活,是可以的;如果你们的叔父发现,你们是在欺骗我们,然后回到法庭揭示欺骗之事,法庭自会有处理办法。①

该案的争议焦点虽然是围绕着"果园的所有权"问题展开的,即A、B、C是否有权要求Y返还果园?但决定"果园的所有权"归属的关键,却在于"A、B、C的'离开'的性质"。从字面意义上来看,根据洛兹部落的习惯"一个人离开其所居住的镇子,就失去了其所拥有的镇子上的果园所有权",这条习惯究竟是什么时候就出现的,没人能说得清楚,而且也没人能够对它展开严肃的知识考古。但部落成员都知道这个习惯,却是一个不争的事实。在该案的裁决过程中,关于"离开"这一概念,当事人双方产生了激烈争论。A、B、C始终强调,他们的"离开"是被逼的"离开",并不是自己的主动

① Max Gluckman, *The Judicial Process among the Barotse of North Rhodesia*, 2nd ed, Manchester University Press, 1967, p. 37-45.

“离开”，而部落族群的习惯中的“离开即丧失果园所有权”的“离开”是“自愿的离开”。所以，A、B、C 均认为，他们虽然离开了镇子，但还拥有镇子上的果园所有权。与 A、B、C 的理解有所不同，洛兹部落社会的“法官”却认为，“一个人离开其所居住的镇子，就丧失了对果园的所有权”中的“离开”是一个广义的“离开”，即它既包含“自愿离开”，也包含“被逼离开”。由于这个习惯存在着两种不同的理解，洛兹部落法官在适用该习惯的过程中，必须要对它的含义进行解释。一般而言，在解释过程中，法官会从部落的历史、文化、社会结构，以及先前类似的案例中寻找支持他的解释的理由。

除了习惯中所包含的概念或内容，可能存在“一词多义”或“内容歧义”，从而要求法官对习惯必须间接适用的情况。还有一种情况，也是法官经常对习惯进行间接适用的理由，那就是随着部落族群历史、文化、经济、社会和政治等的变迁，或者随着不同部落族群之间的交流日益增多，旧的习惯已经不能适应新的部落发展实践，对习惯的间接适用就变得尤为必要了。有关于此，从穆尔（Sally Falk Moore）所观察记录的“有限的边界，无限的憎恨”一案中即可看出，穆尔说：

在一个叫 R 的地区，有一位父亲，他有两个儿子。当两个儿子成年并结婚后，父亲把他的香蕉/咖啡园分成两部分，分别给每个儿子一半。这两个儿子区别很大，大儿子是一直品学兼优，受人尊敬。小儿子不仅没有工作，而且，他的妻子也没有给他生任何孩子。根据查加人的族群观念，一个家族出现了这种情况，兄弟的妻子之间就免不了会产生怀疑。有孩子的妻子,很可能被怀疑是对没有孩子的妻子动了什么“手脚”。后来大儿子被派到另一个地方任教,只有假期才回R地区。在他走后,村子里就开始流传着一些流言蜚语,大意是这个大儿子在离开家之前,告诉他的妻子,要她拔走他们家和他弟弟家土地边界上的一些种植物。但她的这种行为,被她的小叔子认为是侵犯了自己的土地边界,为此,她的小叔子特向父亲表达了不满。父亲试图让他的两个儿子的家庭之间达成和解。他用自己的双手拉起了放置在新的土地边界上的帘布,恢复了旧的边界,并做了标记。他在做这些事情之时,都有证人在旁。大儿子的妻子对此非常生气,于是开始报复。她去了法院,向地方法官抱怨说,她的公公在她丈夫和儿子均不在家的情况下进入她的住所,违反了查加的“习惯法”。不久之后,长老们把当事人都召集了起来,并认真倾听了他们的观点。最终,大儿子的妻子不仅“败诉”,还因侵犯公公的尊严而被罚一把琵琶和八罐啤酒。谁知,大儿子的妻子不仅没有按照“裁决”的要求缴纳罚款,反而变本加厉。她又一次地把边界的种植物拔起,开始在边界上种植新作物。她的公公在证人的见证下,拔走了大儿媳种植的新作物。大儿媳再次将公公告上法庭,最终法庭对公公判处了3天拘禁。不久,大儿媳病倒了,再过了没多久,她就死了。在她死后,公公去了大儿子的香蕉园,告诉大儿子,现在一切都结束了,他想要的事情也已经发生了。最后,他对他的大儿子发出了警告,如果他未经父亲

> 许可便侵占他弟弟的土地,他所有的孩子都会死掉。大儿子极其固执,说道:“如果父亲不能让他妻子活过来,他就不会返还土地给他的弟弟。”……此后,父亲和小儿子都不愿和大儿子说话,父亲为小儿子提供了另一块离他住所很近的土地。大儿子虽然还拥有那片被诅咒的土地,但据说他从来不敢吃种植在那片土地上的食物,担心它有毒。①

该案的纠纷是围绕土地的边界问题而起,其间关涉部落族群的习惯,以及习惯的适用。首先,两个儿子的父亲,按照公平正义的部落族群习惯,给两个儿子平均分配了一些土地。然而,大儿子事业较为成功,不需要父亲的资助也能生活得很幸福。小儿子却一事无成,家庭生活也不和睦。因此,在有关土地边界的争议中,小儿子绝不退让,坚决捍卫自己的权利。其次,大儿子的妻子,在她家与小叔子家的“土地边界”之处种植作物的行为,引起了小叔子的不满,于是小叔子便向其父亲表达他对其嫂子的不满。父亲因为对两个儿子的情况都较为了解,尤其是他知道小叔子处在“弱势”地位,所以有意“偏袒”小叔子,希望大儿子一家能“让步”,谁知,大儿子的妻子却变本加厉。再次,为了阻止两个儿子之间的矛盾激化,父亲决定打破习惯,即在他大儿子和大孙子都不在家,仅大儿子的妻子在家的情况下,前往大儿子家恢复旧的土地边界。最后,大儿子的妻子以公公违反了查加族群的习惯为由,将她的公公告到了法庭。公公由此被拘禁了

① Sally Falk Moore, *History and the Redefinition of Custom on Kilimanjaro*, in June Starr and Jane F. Collier eds., History and Power in the Study of Law: New Directions in Legal Anthropology, Cornell University Press 1989, p. 281-283.

3 天，拘禁结束后，她的公公便诅咒有争议的边界，同时还诅咒她生病。不久，大儿媳妇病故，大儿子不敢去被诅咒的土地上面摘取果实。

从对该案的事实梳理中，可以看出，法官对习惯的适用是直接的，即他并没有对“儿子的父亲不应在其儿子不在家，而只有儿媳在家之时，独自前往他的儿子家”这一习惯做说明或解释，而是直接根据习惯，判处公公拘禁 3 天。但是，在父亲拘禁结束之后，他便对他的大儿子家的“有争议的土地”进行了诅咒，此时，父亲对习惯的适用是间接的，即他提醒他的儿子，应该遵守部落的习惯，该习惯是“未经父亲许可，不得侵占自己兄弟的土地”，接着，他又进一步对该习惯进行了解释，即如果未经父亲许可，有意或无意侵占了自己兄弟的土地，那么，自己的孩子不久就会死亡。这种解释的目的，既是对习惯内容的补充说明，也是为习惯的适用做铺垫。可以看出，大儿子对父亲提到的这个习惯是非常在乎的，至少内心是非常认可的，这从他不敢去“有争议的土地”那儿摘取果实便可看出。关于该案，穆尔从“习惯的历史变迁”角度做了总结分析，她认为，如上这起“土地边界纠纷”中涉及的过去的实践与观念，均深深地编织在当下族群的生活结构之中。很显然，查加人和其他部落族群成员一样，他们都非常清楚，有时候适用传统的习惯，可以很便捷地获得财产；有时候，也可以说，现在时代不同了，传统的习惯已经不适用了，应该适用新的习惯才更准确。所以，“现代性”视角，还是“传统性”视角，其选择本身就是一个技术问题。①

① See Sally Falk Moore, *History and the Redefinition of Custom on Kilimanjaro*, in June Starr and Jane F. Collier eds., History and Power in the Study of Law: New Directions in Legal Anthropology, Cornell University Press 1989, p. 287.

从穆尔对该案的分析中，我们可以清晰地看到她的历史主义视角。在穆尔看来，查加族群的习惯是在不断变迁着的，传统的习惯可能会变成现代习惯，传统的习惯可能一直是传统的习惯。那么，是什么因素会决定传统的习惯的“命运”呢？穆尔认为，是习惯的适用者对部落族群的历史的了解深度。然而，不是每个习惯的适用者，对部落族群的历史都有着“均衡地”了解；也不是每个习惯的适用者，都愿意去了解部落的历史。所以，对于习惯的适用者而言，“间接适用习惯”，便是克服部落族群成员对历史了解的“非均衡性”的有效办法。

揆诸西方法人类学有关习惯适用的代表性学说，可以发现习惯的适用主要发生在纠纷裁决场域，其间法官会将习惯视为“法律”，或是援引习惯作为裁决的依据，但不对援引原因予以说明；或是援引习惯作为裁决依据，但基于习惯概念本身的模糊性而对习惯做进一步阐释。对习惯适用问题的关注，不但体现了法人类学发展过程中的方法论传统及其新发展，还反映了法学与人类学的知识互渗的日益增多的事实。不过，对习惯的运行过程的描绘，不能停留于习惯的遵守与适用层面，还应考虑习惯的废止问题。

［三］习惯的废止

在习惯的运行机制中，循沿着“习惯的遵守”与“习惯的适用”的是一种“例外情况”。之所以是“例外”，而不是“常态”，是因为从法理意义上来说，习惯的运行并不一定遵循着“进化论”意义上的“从发生、发展到灭亡”的线性逻辑，至少在法理上，我们无法科学地论证“习惯的‘死亡’的必然性”。因此，“习惯的死亡”或者说“习惯的废止”，并不是所有习惯的最终“命运”。

(一)积极性废止:习惯的陈旧性与成文法的权威性

积极性废止,又被称为主动性废止。在法人类学学术发展史上,格拉克曼是较早谈到习惯的积极性废止问题的学者。他在一起参与观察的名为“鱼贩子要价过高”的案例中提道:

> 一个年轻人因为4只小鱼要价6便士而被警察抓走了,然后又被送到当地部落法庭接受审判。当法庭了解了事实的来龙去脉之后,发现1条小鱼竟然要价1.5便士,直言这简直是在“抢钱”。由此,许多法官都表示,鱼的价格应该回到之前的1便士1条鱼、1先令12条鱼的水平……其中一位法官补充道:“所有的价格都被你们首都地区给破坏了。去年的时候,你们把木薯的价格抬到了最高。平均每袋木薯的价格要1英镑。根据以首都价格为中心的习惯,隆达族群的人也将价格抬高了。因此,后来我们没有食物,需要向隆达人购买的时候,隆达人却以高价卖给我们。对此,我们不禁怨声载道。在我看来,错误的根源不在于隆达人,而在于你们自己,隆达人是看到你们首都的价格之后,才提高价格的。”……最后,男人被法庭当场释放了。不过,现今有关物品的价格已经不是根据首都的价格来确定了,它需要根据立法来确定。①

---

① Max Gluckman, *The Judicial Process among the Barotse of North Rhodesia*, 2nd ed, Manchester University Press, 1967, p. 69-70.

鱼的价格由首都地区来确定，在巴罗策洛兹部落是一个习惯。1便士购买1条鱼，也是之前首都确定的价格，但为什么那名年轻的鱼贩子却要以高价出卖？法官经了解后得知，原来是首都地区率先破坏了传统习惯，但还并未确立新习惯。不仅如此，根据格拉克曼的观察记录，传统的"由首都确定物品的价格"的习惯已被废止，替代它的是"借由立法来确定物品的价格"的新习惯。

可以看出，该案中"习惯的废止"不是消极的，而是积极的。面对传统的"由首都地区确定价格"的习惯，部落族群成员，尤其是非首都地区的部落族群成员感受到了明显的不公平。因为它们的经济发展水平限制了部落族群成员的消费能力，将首都地区的价格，拿来适用于地方，将会给地方族群成员带来巨大压力，从而影响他们的生活秩序。一般而言，对习惯的积极性废止，或是因为习惯本身较为陈旧，已经不适应部落社会、历史、文化、政治与经济变迁的现实需要，如果不予以废止，将会影响到部落族群成员对习惯的"信仰"；或是因为习惯与成文法有所冲突，如果适用习惯，将会阻碍成文法的权威性的彰显。关于后一原因，我们可以从巴顿早年记录的一个案件中寻找例证，巴顿说：

> 1913年12月，一件特别让人惊愕的案子被提交到了基昂岸(Kiangan)法庭。一个名叫利米特(Limitit)的人，被指控杀害了自己的父亲。"你究竟是有罪，还是无罪？"式的"法学术语表述"，转换到伊富高部落语表述就是"你到底有错，还是没错？""坦白从宽，抗拒从严。"利米特承认了杀人的事实，但是辩解道："我没有错。他是我的父亲，我

有权杀了他。我不应受到谴责,因为我会为他举办一个盛大的葬礼。”

法官在对该案的审理中发现,利米特的父亲迪拉汗(Dilagan)是一个挥霍无度的人。他通过将其儿子的田地拿去抵押,获得了一大笔钱,其目的可能是为了赌博。儿子得知情况以后,非常生气,但是迪拉汗却向其儿子承诺,在田耕季节到来之前,一定会赎回田地。但是,眼看着田耕季节的到来,迪拉汗却未能履行承诺。围绕此事,父子之间发生了一场激烈争吵,儿子最终失去耐性,将其父亲杀害了。据我所知,儿子的这种行为是“合法的”,至少他能够获得他的部落族群成员的理解。部落族群成员之所以会原谅利米特,主要是基于如下两个理由:第一,老人是没有价值的,因此,当他不公正地对待了自己的儿子之时,就应该被杀。尽管这种杀害行为的后果是不可逆转的,但如果不杀害他,他只会给他的儿子带来贫穷。第二,利米特是迪拉汗的儿子,由此,只要利米特想杀害迪拉汗,他就可以杀害迪拉汗,至少,它不管其他人的事。但是,最终美国法庭,如果我没记错的话,判处利米特终身监禁。据悉,利米特在入狱后不久便撒手人寰了。①

在伊富高部落族群,与霍贝尔描述的因纽特族群较为类似,老人经常被视为“多余的”,他们或是没有劳动生产能力,或是劳动生产能力较差。但是,这并不意味着老人的儿

① R. F. Barton, *Ifugao Law*, University of California Press, 1919, p. 6–14.

子就能够享有随意杀害自己父亲的权利。在上述案例中,儿子坚信自己享有杀害他父亲的权利,并辩称会为他的父亲置办一场盛大的葬礼。在伊富高部落族群成员看来,儿子这样对待父亲,完全符合部落传统和部落习惯。况且,儿子所杀害的父亲,本来就是一个背信弃义的人,如果让这样的人,一直生活在家族内部,一定会给家人带来不幸。所以,在部落族群看来,儿子这种杀害父亲的行为,是一种"正义之举"——儿子只是在按照部落习惯,做一件他认为,或者说大部分族群成员都认为"正义"的事。

但是,作为殖民统治者的美国,其在治理伊富高部落的过程中,固然会考虑到伊富高部落传统习惯,但并不会完全机械地适用习惯。在具体的司法过程中,法庭的法官会根据"理性人"标准,评估当事人所适用的习惯的合理性。如果他们发现那些习惯是"历史的",已然不符合当下伊富高部落的生产生活实践,以及美国治理过程中的秩序建构要求,他们就会积极地废止那些习惯。所以,从上述案例中,我们可以看到,纵然儿子杀害父亲的行为,获得了部落族群成员的谅解,但却被美国法庭认定为严重犯罪,儿子也因此被判终身监禁。美国法庭对这类明显不符合现代刑法基本精神的习惯予以积极性废止,其目的当然不只是帮助推进伊富高部落法的现代转型,还关涉美国对伊富高部落的治理效率的考虑。

(二)消极性废止:习惯与道德、法律的内在矛盾

与积极性废止,相对应的是消极性废止,又称为被动性废止。在霍贝尔所描述的因纽特部落习惯中,有一个叫作"杀婴"的习惯。这个习惯在因纽特部落是如此普遍,以致人们难以将它与犯罪、惩罚、道德败坏等关联在一起。关于

该习惯,霍贝尔(E. Adamson Hoebel)说:

> 婴儿是潜在的生产者,如果条件允许,因纽特人一般都会将婴儿抚养成人。然而,艰难的生计条件,却让他们难以做到。这就赋予了每个家庭一项自决权,即让每个家庭自己来评估,现有的人文的或物质的资源,能否满足婴儿在未能从事生产的长时段里的各项需求。如果答案是否定的,那么杀害婴儿的行为将不会受到任何谴责和法律制裁……女婴是杀婴行为中最大且最常见的受害者,这主要与三个因素密切相关:一是男性是食物的主要生产者,因此,他们对于团队而言更具重要性。二是"从夫居"的生活模式,注定了女儿不会像儿子那样,会一直留在父母身边。所以,从"养老投资"视角而言,对女儿的投资必然会有更大的风险。三是各种战争与征战让男子不断减少,由此,男子的重要性更加凸显……无论是杀害婴儿、杀害老人、自杀、帮助他人自杀,这些合法与合理的"习惯",都与因纽特族群的经济发展水平有关。但是,霍尔姆(Gustav Frederick Holm)所记录的一个案子显示,一位妇女虽然引导一位盲人走到了悬崖边上,但这位妇女却拒绝了盲人提出的"请帮忙把我推下去"的请求,这位妇女对此给出的理由是"她毕竟是这位盲人的朋友"。①

① E. Adamson Hoebel, *The Law of Primitive Man: A Study in Comparative Legal Dynamics*, Harvard University Press, 1967, p. 74-77.

“杀婴”“杀老人”“帮助他人自杀”等，是因纽特族群成员广泛认可的习惯，它们的存在与因纽特特殊的文化土壤有关。但是，面对这些习惯，因纽特族群成员并不是每个人在内心深处都予以接受。虽然因纽特族群缺乏现代法学意义上的权威机构，也没有受过专门法学知识训练的司法人员，然而，他们所秉持的朴素的有关生命意义的情感，却影响到了他们对这些习惯的态度：一种不得不然的矛盾性心理。首先，食物和劳动力短缺的客观事实，要求族群更加注重男性婴儿的养育，忽略女性婴儿的养育；更加注重年轻男性的食物供给，忽略老人的食物供给。其次，族群成员有关“女性婴儿养育成本高、收益率低”“老人只会消费食物而不能生产食物”“帮助自杀者自杀是一项权利”等传统观念的存在，使得他们对“杀女婴”“杀女人”“帮助他人自杀”等习惯，有着不同于其他部落族群的情感与态度。最后，客观事实与传统观念的“混合”，形成了部落族群对这些习惯的“先验性”认知，即它们是合理的，我们应该遵守，这样有利于部落族群的秩序稳定。然而，在这些经验现象与思想观念的背后，还存在马林诺夫斯基与布朗都非常强调的“心理暗示”与“心理效应”，它会逼迫着族群成员对生命的存在意义进行思考。“女婴难道不是一条生命吗？”“老人难道不是人吗？”“我不应该阻止自杀者自杀吗？”在对这些问题的思考中，他们会不断形成对习惯的“新认知”。这种“新认知”作为一股“拉力”不断地影响着他们对习惯的践行，从而呈现出对“习惯的消极性废止”的样态。申言之，不是他们不想废除这些习惯，而是他们不能废除习惯。一旦习惯生存的条件有所改变，习惯就有随时被废止的可能。但是，在每一次实践习惯的过程中，都隐含了废止习惯的“火种”，它为习惯的彻底废止奠定了基础。

与霍贝尔的“内在”观察视角不同,胡克(M. B. Hooker)借由20世纪60年代英国法与中国习惯在马来西亚法学场域的“实践互动”的“外在”观察,发现了一个极为有趣的现象,这一现象对理解国家法治理过程中的“习惯的废止”问题极为重要,胡克说:

> 英国对马来西亚华人治理的历史,经历了从“间接治理”到“直接治理”的过程性转变。这一点,我们可从英属海峡殖民地的法律史中予以清晰地洞察。这个过程一开始是中国头领根据中国习惯治理,接着是英国法官同时根据英国刑法与中国习惯治理。最后,随着法律条文不断被翻译出来,由英国法治理为主,但也会考虑中国习惯。其实,英国法不断被翻译的过程,就是对中国习惯不断限制的过程。与此同时,随着殖民地自身成文法体系的不断建构,中国习惯也受到了限制。①

从胡克的描述中可以看到,英国法与中国习惯,作为“外来规范”共同作用于马来西亚的治理过程。但由于英国殖民主义的权力逻辑的特殊性,在具体治理过程中,英国法的作用被不断凸显,中国习惯的作用被不断收缩。不过,考虑中国习惯本身的实用性,以及马来西亚华人对中国习惯的传统观念,英国殖民主义者并未对中国习惯进行公开废止,而是采取了一条相对较为隐秘的——尊重中国习惯,但不断限制

---

① M. B. Hooker, *The Personal Laws of Malaysia: An Introduction*, Oxford Univeristy Press, 1976, p. 124-125.

中国习惯——处理方法。它一方面可以让英国法不断渗透至马来西亚华人社会的各个角落,让英国法的观念与实践获得具体落实;另一方面可以间接地推进“中国习惯的废止”,让中国习惯被悄然揉进英国法的框架结构中。所以,他们对中国习惯的态度是“否定”与“肯定”并存,在否定中国习惯的优先性原则时,却肯定了中国习惯的效力。

格拉克曼、巴顿、霍贝尔、胡克等学者虽未对习惯的废止问题展开系统研究,但从他们有关该主题的“片段式”阐释中可发现,无论是习惯的积极性废止,还是消极性废止,其都在一定程度上表明,习惯内部充满了矛盾,它需要通过“外力”来消解矛盾。这种“外力”或是表现为其他规范对习惯的“冲击”,或是表现为社会变迁对习惯的“拒斥”。此外,从他们的相关阐释中,我们还可发现,习惯的积极性废止与习惯的消极性废止之间并不必然是对立的,同一习惯可能会在相似情境中面对不同的“命运”。然而,无论习惯的废止是以何种方式展开的,它在本质上均是习惯运行的一种状态,与习惯的遵守、习惯的适用一起,构成了完整的习惯运行过程。

[四]结语

习惯的运行,涉及习惯的遵守、适用与废止的各个具体过程。习惯的遵守,是习惯运行机制中的根本性要素,它直接决定着习惯的适用与废止。而习惯的适用,则是检验习惯效力与否的“试金石”,它又会关系到未来的习惯遵守与废止。习惯的遵守,是习惯运行的初始阶段。从习惯的遵守方式层面来看,可分为自愿性遵守、强制性遵守、日的性遵守。

自愿性遵守,表达的是对习惯的"无意识"服从,诉说的是"原始法"意义上有关"习惯"的"臆想"理论。强制性遵守,侧重于从"不遵守习惯"的后果的视角,来呈现"强制性遵守"的必要性。目的性遵守,集中于对遵守习惯所带来的益处的考量,意在表达习惯的遵守动机。习惯的适用,是习惯运行的中间阶段。它在部落族群实践中具体表现为习惯的"直接适用"与"间接适用"。"习惯的直接适用",是适用者直接适用习惯,而不对习惯做解释与说明。"习惯的间接适用",是适用者适用习惯后,对习惯的内容与意义予以阐释,以厘定习惯的内容与意义范围。习惯运行的最后阶段,是习惯的废止。它包括"习惯的积极废止"与"习惯的消极废止"两种模式,前者表达的是,习惯的实践者主动废止习惯的行为;后者表达的是,习惯的实践者被动废止习惯的行为,但是,无论是主动废止,还是被动废止,它们均无法改变习惯停止运行的最终"命运"。

以习惯的遵守、适用与废止为主题,以西方法人类学学说为考察对象,我们大致描绘了一幅动态的习惯运行过程。从此过程中,我们不但看到了以习惯为核心的一系列"关键词",还看到了习惯所特有的价值和功能,以及与习惯有关的法理。在未来有关习惯运行主题的探究中,我们应尝试突破西方法人类学的框架限制,围绕习惯在中国场域的遵守、适用与废止等主题,从中国本土知识与经验中寻找素材,以完整呈现中国法人类学场域的习惯运行过程。

《法律和社会科学》(2023) 第20卷第1辑,第247~287页

法律的文化力量

——梅丽的夏威夷法律转型研究评述

戴溪瀛*

摘　要:萨利·安格尔·梅丽的夏威夷殖民研究为法律人类学理论与研究方法做出了卓越贡献。梅丽在该研究中融批判与创新于一炉,经历了问题意识、研究方法、分析视角与研究范式的重大转向。在对传统"文化"概念质疑后,梅丽提出"文化生产"与"文化挪用"分析框架,提炼出法律文化力量的三种表现形式,以及通过法律进行抵抗的三种方式,进一步拓展了法律和文化研究的边界。在此基础上,梅丽提出殖民主义与法律研究的四个洞见,及其对全球化与法律研究的两个重要启示,批判当今世界的霸权框架。夏威夷法律转型研究成为法律和文化研究、历史人类学研究和美利坚帝国法律史研究的一个典范,并为当代中国法治建设的知识传统带来启示。

关键词:夏威夷　殖民主义　历史民族志　法律文化　萨利·安格尔·梅丽

* 戴溪瀛,云南大学法学院博士研究生。在"首届法律人类学博士生论坛"期间,侯猛、王伟臣、刘顺峰、尹韬、肖炜霖、李振贤、李梦侠、黄瑞、柳立清等学者对本文提出宝贵意见,在此特致谢忱。

[一]引言

20世纪80年代末,步入不惑之年的萨利·安格尔·梅丽(Sally Engle Merry)成长为美国法律与社会运动的舵手。在梅丽与苏珊·西尔贝(Susan Silbey)、奥斯汀·萨拉特(Austin Sarat)等知名学者的共同努力下,法律与社会研究呈现出欣欣向荣的景象,至21世纪初,业已完成学科的制度化建设。① 与此同时,受后法律现实主义影响,法律与社会研究越发呈现出片段化、多样化和模糊性等特点。随着研究边界的瓦解,过去那种强调在政治体内部研究法律秩序的构想开始受到挑战,过去未曾涉足的领域亦进入研究者视野。

在此背景下,梅丽开始系统关注被旧式法律现实主义范式所忽视的殖民主义与后殖民主义、全球化等研究领域,寻求人类学与法学更深入的对话空间。② 在梅丽看来,"过去三个世纪,法律在欧美向非洲、亚洲和太平洋的殖民控制扩

① [美]奥斯汀·萨拉特:《片段化中的活力:后现实主义法律与社会研究的涌现》,载《布莱克维尔法律与社会指南》,高鸿钧等译,北京大学出版社2011年版,第7页。

② Klug Heinz & Sally E. Merry, eds., *The New Legal Realism: Studying Law Globally*, Cambridge University Press, 2016.

张过程中发挥了关键作用，为后殖民时代留下了复杂的遗产。”①梅丽坚信，在殖民地和后殖民地的实践中暗藏着当代法律的本质。

依托1988年至2000年开展的夏威夷殖民主义与法律研究，梅丽申请多个基金项目②，在韦尔斯利学院开设研究生课程③，并发表了9篇高被引论文④，出版一部著作⑤。其中，2000年出版的《殖民夏威夷：法律的文化力量》（以下简称《殖民

① Sally E. Merry, *Law, Jurisprudence, and Social Thought: Colonialism, Post-Colonialism, and Legal Theory*, Political and Legal Anthropology Review, Vol. 17:1, p. 95-100(1994).

② See 1991 - 1993 *Law, Domination, and Resistance: American Colonialism and Local Justice in Hawai'i.* National Science Foundation, Law and Social Sciences and Cultural Anthropology Programs. Principal investigator. # SES - 9023397. REU Supplement awarded 1991 - 1992; 1994 - 1995. *Law, Race, and the Problem of Historical Change in Colonial and Post-colonial Hawai'i.* National Endowment for the Humanities Fellowship; 1994 - 1997. *Violence and the Law.* National Science Foundation, Law and Social Sciences Program; 1998 - 1999 *Rights, Religion, and Community: Local and Global Discourses on Gender Violence.* Cultural Anthropology and Law and Social Sciences Programs, National Science Foundation, SBR-9807208.

③ Sally E. Merry, *Law, Jurisprudence, and Social Thought: Colonialism, Post-Colonialism, and Legal Theory*, Political and Legal Anthropology Review, Vol. 17:1, p. 96(1994).

④ See Sally E. Merry, *Anthropology, Law, and Transnational Processes*, Annual Review of Anthropology, Vol. 21, p. 357 - 379 (1992); Sally E. Merry, *Resistance and the Cultural Power of Law*, Law and Society Review, Vol. 29:1, p. 11-26(1995); Sally E. Merry, *Legal Vernacularization and Ka Ho'okolokolonui Kanaka Maoli, the People's International Tribunal, Hawai'i* 1993, Political and Legal Anthropology Review, Vol. 19, p. 67 - 82 (1996); Sally E. Merry, *Crossing Boundaries: Ethnography in the Twenty - First Century*, Political and Legal Anthropology Review, Vol. 23, p. 127- 133 (2000); Sally E. Merry, *Crime and Criminality: Historical Differences in Hawai'i*, The Contemporary Pacific, Vol. 14:2, p. 412 - 424 (2002); Sally E. Merry, *From Law and Colonialism to Law and Globalization*, Law and Social Inquiry, Vol. 28: 2, p. 569 - 590 (2003); Sally E. Merry, *Race, Inequality, and Colonialism in the New World Order*, Law and Society Review, Vol. 40, p. 235-247(2006); Sally E. Merry, *Comment on Comments*, Law and Society Review, Vol. 38, p. 861-866(2004).

⑤ Sally E. Merry, *Colonizing Hawai'i: The Cultural Power of Law*, Princeton University Press, 2000.

夏威夷》）获得美国法律与社会协会（Law and Society Association）的詹姆斯·威拉德·赫斯特法律史研究奖（James Willard Hurst Prize in Legal History）①。在这项横跨法学、人类学和历史学等多个学科的庞大研究计划中，梅丽“用一个放大镜来观察‘小地方’，同时用一个广角镜来记录这个‘小地方’所处的大规模过程”，②细致地分析了 19 世纪夏威夷王国移植盎格鲁—美利坚法律的动态过程，及其在一个夏威夷港口社区——希洛镇（Hilo）所引发的社会变迁，探讨法律在殖民过程中发挥的作用。此外，梅丽在该研究中发展了此后被学界称为“历史民族志”（Historical Ethnography）和“档案中的民族志”（Ethnography in the Archives）的研究方法，实现了法律人类学理论与方法的突破。

梅丽为何从自己熟悉的美国当代都市问题，转向远离美国大陆的夏威夷历史研究？梅丽对殖民主义与法律问题的研究与前人有何区别？对殖民历史的研究，为当代法律研究留下了何种遗产？本文立足从学术史的角度回答上述问题，定位该研究在法律人类学学科发展史中的位置。在此基础上，笔者将总结梅丽在研究中提出的“夏威夷两次法律转型”“接触地带”“文化生产”“文化挪用”等关键概念和分析框架，以及梅丽在殖民主义、全球化与法律研究领域取得的

① 詹姆斯·威拉德·赫斯特法律史研究奖：美国法律与社会协会每年颁发的奖项（2002 年以前为每两年颁发一次），奖励前一年出版的英文类社会法律史著作。按照协会规定，社会法律史被广泛地界定为包括法律与社会变革、经济与政治变革的历史，立法、行政、司法机构的职能及其影响的历史，法律职业的历史，以及类似主题。协会鼓励法律史研究，奖励探索法律和社会之间的关系，阐明法律与社会的功能和文化意义。

② 放大镜与广角镜的比喻，分别对应了人类学的小地方与大问题，梅丽强调通过放大镜观察法律转型对夏威夷希洛镇日常生活带来的影响，同时以广角镜观察不同群体在殖民过程中的复杂关系。参见 Sally E. Merry, *Colonizing Hawai'i: The Cultural Power of Law*, Princeton University Press, 2000, p. 9。

理论突破,评价本研究为法律和文化研究、历史人类学研究和美利坚帝国法律史研究做出的卓越贡献,探讨法律人类学研究为中国法治建设知识传统带来的启示。需要说明的是,为了更全面地呈现梅丽自20世纪90年代至21世纪初法律人类学思想的核心成就,本文将以《殖民夏威夷》一书作为评价的核心文献,同时辐射梅丽在这一时期发表的多项成果。

[二] 殖民主义与法律研究的背景

(一)不断深化的问题意识与创新方法

1988年,夏威夷大学社会学教授哈里·鲍尔(Harry Ball)从希洛镇地方法院中抢救出一批即将被销毁、长达60年的法庭记录(Minute Books)①,并将其收藏到夏威夷州府火奴鲁鲁(Honolulu)的州立档案馆(Hawaii State Archives)。在翻阅这些档案以后,梅丽被其细致的描述深深吸引。“通过这些档案,我得以了解希洛镇发生的变化,并对历史进程有所认识,从而理解殖民过程的复杂性。”②

梅丽发现这些近170年前的法庭案件,与自己此前研究的美国大陆新英格兰地区有着密切联系——19世纪上半叶夏威夷王国经历的法律转型,在很大程度上正是美国新英格兰远道而来的捕鲸人、商人、传教士、律师、法官、政府官员和

① 根据夏威夷王国1847年颁布的《组织法案》,地方法院的法官要“以书面形式保留起诉、审判、判决等诉讼程序记录”,这些记录册多以英语或夏威夷语手写而成,包含卷宗及其他庭审记录材料。参见 Sally E. Merry, *Colonizing Hawai'i: The Cultural Power of Law*, Princeton University Press, 2000, p. 8。

② Sally E. Merry, *Colonizing Hawai'i: The Cultural Power of Law*, Princeton University Press, 2000, p. 10.

种植园主们共同作用的结果。梅丽曾在新英格兰地区进行过为期5年的田野调查,并形成了里程碑式的研究成果。①

于是,梅丽很快明确了最初的问题意识——完成一部关于夏威夷殖民历史的民族志,聚焦新英格兰人在把夏威夷社会转变为一个理想化的“新英格兰社会”的过程中想了什么、做了什么。为了完成这个目标,梅丽使用“档案中的民族志”研究方法,按照时间顺序对案件进行分类,并对案件文本进行详细分析,了解法庭受理案件随时间变化的具体模式,描绘夏威夷经济社会转型的细节。② 但是在档案整理过程中,梅丽发现殖民主义的复杂性远超自己的预期:

> 我注意到一个1874年的案件,一名种植园工人因拒绝工作而被定罪并罚款。由于身无分文,他被送到本案一位代理律师自家的种植园工作,以偿还罚款。这种处理方式着实难以理解——司法和经济利益纠缠在一起……这些案件与夏威夷殖民时期的社会、经济和法律变革究竟是什么关系?法

---

① [美]萨利·安格尔·梅丽:《诉讼的话语:生活在美国社会底层人的法律意识》,郭星华、王晓蓓、王平译,北京大学出版社2007年版。

② 梅丽开展档案中的民族志方法具体如下:首先,从法庭记录中筛选出1825—1852年涉及人际关系案件的文本,将案件样本的基本信息制成表格,对案件进行统计分析;其次,把地方法院1853—1903年的所有刑事案件,以10年为一个单位整理成表格,并记录每个样本年的个案情况,总共2325件;再次,将希洛镇巡回法院1905—1985年的所有案件,以同样方式整理成表格,记录个案情况,总共817件;最后,梅丽根据鲍尔的既往研究数据,从中提取1852—1892年希洛巡回法院的案件数据,总共2530件,并统计了来自希洛和周边地区5672件初级法院和巡回法院刑事案件信息。参见 Sally E. Merry, *Ethnography in the Archives*, in June Starr & Mark Goodale, eds., Practicing Ethnography in Law: New Dialogues, Enduring Methods, Palgrave Macmillan, 2002, p. 128-131。

院在多大程度上支持着希洛镇的权力关系结构?①

为了解决这些疑问,有必要对希洛镇的法院、社区和文化背景进行更广泛的民族志研究。为此,梅丽创新“历史民族志”方法,②从案件文本延伸至法庭当事人、律师和法官的种族身份、社会背景,以及该时期夏威夷的社会组织。通过创新研究方法,梅丽发现夏威夷法律转型并非一个经过深思熟虑、平稳连贯的过程,而是一个由各种危急时刻所做选择而构成的、深受“进步”和“文明”等西方意识形态影响的过程:

> 19世纪夏威夷国王和酋长采纳盎格鲁—美利坚法律,并为此大量雇佣外国顾问,被夏威夷平民视为一种背叛。但我们也可以把他们的行为看作是争取主权斗争的一部分——试图用“文明”来购买独立。然而,随着夏威夷王国按照“文明”原则重建法律体系,欧美人必然会进入到司法体系核心。他们受雇为项目提供法律技术知识,最终破坏了夏

① Sally E. Merry, *Colonizing Hawai'i: The Cultural Power of Law*, Princeton University Press, 2000, p. 9.

② 为开展历史民族志,梅丽拜访了位于夏威夷的莱曼纪念博物馆(The Lyman Memorial Museum)、夏威夷大学(University of Hawai'i)、夏威夷教会儿童协会(The Hawaiian Mission Children's Society)、夏威夷糖农协会(The Hawaiian Sugar Planters Association)等机构;美国新英格兰地区马萨诸塞州的美国古文物收藏家协会(American Antiquarian Society)、哈佛大学霍顿图书馆(Houghton Library),以及位于塞勒姆的埃塞克斯/皮博迪博物馆(Essex/Peabody Museum)等机构;在全面搜集档案的基础上,梅丽还通过采访希洛镇的老年居民弥补档案研究不足,以全面了解19世纪中叶夏威夷殖民动态过程。参见 Sally E. Merry, *Colonizing Hawai'i: The Cultural Power of Law*, Princeton University Press, 2000, p. 10。

威夷争取主权独立的基础。①

于是,梅丽提出了一个更为宏大的研究背景:夏威夷传统法律体系是什么样的?盎格鲁—美利坚法律体系是如何进入夏威夷的?新的法律体系为夏威夷带来了哪些变化,产生了何种意外后果?在梅丽看来,这些问题正是理解殖民主义与法律关系的核心。②

不难发现,获得法庭记录后,梅丽并未止步于历史的档案盒中,“这(历史研究)是一种缓慢而零碎的方法,而我则想通过观察现实填补(档案)空白”。③ 作为一名人类学家,梅丽摒弃了档案呈现的连贯性,带着不断深化的问题意识与创新方法,为自己创造出一片学术田野。从 1991 年至 1999 年,她每年都会到夏威夷进行一到两次为期数周到数月的田野调查,采访希洛镇甘蔗种植园工人和当地居民,研究历史上和当代希洛镇居民的日常生活和法律实践。

梅丽将田野延伸至当代夏威夷,还隐含了一个颠覆性的目标——通过分析殖民法及其留给后殖民时代和全球化时代的历史遗产,为全球化与法律研究提供一个修正的视角,帮助我们更好地理解当代法律的本质:

> 我们研究过去,是为了更好地理解那时候人们的想法和假设,以此了解我们身处的现在……通过

① Sally E. Merry, *Colonizing Hawai'i: The Cultural Power of Law*, Princeton University Press, 2000, p. 13.

② Sally E. Merry, *Colonizing Hawai'i: The Cultural Power of Law*, Princeton University Press, 2000, p. 16.

③ Sally E. Merry, *Colonizing Hawai'i: The Cultural Power of Law*, Princeton University Press, 2000, p. 25.

观察这些早期的殖民主义先驱者，可以反思我们如今正生活在什么样的霸权框架之中。对于那些生活在一两个世纪以后的人来说，我们当前具有合法性的意识形态，比如发展、民主、法治、宗教原教旨主义和民族主义，究竟隐藏了什么？①

面对不可多得的研究田野，带着强烈的问题意识，怀揣着对少数群体特有的悲悯之心和人类学文化相对主义立场，梅丽开启了长达十余年的殖民主义与法律研究之旅。

（二）分析视角与研究范式的转向

1. 对“习惯法”概念的批判

梅丽在布兰迪斯大学攻读人类学博士期间，深受曼彻斯特学派结构—功能主义的影响。② 以格拉克曼为代表的曼彻斯特学派在研究非洲殖民地法律时，往往通过强调法律功能的连续性，来证明部落社会也存在一套与西方现代文明社会类似的法律概念与术语体系。③ 正如梅丽所言，“他们（曼彻斯特学派）推动了对法律概念的分析，但却没有考虑法律产生和运作的历史和政治经济背景，也没有考虑殖民统治对法律的影响，以及殖民者与被殖民者在权力结构上的从属关

---

① Sally E. Merry, *Colonizing Hawai'i: The Cultural Power of Law*, Princeton University Press, 2000, p. 29.

② Sally E. Merry, *Pluralizing Paradigms: from Gluckman to Foucault*, Political and Legal Anthropology Review, Vol. 22, p. 115(1999).

③ 参见 Leopold J. Pospisil, *Kapauku Papuans and Their Law*, Yale University, 1958; Johan F. Holleman, *Shona Customary Law: With Reference to Kinship, Marriage, the Family and the Estate*, Manchester University Press, 1969; Max Gluckman, *The Judicial Process among the Barotse of Northern Rhodesia*, Manchester University Press, 1973。

系”。[①] 这种把研究的社会内部或文化内部构成看作共生的、否定外部互动和时间流变的观点,甚至在功能主义时代结束之后,仍有持久影响。

梅丽指出,这种对“习惯法”历史维度视而不见的倾向,反映出法律人类学的一个“暗面”——肇始于摩尔根(Lewis Henry Morgan)时代的人类学进化论学派,在 20 世纪仍有市场:非西方社会落后的根源,并不在于地理与自然资源的差异,也不在于殖民者的剥削和国际体系的不公,而是因为缺乏西方社会所拥有的“文明”“理性”等价值观。[②]

在法律领域,殖民者将“习惯法”视为法律演变的原始阶段,因此,建立西方式的法律秩序,才是殖民地建设现代化国家的根本依循。受此影响,早期法律人类学家对殖民地开展的法律研究,旨在发掘当地“真实”的法律,加之英国在非洲推行间接统治为主的二元法律体系,促使殖民当局大量聘请人类学家搜集“习惯法”判例,并允许其保持灵活性和不成文性,以此帮助殖民政府更好地管理当地土著。[③]

受 20 世纪 80 年代中期兴起的一系列殖民地法律研究成果的影响,梅丽主张习惯法并非前殖民时代的遗产,而是殖民时期的产物——即使这些法律在表面上以传统的行为规范为基础,但实质体现的却是欧洲殖民者对规范的解释,甚至规范体系本身就是按照欧洲法律来定义的,其背后反映的不平等权力关系,理应纳入殖民主义与法律研究的考量范

---

① Sally E. Merry, *From Law and Colonialism to Law and Globalization*, Law and Social Inquiry, Vol. 28:2, p. 572(2003).

② 雷迅马:《作为意识形态的现代化:社会科学与美国对第三世界政策》,中央编译出版社 2003 年版,第 27 页。

③ 刘顺峰:《法律人类学知识传统的建构——格拉克曼对法律概念与术语本体论问题的探究》,载《民族研究》2017 年第 1 期,第 51 页。

围。梅丽进一步指出，被法律人类学家视为传统的“习惯法”，正是殖民控制过程中最重要的工具，同时也是西方“文明进程”的意识形态基石。① 在1992年发表的综述性文献《人类学、法律与跨国进程》中，梅丽梳理了弗朗西斯·斯奈德(Francis Snyder)、莎利·福尔克·穆尔(Sally Falk Moore)、伯纳德·科恩(Bernard Cohn)和布林克利·梅西克(Brinkley Messick)的研究，佐证上述观点。②

2. 将“历史视角”与“跨国进程”引入法律人类学

那么，法律人类学应该如何摆脱殖民主义与法律研究固有的路径依赖？梅丽在夏威夷研究中提出了“历史视角”与“跨国进程视角”，实现了研究视角在“纵向”与“横向”两个维度的转向。

在纵向方面，为了说明将历史视角引入殖民主义与法律研究的重要性，梅丽分别在1988年、1991年和2003年三次为南非法律人类学家马丁·查诺克(Martin Chanock)的著作《法律、习俗和社会秩序：马拉维和赞比亚的殖民经验》③撰写书评。④ 同一个学者为一本著作撰写三次书评，目的不是争论而是推广，这在学术界并不多见，足见梅丽对“历史视角”的重视程度。

---

① Sally E. Merry, *Colonizing Hawai'i: The Cultural Power of Law*, Princeton University Press, 2000, p. 8.

② Sally E. Merry, *Anthropology, Law, and Transnational Processes*, Annual Review of Anthropology, Vol. 21:1, p. 357-379(1992).

③ Martin Chanock, *Law, Custom, and Social Order: The Colonial Experience in Malawi and Zambia*, Cambridge University Press, 1985.

④ Sally E. Merry, *Reviewed Work(s): Law, Custom, and Social Order: The Colonial Experience in Malawi and Zambia*, by Martin Chanock, Association for Political and Legal Anthropology Newsletter, Vol. 11:2, p. 3-5(1988); Sally E. Merry, *Law and Colonialism: Review Essay*, Law and Society Review, Vol. 25:4, p. 889-922(1991); Sally E. Merry, *From Law and Colonialism to Law and Globalization*, Law and Social Inquiry, Vol. 28:2, p. 569-590(2003).

> 查诺克指出,“习惯法”是由非洲政治、基督教传教士法律和英国法律,以及非洲精英为适应不断变化的政治和经济条件而共同塑造的复杂产物……历史视角可以帮助我们更好地理解法律随着时间的推移而不断构建和重建的过程,这既是对殖民地管理者不断变化的殖民目标的回应,也是对非洲不断变化的社会结构的回应……认识到这一点,可以帮助我们理解殖民主义和法律对非洲社会变革产生的影响。①

“历史视角”深受 20 世纪六七十年代,席卷美国“法律与社会运动”的马克思主义的指引。② 这一思潮在 80 年代进一步影响梅丽身处的美国法律与社会协会以及安赫斯特学派(Amherst School),研究者们对法律体系在权力关系中的“共谋”进行反思,并在 20 世纪 80 年代形成批判法学研究(Critical Legal Studies)。③ 在人类学领域,20 世纪 60 年代后兴起的马克思主义人类学,开始把殖民地和后殖民地状况

---

① Sally E. Merry, *Reviewed Work(s): Law, Custom, and Social Order: The Colonial Experience in Malawi and Zambia*, by Martin Chanock, Association for Political and Legal Anthropology Newsletter, Vol. 11:2, p. 4(1988).

② 刘思达:《美国“法律与社会运动”的兴起与批判——兼议中国社科法学的未来走向》,载《交大法学》2016 年第 1 期,第 26-29 页。

③ 参见 Raymond Williams, *Culture and Society*, 1780 - 1950, Columbia University Press, 1983; Sally F. Moore, *Social Facts and Fabrications: "Customary" Law on Kilimanjaro*, 1880-1980, Cambridge University Press, 1986; Sally E. Merry, *Legal Pluralism*, Law and Society Review, Vol. 22, p. 869-896(1988); Laura Nader, *Harmony Ideology: Justice and Control in a Zapotec Mountain Village*, Stanford University Press, 1990。

纳入考察范围,并主张对法律变革的过程进行历史分析。① 受此影响,斯塔尔(June Starr)和科利尔(Jane F. Collier)提出对法律变革的史学研究,并将研究重点放在不平等的权力结构之上。②

在横向方面,梅丽主张在研究殖民地法律现象时,应该将跨国进程视角纳入分析背景。③ 这意味着在观察地方法律时需要考虑以下问题:一是伴随殖民统治而强加的外国法律制度的遗留问题;二是过去的某些自治社会的规则如何延续到新的社会;三是国际条例或宣言的影响;四是舶来的法律程序和整个法规体系对地方社区的影响;五是强调法律在多民族国家中发挥的界定集体身份的关键性象征作用。④

回到殖民主义与法律研究中,梅丽认为,殖民主义本身就是一个大规模的跨国法律进程,正是殖民活动使得文化上截然不同的法律体系并存在一起,带来了"经典法律多元"研究传统。⑤ 殖民法律也为限制殖民者对土地和劳动力更加残酷的剥削提供了抵抗的手段。⑥ 殖民者、传教士、国王、酋长、地方精英、土著居民均在这场"不平等的竞争"中,争夺着法律领域的控制权。

---

① Sherry B. Ortner, *Theory in Anthropology since the Sixties*, Comparative Studies in Society and History, Vol. 26:1, p. 126-166(1984).

② June Starr & Jane F. Collier, *Introduction: Dialogues in Legal Anthropology*, in History and Power in the Study of Law: New Directions in Legal Anthropology, Cornell University Press, 1989.

③ Sally E. Merry, *Anthropology, Law, and Transnational Processes*, Annual Review of Anthropology, Vol. 21, p. 357-377(1992).

④ Sally E. Merry, *Anthropology, Law, and Transnational Processes*, Annual Review of Anthropology, Vol. 21, p. 360-361(1992).

⑤ Sally E. Merry, *Legal Pluralism*, Law and Society Review, Vol. 22, p. 872 (1988).

⑥ Sally E. Merry, *Resistance and the Cultural Power of Law*, Law and Society Review, Vol. 29:1, p. 16(1995).

历史视角与跨国进程视角,为理解法律在殖民进程和社会转型中的中心地位,提供了一种动态的、历史的和互动的全新解释,取代了源自结构—功能主义的"非历史的"研究视角。更重要的是,研究视角纵向与横向的转向,启发梅丽进一步聚焦殖民法对后殖民时代和全球化时代的深远影响,帮助梅丽在完成殖民主义研究以后,进一步将研究主题延伸至 20 世纪 90 年代夏威夷主权运动、人权"地方化"等当代议题,①在后文中,我们将看到梅丽通过拓展对后殖民主义、全球化与法律的思考,全面展示殖民过程的复杂性。

3. 克服后殖民主义研究领域固有的二元特征

20 世纪 70 年代,作为有着强烈的政治意图和现实干预力的后殖民主义思潮风靡西方学界,并对文化研究造成极大冲击。② 但在梅丽看来,后殖民主义研究中对殖民地和后殖民地、殖民者和被殖民者的二元分类,恰恰重塑了后殖民主义试图破除的二元对立——把后殖民时代视为殖民时代的终结。③ 梅丽称,殖民主义的模式和实践,一直延续到了我们身处的后殖民时代和全球化时代,她希望通过详细分析殖民过程,为该领域固有的二元特征提供一个修正视角。④

事实上,已经有学者关注到了殖民地精英的共谋和被殖

① See Sally E. Merry, *Legal Vernacularization and Ka Ho'okolokolonui Kanaka Maoli, the People's International Tribunal, Hawai'i* 1993, Political and Legal Anthropology Review, Vol. 19, p. 67-82(1996); Sally E. Merry, *Human Rights and Gender Violence: Translating International Law into Local Justice*, University of Chicago Press, 2006.

② 生安锋:《后理论时代的后殖民诗学》,载《学术月刊》2022 年第 4 期,第 155 页。

③ Sally E. Merry, *Anthropology, Law, and Transnational Processes*, Annual Review of Anthropology, Vol. 21, p. 358(1992).

④ Sally E. Merry, *Colonizing Hawai'i: The Cultural Power of Law*, Princeton University Press, 2000, p. 15.

民者的抵抗行为。例如,霍米·巴巴(Homi Bhabha)对被殖民群体进行的复杂分析表明,殖民地精英对欧洲人的模仿是"一个对被改造、被认可的'他者'形象的渴望"。① 附属群体研究(Subaltern Studies Group)则将农民抵抗运动解释为具有政治意义的行动。詹姆斯·斯科特(James Scott)对东南亚农民的分析表明,即使被迫顺从殖民法律要求,农民仍会对殖民制度作出抵抗。② 巴巴和斯科特的分析,为梅丽理解19世纪夏威夷王国移植盎格鲁—美利坚法律体系打下了基础。

在梅丽看来,夏威夷精英对新法的移植和部分平民对新法的接受,皆反映了被殖民地对"文明"和基督教意识形态的渴望——显然,外部政治、经济和军事压力要求夏威夷改变传统法律制度,但文明的"外衣"同样具有致命的吸引力。③ 虽然也有许多人反对将外国人引入夏威夷政府,但是即便对于那些支持移植英美法律的人来说,也无法清楚地预测到转型所带来的意外后果。可以说,梅丽发展出了一套独特的社会转型理论,该理论在承认主体理解复杂社会转型所具有的能动性的同时,突出了主体的局限性和转型后果的不确定性。

综上,在夏威夷殖民主义与法律研究中,梅丽克服该领域固有二元特征的努力可以总结为以下几个方面:一是主张殖民地社会的重大转型,往往发生在正式的殖民吞并之前;

① Bhabha Homi, *Of Mimicry and Man*: *The Ambivalence of Colonial Discourse*, Tensions of Empire: Colonial Cultures in a Bourgeois World, University of California Press, 1997, p. 152-162.

② [美]詹姆斯·C.斯科特:《农民的道义经济学:东南亚的反叛与生存》,程立显、刘建等译,译林出版社2001年版。

③ Sally E. Merry, *Colonizing Hawai'i*: *The Cultural Power of Law*, Princeton University Press, 2000, p. 88.

二是提出社会转型具有不确定性、偶然性和意外后果;三是主张被殖民者并非完全被动接受西方法律,而是怀着改革和维持主权的目标,以不同程度的共谋、模仿、挪用、抵抗和迁就,来回应殖民计划,因此,其立场是含混不清甚至是自相矛盾的;四是指出殖民主义和法律制度的影响,在全球化时代仍有持久性。① 梅丽摒弃殖民主义与后殖民主义研究领域固有的二元特征,意在更好地理解殖民过程的复杂性及其影响。

[三] 夏威夷殖民主义与法律研究的理论创新

在理论框架上,受前述分析视角与研究范式转向的影响,梅丽在关注权力结构的基础上,对夏威夷王国经历的两次法律转型进行历史分析,并将研究视角拓展至"法律和文化"研究领域。

(一)"文化生产"与"文化挪用"分析框架

1. 对传统"文化"概念固有缺陷的质疑

作为人类学安身立命之本,构建"文化"概念并描述其定义,是人类学家的必修课。法律人类学亦如此,对"文化"的理解成为影响研究结论和分析结果的重要因素。② 在梅丽看来,对"文化"的传统理解,作为在 19 世纪和 20 世纪早期帝国主义背景下行之有效的概念,已经无法适应当下的学术需求。

19 世纪末,美国现代人类学开创者弗朗兹 · 博厄斯

---

① Sally E. Merry, *Colonizing Hawai'i: The Cultural Power of Law*, Princeton University Press, 2000, p. 265.

② 刘作翔:《从文化概念到法律文化概念——"法律文化":一个新文化概念的取得及其"合法性"》,载《法律科学》1998 年第 2 期。

(Franz Boas)为了向"充满偏见的帝国主义读者",解释不同地区的人民在思维和行为方式上的固有差异,故而将德国的"文化"概念引入美国人类学界,使"文化"成为一个由社会集体共同持有的价值体系,一种宣示民族独特性和优越性的方式。这一概念在根源上同时包含了边界性、系统性、连贯性、共享性等特征。梅丽指出,这一概念已经无法适应对边界模糊的殖民主义、后殖民主义和全球化的分析。随着对国家、文化、民族和身份边界不确定性的认识不断加深,经典文化概念中包含的这些特征日益受到挑战。①

梅丽笔下 19 世纪的夏威夷,是一个由夏威夷国王、酋长、平民、英美船员、亚欧移民劳工、美国基督教传教士、英美商人,以及来自世界各地淘金者带来的多元文化构成的复杂区域,"它看似处于欧美列强的边缘地带,但事实上,这一时期的火奴鲁鲁甚至比美国新英格兰地区的乡村更像一个文化的'国际十字路口'"。② 因此,要理解这个多元文化社会的历史变迁情况,必须衍生出新的文化概念,这个概念要同时包含主体的能动性和复杂的权力结构,并强调文化形式在变迁过程中的流动性及其与法律实践之间的关系,即一种包含历史视角和跨国进程视角的文化概念。

2. "文化生产""文化挪用"与两次法律转型

正当梅丽彷徨于文化概念迷宫而找不到出口时,比较文学家露易丝·普拉特(Louise Pratt)的研究启发了梅丽。普拉特借用语言学中的"接触"创造出"接触地带"(contact

---

① Sally E. Merry, *Colonizing Hawai'i: The Cultural Power of Law*, Princeton University Press, 2000, p. 113.

② Sally E. Merry, *Colonizing Hawai'i: The Cultural Power of Law*, Princeton University Press, 2000, p. 259.

zone)概念,用以指称迥然不同的文化彼此遭遇、冲突、斗争的空间——一个在地理和历史意义上分割的人们,彼此接触并建立不间断关系的空间。普拉特强调该空间内主体之间的关系,往往是不平等的支配与从属关系,通常涉及高压政治、种族不平等以及冲突等情况。① 此外,普拉特借用人类学的"文化互化"(transculturation)概念,阐释被殖民者运用殖民工具来制造文化的过程。② 不难发现,在接触地带发生的文化互化既有策略性的应对,也有因地制宜的移植,更有创造性的转化与反叛。

受上述概念启发,梅丽在研究中放弃了传统的"文化"概念,转而提出"文化生产"(cultural production)和"文化挪用"(cultural appropriation)分析框架。在梅丽的语境下,"文化生产"指从生活文化宝库或已经公开的话语领域中提取的既有文化要素;"文化挪用"则意味着根据当地意义和实践,采纳外来文化产品的过程。

在殖民主义与法律研究中,文化挪用是一个更为重要的概念,它强调了被支配群体对支配群体文化的移植与再定义。梅丽强调,文化挪用还可以是一种抵抗的形式,因为它意味着采用一种现成的外来文化形式,并以不同的意义或实践"重现"(replay)这种文化形式,因此文化挪用会产生过度和差异,即"以不同的调子或速度'重新演奏',使其与原有的文化形式产生天壤之别"。③ 在夏威夷殖民历史中,文化

① [美]玛丽·路易斯·普拉特:《帝国之眼:旅行书写与文化互化》,方杰、方宸译,译林出版社2017年版,第3-5页。

② [美]玛丽·路易斯·普拉特:《帝国之眼:旅行书写与文化互化》,方杰、方宸译,译林出版社2017年版,第9-10页。

③ Sally E. Merry, *Colonizing Hawai'i: The Cultural Power of Law*, Princeton University Press, 2000, p. 30.

生产和文化挪用的核心行为,是改信基督教、移植盎格鲁—美利坚法律和组建新政府。新法律体系自身固有的文化力量,则会带来深刻的社会变革,产生改革者意想不到的意外后果。因此,夏威夷殖民法律正是“文化作为再创造组合的完美比喻”。①

在《殖民夏威夷》一书中,梅丽将夏威夷王国移植盎格鲁—美利坚法律体系的复杂历史概括为两次法律转型(详见表1),1820年至1852年,夏威夷王国的法律体系,从以库神(Akua)神权为基础的夏威夷传统法律,转变为以人民主权为基础的世俗法律体系。在每一次转型中,推动转型的潜在文化逻辑都具有相似性,促使夏威夷国王、酋长主动移植新法,但法律固有的文化力量,却将改革者和夏威夷王国推到了意想不到的方向。

表1 夏威夷王国两次法律转型的基本情况

第一次转型	第二次转型
时间	
约1820年到1844年	约1845年到1852年
本土推动者	
夏威夷国王、酋长	夏威夷国王、酋长
本土推动者的目的	
1. 相信法律可以更好地控制港口城镇中不守规矩的外国水手和外国居民; 2. 渴望被欧美国家承认为“文明”的主权国家,对抗帝国主义列强、维持主权	试图维持对国家权力的控制

① Sally E. Merry, *Colonizing Hawai'i: The Cultural Power of Law*, Princeton University Press, 2000, p. 120.

续表

第一次转型	第二次转型
外来推动者	
美国新英格兰地区的传教士、法官和律师	传教士后裔、在夏威夷政府和司法机构任职的美国人
外来推动者的目的	
通过颁布新法塑造符合基督教伦理的社会关系和高度自治的公民	早期意在增强土著的独立性和自尊;后期意在对土著进行监管和治理,以满足种植园经济发展的需求
知识来源	
新教—基督教法律秩序	盎格鲁—美利坚世俗法律秩序
变革的主要特征	
从以库神神权为基础的夏威夷传统法律体系(卡普制度),向以耶和华神权为基础的新教—基督教法律体系转型	从以神权为基础的新教—基督教法律体系,向以人民主权为基础的盎格鲁—美利坚世俗法律体系转型
颁布的新法律	
1. 1827 年:颁布治理通奸和卖淫的法律,建立单一的婚姻模式,禁止婚外性行为; 2. 1839 年:颁布《权利宣言》; 3. 1840—1842 年:颁布夏威夷《宪法》	1. 1845—1848 年:颁布政府、行政司和司法部三部组织法。 2. 1850 年:允许平民申请土地永久所有权;允许外国人买卖土地。 3. 1845 年:颁布《婚姻契约法》重新定义夫妻关系,增加妇女对丈夫的依附义务。 4. 1850 年:颁布《主仆法案》明确种植园劳动合同制度。 5. 1850 年:开放港口、征收现金税。 6. 1850 年:颁布《刑法典》。 7. 1852 年:修改《宪法》明确排除适用夏威夷习惯法
带来的法律、经济与社会变革	
1. 从不成文法转变为成文法。 2. 形成一套不同于传统卡普制度的关于纪律和矫正的思想。	1. 对夏威夷各个群体与外国人之间的权力分配产生影响。 2. 导致夏威夷土地大量转让给外

续表

第一次转型	第二次转型
3. 定罪和惩罚模式从私下转变为公开审判和绞刑。 4. 惩罚观念:夏威夷传统法律没有通过监狱或惩罚来矫正犯罪的制度,君主偶尔对违反禁令的行为进行压制性干预。与之相反,新教—基督教法律秩序强调日常生活中的自我管理、自我责任,以及在纪律、文明、宗教、法律和各个领域的自我约束	国人,土著平民拥有的土地仅占总面积的1%。 3. 妇女被限制在核心家庭的私人领域,被剥夺众多社会权利。 4. 为市场不平等关系提供了契约基础。 5. 大量引进亚欧移民劳工,夏威夷土著占人口比例迅速降低
法律转型产生的意外后果	
1. 直至19世纪30年代,土著仍然无法按照新教—基督教法律秩序实现婚姻、家庭和性行为模式的彻底转变,学校出勤率极低。 2. 法官和传教士转而对土著采取排斥和惩罚的做法。土著常因为性行为不端而被逐出教会,夏威夷监狱里的土著囚犯数量不断增加,违法行为却屡禁不止。 3. 欧美人开始将夏威夷土著视为无法自治的种族,治理理念从将夏威夷土著提升到"自治状态",转变为建立白人男性对夏威夷土著的治理制度	1. 权力从国王和酋长向以白人为主的立法机构转移,为殖民扩张奠定了制度基础。 2. 夏威夷进一步开放港口,允许传教士和外国商品入夏;外国居民享有特权,对欧洲公民的诉讼,必须由其同胞组成的陪审团进行审判。 3. 土地大量转让给外国人。 4. 彻底改变了夏威夷社会的性别关系。 5. 由于农民难以获得现金来缴纳税款,导致大规模人口流动。 6. 土著人口迅速下降

注:根据《殖民夏威夷:法律的文化力量》(2000)整理。

不难发现,夏威夷的两次法律转型是在接触地带不断变化的条件下所做选择的最终产物。在这一过程中,法律充当了殖民者改造被殖民社会文化的重要工具,并带来一系列意外后果。文化生产和文化挪用概念所包含能动性和权力结构,将文化定义为有争议、历史性的变化,为梅丽探讨法律的文化力量如何在变化的社会领域中产生、适用和重新定义,提供了重要的分析框架。

(二)法律的文化力量

1."法律文化力量"的三种表现

借由文化生产和文化挪用,梅丽在承认政治和经济力量对于社会转型重要作用的基础之上,提出了"文化意义是历史变迁的核心"这一重要命题。① 在梅丽看来,意义体系对于理解社会转型具有重要作用。在殖民地这类相互竞争的文化逻辑共存的"接触地带"尤其如此。因此,对意义体系的理解,可以帮助我们更好地解释群体和个体的行为。

梅丽强调,移植法律文本只是更广泛的社会变革的初始阶段,更为深刻的变革则源于新的法律体系带来的文化力量。社会变革过程往往伴随着新的规则体系的诞生,在这个过程中,国家力量施加在普通人身上,促使法律监视和矫正的对象进一步掌握遵守或逃避法律制裁的方法。法律在定义意义和关系方面起着至关重要的文化作用,正是在国家权力和暴力的背景下才能发挥这种"文化力量"。因此,法律的文化力量是双向的:它既取决于直接施加的制裁,也取决于在权威背景下产生的新的文化意义。②

为了更好地解释"法律的文化力量",梅丽将其划分为三类——通过"作为文本的法律"、"法律的表演"和"法律的暴力"来改变社会:作为文本的法律将关系和行为规定为合法或犯罪;当新法律被法官和律师适用于特定情况时,它们就在法庭上创造了法律的表演,以此阐明一种新的规范秩序、身份和义务体系;当法院宣判一些人有罪而另一些人无罪时,新的身份认同

---

① Sally E. Merry, *Colonizing Hawai'i: The Cultural Power of Law*, Princeton University Press, 2000, p. 259.

② Sally E. Merry, *Colonizing Hawai'i: The Cultural Power of Law*, Princeton University Press, 2000, p. 29.

就会得到法律暴力的支持。① 因此,对某种身份的建构和对另一种身份的消解,正是法律发挥文化力量的基本表现,这一过程以种族、阶级和性别来界定身份,并产生了一种关于某些群体"极其危险"或"需要被控制"的社会知识。

法律的文化力量会将社会变革带向改革者意想不到的方向。夏威夷的殖民历史表明,吸纳西方法律的决定取决于相同的文化逻辑。然而,历史变革进程并非线性,而是渐进和不确定的,新的法律制度一经采用,就会自行发挥文化力量:

> 那些试图帮助夏威夷王国保住国家主权的传教士和律师们,建立了高度依赖外国人的法律体系和政府机构,这些机构最终成为剥夺平民权利的帮凶,使其成为失地的雇佣劳工……传教士秉持平等主义的信仰,使其拒绝(像英国那样)在夏威夷建立二元法律制度……但也加快了夏威夷传统法律的消亡……"文明化进程"虽然暂时保住了夏威夷王国的主权,允许其在列强环伺的世界中享有"独立"地位,但它也要求土著彻底改变对工作、家庭、性和身体的管理方式。②

不难发现,正是法律的文化力量将社会变革的轨迹引向推动变革者意想不到甚至不愿意看到的方向。

2. "通过法律进行抵抗"的三种方式

如果思考止步于此,夏威夷土著作为被动接受法律变革的对象,只能依照法律要求改变其文化意义系统,那么,法律无疑

① Sally E. Merry, *Colonizing Hawai'i: The Cultural Power of Law*, Princeton University Press, 2000, p. 263.

② Sally E. Merry, *Colonizing Hawai'i: The Cultural Power of Law*, Princeton University Press, 2000, p. 262.

将成为、并只能成为殖民统治的"工具"。若如此,法律的进步性岂非一个神话?对此,梅丽不禁发问:"在这个被民族主义、种族主义、经济争端和环境危机撕裂的世界里,法律有没有可能帮助边缘群体解放,并扩大边缘群体的尊严?"①

为了进一步推进关于法律文化力量的讨论,梅丽将研究视角转向土著居民的"抵抗"行为。诚如梅丽所言,尽管法律代表了统治集团的利益,但法律同时也是一个基于权利和平等理念的意义创造体系,为从属群体提供抵抗的语言和场所。梅丽的这一认识,源于她在法律意识与诉讼话语研究中的发现——法律的语言和类别会被当事人和社会运动调用,甚至在当事人没有赢得诉讼的情况下,也会产生强大的力量。② 因此,在 1994 年美国法律与社会协会年会上,作为时任协会主席的梅丽在致辞中主张,应该进一步扩大有关抵抗的研究范围,并将法律文化力量的形成和重构过程纳入研究视野。③

既有研究从将抵抗理解为农民起义等有意识的共谋行为④,转变为拖延、破坏、颠覆性的歌曲和聊天等易被忽视的行为⑤,再到诉讼话语对法庭上的人际关系问题的定义⑥,理论的转向促成了新的权力观的诞生。这种权力观是在社会关系、话语和法律制度中产生的。斯科特是这一理论转向的集大成者,

---

① Sally E. Merry, *Resistance and the Cultural Power of Law*, Law and Society Review, Vol. 29, p. 11(1995).

② [美]萨利·安格尔·梅丽:《诉讼的话语:生活在美国社会底层人的法律意识》,郭星华、王晓蓓、王平译,北京大学出版社 2007 年版,第 178–182 页。

③ Sally E. Merry, *Resistance and the Cultural Power of Law*, Law and Society Review, Vol. 29, p. 11(1995).

④ [美]詹姆斯·C. 斯科特:《农民的道义经济学:东南亚的反叛与生存》,程立显、刘建等译,译林出版社 2001 年版。

⑤ 参见[美]詹姆斯·C. 斯科特:《弱者的武器:农民反抗的日常形式》,郑广怀、张敏、何江穗译,译林出版社 2011 年版;[美]詹姆斯·C. 斯科特:《支配与抵抗艺术:潜隐剧本》,王佳鹏译,南京大学出版社 2021 年版。

⑥ [美]萨利·安格尔·梅丽:《诉讼的话语:生活在美国社会底层人的法律意识》,郭星华、王晓蓓、王平译,北京大学出版社 2007 年版。

他认为这些行为挑战了权力的微观控制并带来了尊严。① 斯科特提出的微观抵抗,与福柯的微观权力不谋而合,后者强调权力注入了每一个微小的行动。②

夏威夷从属群体通过法律的抵抗行为具体有哪些表现?依循斯科特和福柯的指引,梅丽指出,法律以解放(emancipatory)的方式重新定义了社会文化,以此增强从属群体的权力。为了更好地阐释这个观点,梅丽运用三个当代民族志个案——对法律的抵抗(resistance within law)、以法律为手段的抵抗(resistance by means of law)和通过法律的抵抗(resistance through law)③,从个体叙事和社会运动等角度,分析从属群体如何利用法律产生的新的文化力量,以此调整不平等的权力关系(详见表2)。

表2 通过法律进行抵抗的三种方式

方式	目的	个案	梅丽对个案的解释
对法律的抵抗	重新定义民族身份	1945年,居住在夏威夷希洛镇的菲律宾裔移民劳工萨尔瓦多,因与一名16岁以下的女孩发生性关系被逮捕。法官表示如果他同意对自己手上的一个开放性穿刺进行治疗,法院将判缓刑。萨尔瓦多拒绝了法庭提出的要求,最终因强奸罪被判处10年监禁	穿刺与萨尔瓦多的菲律宾天主教信仰以及民族主义宗教组织菲律宾美洲联合会(The Filipino Federation of America)的成员身份有关。萨尔瓦多拒绝治疗,可以被解释为对夏威夷甘蔗种植园经济中的种族等级制度的抵抗。这是一个宗教人士在种植园中寻求文化意义的方式

① [美]詹姆斯·C.斯科特:《支配与抵抗艺术:潜隐剧本》,王佳鹏译,南京大学出版社2021年版。

② [法]米歇尔·福柯:《规训与惩罚:监狱的诞生》,刘北成、杨远婴译,生活·读书·新知三联书店2012年版。

③ Sally E. Merry, *Resistance and the Cultural Power of Law*, Law and Society Review, Vol. 29, p. 16-23(1995).

续表

方式	目的	个案	梅丽对个案的解释
以法律为手段的抵抗	重新定义性别身份	庭审记录表明,在 19 世纪 50 年代创建美国式法院之初,希洛镇地方法院受理的家庭暴力案件数量较少。但到 20 世纪 80 年代,一场政治力量强大的女权运动,导致立法、司法、警察和庇护所政策发生重大变化,家庭暴力案件诉至法院的情况剧增	女权倡导者依靠法律的文化力量,引入关于两性权利和身份的新文化观念。通过参加法庭听证会,当地居民掌握了新的法律话语,诸如情感虐待、经济虐待、恐吓等法言法语,成为人们谈论日常人际关系的重要内容
通过法律的抵抗	重新定义土著身份	1993 年,夏威夷主权运动成员召集土著人民国际法庭(Ka Ho'okolokolonui Kanaka Maoli),对历史上美国的殖民吞并行为提起诉讼,该法庭在形式上利用了法律的合法性及其文化力量。但是,在庭审过程中,检察官和法官不断将法律从国家法背景中抽离出来,并与一个更加全球化的正义概念(国际人权体系)相联系,重新定义法律	由于缺乏国家强制力的支持,土著人民国际法庭强调法律的文化生产能力,而非直接行使制裁。因此,这不仅是一次利用法律的文化力量对殖民主义的抵抗,而且是对国家法作为唯一的法律渊源的抵抗

注:根据《抵抗与法律的文化力量》(1995)整理。

梅丽认为,对“抵抗”的研究,有助于理解法律在惯习、日常生活、社会运动和社会转型中产生的文化力量。而人类学对日常生活和微观权力的关注,使得民族志在此类研究中大有可为。在夏威夷殖民历史中,我们可以看到法律为土著提供了“抵抗”的文化形式和文化意识:首先,法律在一定程度上限制了市场对个人和社区的影响;①其次,法律话语为质疑土著居民的从属地

① 例如,夏威夷种植园移民劳工抵抗事件表明,法律对种植园主的约束一定程度上取决于工人的文化水平、掌握法律知识和技术的情况等。参见 Sally E. Merry, *Colonizing Hawai'i: The Cultural Power of Law*, Princeton University Press, 2000, p. 209。

位提供了舞台;①最后,法律还启发、建构了一个以抵抗法律本身为目的的"非法领域"(a sphere of illegality),在这个领域中存在诸如酗酒、赌博和暴力等不被新法认可的行为。② 这些活动成为夏威夷土著在一个纪律严明、被严重异化的世界中,恢复自我认同的手段。不难发现,法律既包含了抵抗,也提供了抵抗发生的条件,法律本身还会成为异见者挑战社会秩序的根本阵地。

至此,梅丽发展出了一套解析法律和文化关系的创新理论——法律不仅是统治集团的控制工具,也不仅是从属群体的抵抗武器,而是一个权力相互交织的场所。这个场所由法律文本、法律实践和行动者共同定义,供那些能够将法律用于实现其目的之人使用。

(三)后殖民主义、全球化与法律

1. 殖民主义与法律研究的四个洞见

我们为什么要在21世纪回顾百余年前夏威夷法律转型的历史?或者说,夏威夷这段尘封已久的历史,为当下的法律研究留下了何种遗产?对此,梅丽主张:"我们研究过去,是为了帮助我们反思今天身处的霸权框架。我做这项研究,就是要用(夏威夷的)这段历史来审问现在,挑战现在看来不容置疑的改革观念。"③

在梅丽看来,殖民主义的模式和实践,一直延续到了我们身

---

① 例如,移民劳工利用法律来质疑工作条件,男人利用通奸法来牵制妻子、获得赔偿,遭受家庭暴力的妇女将丈夫的行为视为犯罪。参见 Sally E. Merry, *Colonizing Hawai'i: The Cultural Power of Law*, Princeton University Press, 2000, p. 223。

② Sally E. Merry, *Resistance and the Cultural Power of Law*, Law and Society Review, Vol. 29, p. 23(1995).

③ Sally E. Merry, *Colonizing Hawai'i: The Cultural Power of Law*, Princeton University Press, 2000, p. 26.

处的后殖民时代和全球化时代。在系统梳理相关研究后,梅丽总结出晚近殖民主义与法律研究的四个洞见:一是对殖民地法律完全源于殖民者强加的观点提出挑战;二是提出习惯法并非殖民者所想象的原始的、一成不变的历史残留物,而是殖民当局与殖民地各个群体互动的产物;三是殖民时期法律的控制范围从土地和劳动,扩展到了婚姻家庭、性、服饰、饮酒、共同体生活等;四是法律在殖民过程中同时成为控制模式和抵制武器。①

对这些洞见的细致分析可以发现,殖民时期和帝国时期依靠种族和进化论框架开展的群体间排斥,在进入全球化时代以后,因"民主""法治"等话语的广泛传播而被逐渐抛弃,但以文化和传统为名的微妙排斥却依然存在。在全球化过程中,法律移植背后隐含的依然是"中心"与"他者"之分。② 在当代法治话语中,亚非拉美国家的人民往往被描述为深陷"传统文化"泥潭、无法改变自己命运的落后民族。但在梅丽看来许多被视为"传统文化"的陋习,实际上正是全球经济和政治秩序,及其日益加剧的权力结构不平等的产物。对贫穷和苦难的传统解释,掩盖了这些问题背后的权力不平等。

2. 全球化与法律研究的两个启示

如梅丽所述,"法律恰恰处于理解殖民主义和全球化这两种方法的交汇口"③,全球化时代与殖民时代一样,正在经历一个法律思想、制度和技术在世界各地广泛移植的进程。尽管当

① [美]萨利·安格尔·梅丽:《殖民法与后殖民法》,载《布莱克维尔法律与社会指南》,[美]奥斯汀·萨拉特编,高鸿钧等译,北京大学出版社2011年版,第621-623页。

② [美]萨利·安格尔·梅丽:《殖民法与后殖民法》,载《布莱克维尔法律与社会指南》,[美]奥斯汀·萨拉特编,高鸿钧等译,北京大学出版社2011年版,第631页。

③ Sally E. Merry, *Colonizing Hawai'i: The Cultural Power of Law*, Princeton University Press, 2000, p. 17.

前的法律移植运动根植于国家主权之中,但在实践上,却与殖民时代的法律移植有着诸多相似之处。① 在梅丽看来,殖民主义与法律研究,至少可以产生两个关于全球化和法律研究的重要启示:

第一,全球化时代的多元法律体系,反映了形塑它们的权力结构。国际法及其形成的全球秩序,形成于当代不平等的全球体系,它反映了发达国家和发展中国家之间、富国和穷国之间不平等的权力关系。例如,联合国建立在一套源自欧洲经验的国家标准之上,该系统保持了欧洲机构的殖民统治地位,并排除了许多非国家团体的参与。② 再如,现代国家主权的合法性,依赖于对最低限度国际人权原则的遵守,但美国等强势国家则公开拒绝签署大部分人权公约,却极少面临国际法压力。③

第二,引进新的法律制度和规则体系,往往会引发与其支持者预期大相径庭的意外后果。盎格鲁—美利坚法律体系以惊人的速度打破了夏威夷王国原有的社会等级制度、婚姻形式和日常生活,最终,原本旨在维护王国主权的两次法律转型,却为1898年的殖民吞并播下了种子。同样,当今世界各国纷纷采取的诸如司法独立等法律改革措施,可能也会经历意想不到的意外后果。例如,伊夫·德扎莱(Yves Dezalay)和布莱恩特·加思(Bryant Garth)对拉丁美洲四个国家的政府、智库、律所、经济机构影响力网络的研究,揭示了美国向拉美国家输出的新自由主义经济和国际人权法等专业知识和理念,如何深刻改变拉美

① Sally E. Merry, *From Law and Colonialism to Law and Globalization*, Law and Social Inquiry, Vol. 28:2, p. 569-590(2003).

② Dianne Otto, *Subalternity and International Law: The Problems of Global Community and the Incommensurability of Difference*, Social and Legal Studies, Vol. 5, p. 337-364(1996).

③ Michael Ignatieff, *Human Rights as Politics and Idolatry*, Princeton University Press, 2011.

的国家制度和意识形态。①

在梅丽的理论框架中,新的国际法律秩序在意识形态上仍是帝国秩序的延伸,法律移植及其适应发生在全球范围内根深蒂固的不平等权力当中。面对殖民主义为全球化留下的"遗产",梅丽发出的警告振聋发聩:"到处弥散的法律多元主义和根植于殖民时代充满种族主义色彩的排斥观念,对法律体系产生着持久的影响……当代法律技术和理念深受这些法律体系互动的形塑。"②

[四] 对夏威夷殖民主义与法律研究的评述

(一)对法律和文化研究的贡献

法律和文化研究曾让法律人类学陷入长期争论。③ 关于法律、文化和殖民主义的交叉研究,则大多处于"两极之间"——"法律要么被理解为治理、征服或剥夺的工具,要么被视为颠覆、解放或重新占有的武器",④显示出法律和文化研究所面临的理论枯竭窘境。

约翰·科马罗夫(John L. Comaroff)总结道,除了提供多样化的民族志资料外,法律人类学还可以从四个方面,继续深化法

---

① Yves Dezalay & Bryant G. Garth, *The Internationalization of Palace Wars: Lawyers, Economists and the Contest to Transform Latin American States*, University of Chicago Press, 2010.

② [美]萨利·安格尔·梅丽:《殖民法与后殖民法》,载《布莱克维尔法律与社会指南》,[美]奥斯汀·萨拉特编,高鸿钧等译,北京大学出版社2011年版,第631页。

③ 张晓辉:《法律人类学的理论与方法》,北京大学出版社2019年版,第248-265页。

④ John L. Comaroff, *Colonialism, Culture, and the Law: A Foreword*, Law and Social Inquiry, Vol. 26, p. 307(2001).

律、文化和殖民主义研究：一是解释殖民地法律的参照框架；二是分析法律构成殖民主义的方式；三是描述殖民者利用殖民地作为社会实验基地，形成治理方式和监管模式的具体过程；四是分析不同类型的殖民者，在法律空间内协商形成的矛盾和复杂的关系。①

梅丽以夏威夷殖民研究印证了上述建议的有效性。夏威夷殖民历史生动地展现了法律如何在夏威夷文化和美国文化这个“跨国剧场”中发挥文化力量，并将其构建成为一个文化的“接触地带”。夏威夷土著抵抗法律的故事，则让我们得以洞悉另一个法律和文化的剧场，这是一个“通过法律进行抵抗”的文化剧场，与“法律的文化力量”复杂地交织在一起。②

尽管“法律”和“文化”的因果关系难以捉摸，但透过梅丽的研究不难发现，历史研究可以为思考该问题提供另一种视角。历史研究的优势之一是可以厘清法律随时间推移对日常生活的干预，及其与日常生活所嵌入的政治、经济和社会背景的关系。在夏威夷殖民历史研究中，梅丽发现，法律在不同时期以不同方式被动员起来：虽然法律是控制新移民的一种手段，但移民的身份也会随着法律发生变化——对“危险群体”的文化定义塑造了新的起诉模式，而这些群体的日常生活，如散漫的工作方式、吸食鸦片和赌博等，则被法律定义为亟须干预的行为。

梅丽以夏威夷殖民研究阐明，法律和文化是权力关系体系的两个部分，不能单纯地将法律视为统治集团的治理工具，或从属群体的抵抗武器——法律是一个权力相互交织的场所。因

① John L. Comaroff, *Colonialism, Culture, and the Law: A Foreword*, Law and Social Inquiry, Vol. 26, p. 309-311(2001).

② Bill Maurer, *The Cultural Power of Law?*, Conjunctive Readings, Law and Society Review, Vol. 38, p. 845(2004).

此,法律在定义意义和关系方面起着至关重要的文化作用,法律的文化力量既取决于直接施加的制裁,也取决于权威背景下产生的新的文化意义。梅丽强调,尽管法律的规则、制度和实践是在文化的基础之上形成的,但由于法律有国家权力作为后盾,因此,法律和文化并非两个平等的实体,二者在获取权力方面呈现高度的不平等性。

(二)创新研究方法对历史人类学的贡献

长期以来,人类学一直试图与历史学建立更紧密的联系。在美国,这种努力至少可以追溯到20世纪60年代阿尔弗雷德·克罗伯(Alfred Kroeber)的一系列著作。① 自70年代以来,后现代主义思潮使人类学和历史学共同面临“表述危机”,从客观上促成了两个学科的深度连接,并逐渐形成历史人类学。随着八九十年代美国学术界对殖民主义研究兴趣的激增,科恩和科马罗夫夫妇(Jean & John Comaroff)对殖民主义历史进行了极具影响力的阐述,引导更多人类学家进入历史研究。② 梅丽正是在这样的背景下发展了历史民族志和档案中的民族志研究方法。

科恩认为,历史学和人类学之间的根本区别,在于两门学科与其研究材料建立联系的方式:

> 笼统地说,历史研究基于寻找数据;人类学研究则基于“创造”数据……如果缺乏数据来源,那么无论历史学家有多么好的研究计划,或者在这个问题上经过了多么缜密的思考,他都无法开展研究……人类学家

① Alfred L. Kroeber, *An Anthropologist Looks at History*, University of California Press, 1966.

② See Bernard S. Cohn, *An Anthropologist among the Historians and Other Essays*, Oxford University Press, 1990; John L. Comaroff & Jean Comaroff, *Ethnography and the Historical Imagination*, Westview Press, 1992.

> 则不同,他们先对一个问题产生兴趣(不管是描述性的还是理论性的),正是这个问题决定了他们需要什么类型的材料来开展研究。①

按照科恩的观点,历史学与人类学的学科实践和研究风格的差异,实际上是一种对研究资料的有限性与无限性的学科想象。这种学科差异带来的互补性,可以帮助我们更好地理解梅丽创新的民族志方法,对于填补传统历史研究"空白"所具有的巨大潜力。在梅丽看来,唯有将法庭记录等档案,放置到文本嵌入的政治、经济、文化和社会历史背景中,才能更好地理解档案中的法律实践。

在研究过程中,梅丽在翻阅、分析希洛镇法庭记录的基础上,依靠广泛的档案材料深入了解19世纪和20世纪初希洛镇的日常生活,从法律文本、私人信件、日记、地方报纸和未出版的文件中,了解不同族群成员所共享的复杂多样的社会网络。在全面搜集档案后,梅丽还通过采访希洛镇的当代居民,弥补档案研究的不足。作为一个在此之前多以传统民族志方法开展研究的人类学家,梅丽发现,历史民族志和档案中的民族志让她能够就法律和社会、法律和文化的变迁提出新的问题,这在传统民族志研究中则难以实现。

这种研究视角的融合,使得梅丽在研究中更加关注问题意识和研究目的,更灵活地创造取之不尽的研究资料,无论是对日常生活、日记、信件、纠纷还是流言蜚语的关注,都是为了达到研究目的。正如科马罗夫夫妇所言,"历史民族志必须从构建自己的档案开始,它不能满足于既定的文献证据标准,因为这些标

---

① Bernard S. Cohn, *An Anthropologist among the Historians and Other Essays*, Oxford University Press, 1990, p. 6.

准本身就是全球现代主义文化的一部分。因此,作为人类学家,我们必须在'官方档案内外'开展工作,与我们所研究的社会中的记忆守护者合作,甚至超越他们”。① 科恩则直言,人类学“田野”令人兴奋的开放性及其研究对象资料来源的无限性,正是人类学理论较之于历史学更为丰富和复杂的原因所在。②

当然,这种档案方法也有明显的局限性。例如,历史档案未能囊括希洛镇所有群体,白人和掌握英语的夏威夷人构成了档案的主角,很少能听见底层人民的叙述。针对上述局限,梅丽通过其他线索补充背景知识:如报纸上刊登的针对种植园的抗议文章、20 世纪初对菲律宾种植园工人极高的婴儿死亡率的报道等,梅丽通过这些材料研究底层人民的生活条件。总的来说,底层人民在档案中总是沉默的。因此,记录了底层人民日常生活的法庭记录,才会在梅丽眼中显得如此珍贵。在法庭记录中,穷人、边缘群体和文盲的故事和社会生活得以显现。

历史档案留给我们的或许只是只言片语,但通过人类学田野调查和民族志呈现,经历“将海参泡发的过程”③,将弥补历史研究的不足。学科交叉融合是现代学术发展的基本条件,梅丽在夏威夷殖民研究中开创的研究方法,无疑为历史人类学创造了一个典范。

(三)对美利坚帝国法律史研究的贡献

与英国、法国和荷兰殖民主义研究相比,历史学家倾向于把美利坚帝国史书写成一段“外交史”或是“对外关系史”,例如,

---

① John L. Comaroff & Jean Comaroff, *Ethnography and the Historical Imagination*, Westview Press, 1992, p. 34.

② Bernard S. Cohn, *An Anthropologist among the Historians and Other Essays*, Oxford University Press, 1990, p. 9.

③ 尤陈俊、张经纬:《法律·历史·民族志对谈》,载“法律人类学读书会”微信公众号 2020 年 12 月 24 日, https://mp. weixin. qq. com/s/BR-8OU4NSSnHB 4xqz8VLuA。

将帝国标准划定为“军事征服”，从而将“和平吞并”夏威夷排除在帝国历史之外。① 夏威夷政治、法律和经济转型的殖民历史，通常被描述为一种渐进主义式的主动请求：夏威夷国王和酋长向美国发出邀请，并在美国的“热心帮助”下，逐渐将夏威夷重塑成为一个现代西方国家。② 梅丽认为，美国历史学家和民众对夏威夷历史的片面认识，代表了“美国意识”（American Consciousness）中的历史回避倾向，这种意识拒不承认对夏威夷土著的殖民、侵占与剥夺，也拒不承认对亚洲新移民的歧视。③

受这种“美国意识”的影响，关于法律在美国殖民计划中所扮演角色的研究屈指可数。20 世纪下半叶，历史学家、文学家和人类学家开始尝试挑战这种历史回避倾向，系统展示美利坚帝国主义对古巴、夏威夷、菲律宾和波多黎各的介入和影响。④ 同一时期，美国法律史研究走出了专注法律自身演变的所谓“法律内史的黑盒子”，转而从法律和社会的相互作用中探讨美国法律发展史，在美国法律史学界掀起了一场著名的“赫斯特革命”（The Hurstian Revolution）。⑤ 受上述思潮影响，梅丽在夏威夷殖民研究中阐明，帝国主义和殖民主义是完整书写美国法律史的一个不容忽视的核心要素。

---

① 夏亚峰：《美国是“帝国”吗？——对美国政界学界相关争论的辨析》，载《世界历史》2017 年第 2 期，第 115-123 页。

② Ralph S. Kuykendal, *The Hawaiian Kingdom*, University of Hawai'i, 1938.

③ Sally E. Merry, *Colonizing Hawai'i: The Cultural Power of Law*, Princeton University Press, 2000, p. 24.

④ See Sidney L. Harring, *Crow Dog's Case: American Indian Sovereignty, Tribal Law, and United States Law in the Nineteenth Century*, Cambridge University Press, 1994; James L. Axtell, *Natives and Newcomers: The Cultural Origins of North America*, Oxford University Press, 2001; Ian C. Campbell, *The Culture of Culture Contact: Refractions from Polynesia*, Journal of World History, Vol. 281, p. 63 – 86 (2003).

⑤ 韩铁：《美国法律史研究领域的“赫斯特革命”》，载《史学月刊》2003 年第 8 期。

在梅丽看来,与英国殖民主义反映了国内阶级、种族和宗教矛盾一样,美国的殖民主义也是由国内问题造成的。18 世纪末至 19 世纪初,美国兴起的共和主义、反对贵族特权、废奴运动、禁酒运动、基督教大觉醒运动和排华运动,均对夏威夷殖民进程产生了直接影响。① 此外,梅丽在研究中特别强调,夏威夷单一法律体系与英属印度、非洲殖民地二元法律体系之间的差异。这种比较有助于我们更好地理解殖民主义对传统法律产生的影响。②

梅丽在研究中发现,新英格兰法典构成了夏威夷法律的基础,受过法律培训的新英格兰法官、律师,在殖民时期的夏威夷司法体系中发挥着关键作用。③ 美利坚帝国内部律师的这种非正式循环,也是殖民地法律转型的一个重要动力,体现了梅丽反复强调的法律转型的偶然性和开放性。通过梅丽的研究,我们间接地寻找到了美国推动法律转型的规律,同时,我们还可以从被统称为"美利坚帝国法律制度"的各个组成部分之间寻找内在联系。

值得注意的是,梅丽对夏威夷殖民主义的论述并不局限于 19 世纪上半叶,她在后续研究中将讨论范围进一步延伸到 20 世纪 90 年代。④ 笔者认为,这也是美利坚帝国主义发展最为重

---

① Sally E. Merry, *Colonizing Hawai'i: The Cultural Power of Law*, Princeton University Press, 2000, p. 33.

② Sally E. Merry, *Colonizing Hawai'i: The Cultural Power of Law*, Princeton University Press, 2000, p. 114.

③ Sally E. Merry, *Colonizing Hawai'i: The Cultural Power of Law*, Princeton University Press, 2000, p. 154.

④ 例如,1993 年梅丽对夏威夷大学名誉教授、夏威夷主权运动成员凯库尼·布莱斯德尔(Kekuni Blaisdell)召集的土著人民国际法庭进行了参与式观察。参见 Sally E. Merry, *Legal Pluralism and Transnational Culture: The Ka Ho'okolokolonui Kanaka Maoli Tribunal, Hawai'i*, 1993, Political and Legal Anthropology Review, Vol. 19:1, p. 67-82(1996)。

要、也是最容易被忽视的阶段——第二次世界大战之后的美利坚帝国主义。这个时期的美利坚帝国主义是一种持续不断、意欲复兴的帝国主义,它建立在由一系列多边机构、共同防御条约、海外军事基地、附庸国政府、武装冲突不断的海外领土以及最具诱惑力的"民主""法治"口号构建的霸权基础之上。① 梅丽对美利坚帝国主义史的重要贡献,在于她强调了法律在美国殖民主义和帝国主义发展进程中所发挥的巨大作用,标志着美利坚帝国法律史研究迈出了重要的一步。

[五] 结论: 以法律人类学补足中国法治建设的知识传统

在梅丽"解剖麻雀"式的笔触下不难发现,19 世纪夏威夷王国经历的两次法律转型,并非在传统法律基础上的创造式发展,而是对盎格鲁—美利坚法律的挪用和照搬。彼时的夏威夷社会缺乏自治、一夫一妻制婚姻形式等现代性要素,移植法律虽然能够在最短的时间内完成制度设计、推进政治进程等目标,却以牺牲本土社会的适应性为代价,造成了国家制度和社会生活层面之间的断裂。夏威夷法律转型及其带来的意外后果警示我们,目前看似微小的法律变化,可能会在未来产生长期、消极的影响。

全球化背景下,各国在法律领域的接触和交流机会增多,法律移植和继受现象更为频繁。② 梅丽在夏威夷殖民主义与法律研究中对法律与社会转型的深刻洞见,为我们反思当代中国法

---

① [美]萨利·安格尔·梅丽:《殖民法与后殖民法》,载《布莱克维尔法律与社会指南》,[美]奥斯汀·萨拉特编,高鸿钧等译,北京大学出版社 2011 年版,第 627 页。

② 高鸿钧:《法律移植:隐喻、范式与全球化时代的新趋向》,载《中国社会科学》2007 年第 4 期,第 120-125 页。

律和社会提供了一个方向,因为有关"法律移植的讨论其实是关于中国社会应当如何发展的一个讨论,是关于中国社会的生产方式、社会组织方式和治理方式的讨论,而不仅仅关于法律本身"。①

与夏威夷相似,历史上,中国对外国法律的移植、继受和转型,也隐含了"推进现代化进程"这样一个基本命题。这种法律观认为,法律移植是国家发展的必然形式,后发达国家为了赶上先进国家,需要通过移植法律来保障和促进社会发展。②

梅丽在开展夏威夷殖民主义研究时,始终把注意力放在法律和社会的复杂关系上,"我想知道如何通过法律来理解社会变迁?社会变迁又如何对法律的运行和实践产生影响?"③梅丽所讲述的夏威夷两次法律转型的历史,建立在殖民者和夏威夷土著对基督教、文明、现代性和道德改革的渴望之上,以及通过法律而不是专制权力来统治社会的观念之上。其动力来自对法律将产生新的社会的信念,以及对法律将唤起人格、主权和权力感的渴望,这种渴望在全球化的今天,更多地表达在关于现代化、发展或国家建设的话语中。梅丽认为,这些话语背后所隐含的,依然是中心与边缘、"自我"与"他者"之分,这种不公正的界分与殖民者与被殖民者的界分大致相似。对此,梅丽提示读者,与殖民时代一样,全球化时代广泛存在的法律技术和法律规则的移植,也可能会引发难以预料的后果,而那些采用或引进新法

① 苏力:《这里没有不动产:法律移植问题的理论梳理》,载《法律适用》2005年第8期,第25页。

② 张文显:《继承·移植·改革:法律发展的必由之路》,载《社会科学战线》1995年第2期,第9-17页。

③ 张冠梓:《多向度的法:与当代法律人类学家对话》,法律出版社2012年版,第155页。

律的国家对此仅“朦胧地略有感知”。①

我国学界自20世纪50年代起曾就法律是否具有可移植或可继受性,以及能否移植和继受的问题进行过长期讨论。90年代以来法律移植和继受现象在实践领域激增,进一步推动相关理论资源的发展:苏力教授提出“本土资源论”,主张把有关“目的”的讨论同有关“手段”的讨论区分开来,把“应然性”和“可能性”区分开来;②公丕祥教授认为,中国法治建设有自己特定的民族风格、民族精神,是共性与个性相统一的概念;③强世功教授则主张,不要纠缠在“移植”概念上,而要追问“法律移植”中所谓的“法律”究竟是什么,重新把国家与政治作为法理学思考的中心;④王启梁教授关于“镜子”与“剪刀”的比喻,则将有关法律移植的讨论引向法律与社会研究,这种研究不仅是为了批判不加审慎的大规模法律移植,“更是为了弄清楚国家法律如何、为何与社会疏离”。⑤

应该说,梅丽既不是纯粹的“镜子派”,也没有把法律看作一把无所不能的“剪刀”。在夏威夷殖民研究中,梅丽既强调了对夏威夷传统文化和本土资源的忽视是两次法律转型失败的根本原因,同时也强调了法律的建构性力量,尤其是法律通过构建文化形塑规范生活的力量。正是这种相对全面、客观的观察法

---

① [美]萨利·安格尔·梅丽:《殖民法与后殖民法》,载《布莱克维尔法律与社会指南》,奥斯汀·萨拉特编,高鸿钧等译,北京大学出版社2011年版,第625页。

② 苏力:《这里没有不动产:法律移植问题的理论梳理》,载《法律适用》2005年第8期,第24-28页。

③ 公丕祥:《中国法制现代化面临的四大矛盾》,载《探索与争鸣》1995年第3期,第3-6页。

④ 强世功:《迈向立法者的法理学——法律移植背景下对当代法理学的反思》,载《中国社会科学》2005年第1期,第109-122、207-208页。

⑤ 王启梁:《迈向深嵌在社会与文化中的法律》,中国法制出版社2010年版,第273页。

律与社会关系的视角,使得梅丽在该研究中提出的文化生产与文化挪用分析框架,对于弄清楚“国家法律如何、为何与社会疏离”这一问题,具有重要意义。

在梅丽看来,在不同文化相遇、冲突、相互竞争的“接触地带”内,多元文化包含着各种相互竞争、不断变化的文化标志和文化实践。在夏威夷法律转型过程中,两种文化潜在逻辑的相似性促成了法律移植,但不同文化在意义和实践中存在的现实差异,则导致法律移植产出意外后果。尤其是在家庭、性别、性行为、工作等日常生活和实践领域,与夏威夷传统文化存在较大差异的盎格鲁—美利坚法律,不能被夏威夷土著所认知、认可和运用,导致大量土著被起诉,引发对法律的规避和抵抗,甚至最终导致了夏威夷王国完全沦陷为美利坚帝国的殖民地。通过夏威夷殖民历史不难发现,法律不能有效回应社会,正是导致国家与社会疏离的罪魁祸首。

更重要的是,伴随全球化时代不断激增的法律移植现象,一系列处于全球空间以及广泛的法律移植过程中的法律技术、法律制度和法律规则,导致一种被梅丽称为“新法律多元论”的研究传统诞生。① 这一视角正是我们理解当代中国法治建设的现实背景。依循梅丽的分析路径,多元主义弥散的当代中国社会,无疑也是一个文化相互冲突和竞争的“接触地带”。在这个“接触地带”内,以赶超先进国家、促进现代化等良好愿望为出发点的创造性立法,也有可能像夏威夷经历的两次法律转型一样,产出意外后果。因此,法律如果置社会和文化的总体需求与背景于不顾,丧失法治建设的主体性,极有可能会将社会转型带向意想不到的方向。这种消极影响,或会使当代中国法律成为一种

① Sally E. Merry, *Legal Pluralism*, Law and Society Review, Vol. 22, p. 869 (1998).

“外来法”。①

要如何避免国家法成为“外来法”？梅丽在夏威夷殖民主义与法律研究中，以不断深化的问题意识，研究视角与范式的转向，历史民族志和档案中的民族志创新研究方法，以及面向田野和实践取向的理论创新，向我们展示了相互竞争的法律文化如何在19世纪夏威夷王国这个多元剧场中发挥作用，及其对当今法治文化产生的深远影响。克利福德·格尔茨(Clifford Geertz)将人类学研究描述为“以实实在在的材料滋养社会学思想”②。法律人类学特有的比较视野，可以为我们更好地把握中国实践中的法律和社会转型，理解法律和社会、法律和文化的关系，提供观察现实和生产理论的“实实在在的材料”，补足中国法治建设的知识传统。

① 王启梁：《迈向深嵌在社会与文化中的法律》，中国法制出版社2010年版，第259页。

② [美]克利福德·格尔茨：《文化的解释》，韩莉译，译林出版社1999年版，第30页。

《法律和社会科学》(2023)　第20卷第1辑,第289~320页

"STS"方案下法律的知识人类学研究:以万安黎为例

李浩源*

摘　要:在现代化浪潮中,法律人类学面临着理论属性和学科价值的挑战。20世纪80年代以来,学者们在研究视角、对象和方法层面做出了关于法律人类学前进方向和研究价值的反省与创新。其中,以万安黎为代表的法律人类学者试图基于知识人类学的本体论和认识论,在将法律视为技术性命题的基础上,以现代社会的法律知识与技术为核心,专注日常非纠纷情境,展开系列民族志研究。借助"STS"(science,technology and society,科技与社会)的理论工具,她引导人文主义的法律研究者围绕法律技术性命题展开对现代社会法律体系的讨论,不仅提供认识论和方法论的创新方案,也对法律知识生产、法律治理等本体论命题提供兼具反思性和实践性的理论启发。我国的法律人类学研究者应当吸收包括上述研究成果,争取法律人类学的经典和创新研究齐头并进,提供对本土命题的洞见。

关键词:法律人类学　万安黎　法律技术　STS　知识人类学

* 李浩源,中国人民大学法学院博士研究生。

[一] 问题的提出

在法律的跨学科研究中,法律人类学成熟较早、成果颇丰。然而这一交叉论域并非显学,近年,这一学科在法学领域中的影响力也不如法律经济学和法律社会学。① 在我国,法律人类学贡献不足,学术传承较为衰弱。已有学者就法律人类学的现实价值提出了质疑。②

在他人的观感中,我国的法律人类学的眼光仍坚守于边疆、民族、村寨等对象上,坚持使用研究初民社会的手段,却缺乏追及前辈的理论产出。也少见超越传统,深入现代社会展开的研究。换言之,虽有经典理论成果和成熟径路,但现有研究缺少有解释力的法律本体论或认识论贡献,也缺少对全面的法律实践,特别是现代社会的法律实践(包括但不限于民间法)的反思和讨论。③

---

① 参见王伟臣:《从边缘到边缘:法律人类学在中国的译介与传播》,载《法治现代化研究》2019 年第 1 期,第 133 页。

② 参见尤陈俊:《困境及其超越:当代中国法学研究中的法律人类学》,载郑永流主编:《法哲学与法社会学论丛》(总第 11 期),北京大学出版社 2007 年版,第 96-112 页。

③ 参见王伟臣:《从边缘到边缘:法律人类学在中国的译介与传播》,载《法治现代化研究》2019 年第 1 期,第 149 页。

回应质疑并推动学科发展，成为我国一些学者关心的话题。近年来，有的学者通过梳理考据，将法律人类学研究更新迭代的成果呈现给法学研究者，并试图进行基础性总结。① 但除在经典上下“功夫”外，笔者认为，围绕法律人类学与现代社会关系的讨论也很重要。其中一个问题是：法律人类学能不能，又如何去研究现代社会？

目前，有学者结合对于西方法律人类学论域转向的过程梳理，对开展现代社会的法律人类学研究进行了探讨。② 还有学者在讨论法律人类学的基础方法和理论关怀时，对于拓展田野范围、面向现代社会等相应的问题进行了展望。③ 亦有学者对人类学知识在法律实践中的转化运用提供意见。④ 但笔者希望在这篇文章中补充对于具体研究路径的探索，展示其发生与展开的基本面貌。

本文以拓展案例分析为方法，先结合总体学术史，就法律人类学进路下现代社会研究工作具体展开做理论和实践方面的鸟瞰式说明，以解答法律人类学“能不能”对现代社会展开研究。着重讨论法律中知识人类学研究的“STS”(science，technology and society，科技与社会)方案，以此为核

---

① 具体研究可参见刘顺峰：《西方法律人类学论纲：历史、理论与启示》，载《北京理工大学学报(社会科学版)》2014 年第 5 期，第 135－139 页；刘顺峰：《民间法的人类学范式研究》，载《江苏社会科学》2021 年第 2 期，第 82－90 页；王伟臣：《从规则到过程：法律人类学纠纷研究的理论进路与现实启示》，载《中央民族大学学报(哲学社会科学版)》2020 年第 1 期，第 118－125 页。

② 如刘顺峰：《西方法律人类学论纲：历史、理论与启示》，载《北京理工大学学报(社会科学版)》2014 年第 5 期，第 135－140 页；王伟臣：《从规则到过程：法律人类学纠纷研究的理论进路与现实启示》，载《中央民族大学学报(哲学社会科学版)》2020 年第 1 期，第 118－125 页。

③ 王启梁：《进入隐秘与获得整体：法律人类学的认识论》，载《江苏社会科学》2017 年第 2 期，第 158－166 页。

④ 如侯猛：《司法过程中的社会科学思维：以人类学为中心》，载《思想战线》2020 年第 6 期，第 79－86 页。

心,反思法律人类学的现代性,增益中国的法律人类学实践。

STS研究早期是指将科学融入社会之中,打破自然理性与人类社会的分野,反思科学的跨学科研究,20世纪80年代后,技术问题也逐渐成为关注焦点,越发强调对于科技知识生产及与社会互动中的多学科分析或多学科参与,特别是从社会科学角度理解科技的意义和发展历程。

知识人类学则是指基于文化的立场,去理解知识在人类社会中的发展问题。知识人类学将执着追问,人们如何在相应的社会环境中发生认知、如何产生并运用知识于人类社会之中、人类将如何被知识所型塑。通常,学者采用关于知识生产的民族志来完成研究。科学技术毫无疑问也是知识范畴所包括的重要内容,STS研究也是一般意义上知识人类学的重要环节。

[二]迈向现代社会的法律人类学:研究危机与转型方案

法律人类学通向现代社会的过程,与其本身的学科发展历程密不可分。这一重要转进既被法律人类学往日的辉煌所激励,也启发于法学家和人类学家所共同面对的学科危机。本节就从两个学科领域各自交织的发展和遇到的困境出发,简要地说明学科历程,勾勒提出和发展转型方案的背景。

从法学的学术史看,法律人类学有一段为法学理论广泛接纳的蜜月期,它为对法律的形成、概念、组成要素等法律本体论问题作出了理论的贡献。在20世纪五六十年代,势头正劲的分析法学也与法律人类学在某些内容上形成了交流。

特别是在法律人类学第二代学者中间，哈特启发了他们对于法律概念的基础性和规范性相关理论提炼。① 学者总结了非西方社会及非国家政制中法律概念、体系，并尝试概括一般性学说。② 而法律人类学的学术成果有利于以此反思以西方为中心的法律知识体系和评价体系，回答西方在现代进程中面对的一些知识困境。③

应注意到，上述现象的发生并非意味着法律人类学单向融入法学理论，作为基础的法学理论亦为法律人类学提供理论渊源。在法律人类学学术史中，孟德斯鸠（Charles de Montesquieu）、萨维尼（Friedrich Carl von Savigny）、梅因（Henry James Maine）、摩尔根（Lewis Henry Morgen）的著述会被视为早期的理论泉源，这一系列研究并不是各自为战，而是一脉相承。

法学理论走过了一段与历史精神、文化现象紧密关联的前史，上述研究受到时人青睐。他们的地位和学说在律师和法学院研究者的心目中仍有不小的分量。④ 那么，法律人类学在 20 世纪中叶于法学院内的兴盛，也是渊源有自的。据此不难理解霍姆斯（Oliver Wendell Holmes）的名言，“法律研究将有一条通向人类学的康庄大道”。⑤

---

① See John Hund, “*Customary Law is What the People Say it is*” — *H. L. A. Harts's Contribution to Legal Anthropology*, Archives for Philosophy of Law and Social Philosophy, Vol. 84, p. 420-433 (1998).

② 参见张冠梓：《法律人类学的理论、方法及其流变》，载《国外社会科学》2003 年第 5 期，第 28-30 页。

③ 参见明辉：《穿行于法律与人类学之间——西方法律人类学的历史、现状及趋势》，载《比较法研究》2008 年第 4 期，第 26 页。

④ 参见丁苏安：《路易斯·亨利·摩尔根列传》，载《民族论坛》2012 年第 10 期，第 66-68 页。

⑤ See Oliver Wendell Holmes, *Law in Science and Science in Law*, Havard Law Review, Vol. 12, p. 443-444 (1899).

但好景不长,法律人类学在法学院内盛极而衰,经验的概括推理面临着体系推理的诘难,个案的分析受到规范性的挑战,旧有方法论向"纯粹"的法学让位。法律人类学至 20 世纪 80 年代已呈现出边缘化的景象。①

而在人类学的视角下观察,则应认识到,法律人类学最重要的研究者,不少是纯粹的人类学家或者富有人类学关怀和相关使命的殖民地工作者,是否产生与法学理论紧密相关的智识,不是其工作的核心。在人类学的研究中,环境、习俗、礼仪、事件记录是田野工作必不可少的部分,在不同文化中的礼俗和各种纠纷,则是直观现象层面与法律有关的事实材料,故而展开与法律相关的讨论。以马林诺夫斯基(Malinowski Bronislaw Kaspar)为例,所著《原始社会的法律与习俗》并不是刻意进行的法律研究。而是在事后整理田野材料时,就其中有关法律的内容,进行文化相对主义视角下的分析,提出自己对于"初民社会中的法"的认知。②

对于这些事实材料,早期的研究尚未成熟,因此学术史上会将卢埃林(Karl N. Llewellyn)与霍贝尔(E. Adamson Hoebel)通力合作完成的《夏延人方式》视为里程碑。这部经典的人类学作品,有了卢埃林的参与,其法学理论深度大大扩展。法律人类学在人类学的领域中初具规模。同时,人类学的深度参与也给法律人类学提供了一些个性标准,即需要完成田野研究、整理出以法律为专题的民族志成果,并进行

① 参见王伟臣:《法律人类学的身份困境——英美与荷兰两条路径的对比》,载《法学家》2013 年第 5 期,第 167-168 页。

② 参见[美]马林诺夫斯基:《原始社会的犯罪与习俗》,原江译,贺志雄校,云南人民出版社 2001 年版,"序言"第 1-3 页。

个案分析。① 稍后以格拉克曼为代表的第二代法律人类学者,便贯彻法律民族志的写作要求,努力在人类学的研究中从事法律分支的专题性研究。有的学者以法学和人类学的合作来形容这一时期法律人类学的发展。②

法律人类学在二者合作、蓬勃发展时,似乎与法学"渐行渐远"。随着学科的发展,法律人类学似乎在冲破或者远离法学的边界;与此同时,人类学的参与也变得乏善可陈。有的人类学家尖锐地批评道,法律人类学研究者们生硬地将法律从人类学中划分出来的,扰乱了人类学者对于"社会秩序"这一议题的关心。③ 而法律人类学过于重视纠纷研究,也使得这一学科陷入单调。④ 至 20 世纪七八十年代后,在英美无可避免地中衰,甚至被一些研究者抛之脑后。⑤

盛极而衰本是规律,法律人类学处境更为棘手:首先,无论是法学还是人类学,法律人类学在当时还没有发掘出更多的、回应现实关心的问题,在其他的法学研究和人类学研究不断推进到新的论域时,法律人类学才明确自身在异文化田野中的独立研究地位;其次,显得早成晚熟的法律人类学在找到学术位置后,却面临着全球的沧桑巨变,还来不及在经

---

① See Francis G. Snyder, *Anthropology, Dispute Processes, and Law: A Critical Introdution, British Journal of Law adn Society*, Vol. 8:2, p. 143(1981); Annelise Riles, *Property as Legal Knowledge: Means and Ends*, The Journal of the Royal Anthropological Institute, Vol. 10, p. 790(2004).

② 参见王伟臣:《法律人类学的身份困境——英美与荷兰两条路径的对比》,载《法学家》2013 年第 5 期,第 167 页。

③ See Simons Roberts, *Do We Need an Anthropology of Law?*, Royal Anthropological Institute of Great Britain and Ireland, No. 25, p. 4-7(1978).

④ 参见王伟臣:《从规则到过程:法律人类学纠纷研究的理论进路与现实启示》,载《中央民族大学学报(哲学社会科学版)》2020 年第 1 期,第 122 页。

⑤ See Chris Fuller, *Legal Anthropology, Legal Pluralism and Legal Thought*, Royal Anthropological Institute of Great Britain and Ireland, Vol. 10, p. 10(1994).

典中精耕细作,那些重要的田野便不再开放。

法学或人类学的法律人类学研究者都有各自版本的答案,有的研究者坚持经典路径,仍然将人类学应当恪守的一些准则作为法律人类学研究的指南。这一类观念其实仍有受众:全球各地仍有民族区域可以开展相应研究,有的学者也希望借助于坚持经典方法形成材料,完成创新转型。① 而有的学者则开始尝试丰富经典方法,以适应田野的变迁。②

曾有人指出,典型人类学"只适用于对非西方文明的研究。"而如果在一个现代西方社会,这种研究方法则显得左支右绌。这是因为,现代社会自有被接受了的价值与事实。典型人类学复杂的文化解释面对已成为社会共识的规则和秩序时,便显得规范性阙如,也就难以作出具备解释力的知识贡献。③

然而,现代性也吸引着人类学家作出解释,部落与不同文化的仪式等"非理性现象"已经不足以为法律人类学的发展提供充足的意义。

那么,人类学家如果要在法律、经济等领域展开研究,特别是针对现代社会的研究,需要找到使用人类学的研究工具去超越客体与主体、事实与价值、理性与非理性的二分定局。超越这种二分定局已有一些路径,其中,受益于马克思主义、知识社会学的人类学革新潮流应运而生:他们将现代社会作为田野,利用权力介入、话语生成等分析工具,去理解社会行

---

① See Sally Falk Moore, *Certainties Undone*: *Fifty Turbulent Years of Legal Anthropology*, 1949 - 1999, Journal of the Royal Anthropology Institute, Vol. 7, p. 95-96(2001).

② 参见张晓辉:《法律人类学的理论与方法》,北京大学出版社2019年版,第114-115页。

③ 参见刘鹏:《拉图尔科学人类学的三重维度》,载《江苏行政学院学报》2018年第4期,第11页。

动。这一潮流中以拉图尔为代表的一些研究者,特别关注知识和技术生产、运用的过程,以及对人类社会及其结构的影响。

在这样的思潮下,第三、第四代法律人类学研究者的目标不仅在于传承,也在于发展。他们所选择的研究路径和理论发展方案各有不同,或通过引入更具包容性的概念、或直接尝试挑战人类学提出的域限、发挥法学的能动性,但种种努力都在试图为本学科指明一片更为广阔的论域,他们的研究已然宣告:法律人类学可以研究现代社会。

纳德作为第三代法律人类学人的领袖人物之一,在法律人类学领域突破传统,将视角由"他者"转向"我者"。她提倡视角要向上看,要以西方社会的中产阶级、上层阶级为对象,去认识其社会结构。① 而在方法上,纳德认为研究者应该表现出更强的社会责任感和关怀度,让自己的研究得到社会认可,跨越"进入障碍"。② 在稍后的研究中,纳德提出要超越横向的文化比较,在社会内部基于权力结构,贯穿各个阶层,观察现代社会中的法律实践。③ 有的学者认为,这是对法律人类学只关心殖民地和边缘化群体的视角矫正。④

此外,约翰·康利(John M. Conley)和威廉·奥巴尔(William M. O'Barr)认为,20 世纪八九十年代已经出现了一

---

① See Laura Nader, *Up the Anthropologist-Perspective Gained from Studying Up*, in Dell Hymes(ed.), Reinventing Anthropology, Vintagebooks, p. 284(1972).

② See Laura Nader, *Up the Anthropologist-Perspective Gained from Studying Up*, in Dell Hymes(ed.), Reinventing Anthropology, Vintagebooks, p. 307(1972).

③ See Laura Nader, *The Vertical Slice: Hierarchies and Children*, in G. M. Britain and R. Cohen(ed.), Hierarchy and Society Anthropological Perspectives on Bureaucracy, Institute for the Study of Human Issues, p. 31-44(1980).

④ See Janine Wedel, Cris Shore & Gregory Feldman, *Toward an Anthropology of Public Policy*, Annals of the American Academy of Political and Social Science, Vol. 600, p. 34(2005).

种新的潮流,即学者开始用人类学的方法研究美国的法律体系。在他看来,法律人类学家已经不拘泥于形式上的“他者”,而是开始对自我和周围对环境进行探索。① 而穆尔指出,这一时期的法律研究者显然是从突破地域限制,开展跨区域研究的方面来突破传统的、小社区的他者民族志局限。② 而在致力于研究现代法律体系的学者中,罗斯玛丽·库姆(Rosemary Coomb)和万安黎(Anneliese Riles)榜上有名。前者将文化分析置于全球知名品牌之上,以此理解全球化中品牌知识产权背后隐藏的资本主义权力结构和文化竞争实况。③ 后者则力图借助STS的分析工具来分析作为社会工具和知识体系的法律如何为人所用、在社会中周延而精密地运转。

STS研究通常情况下用于理解科技和社会、政治、经济、文化彼此之间的互动与影响,关注社会对科技的型塑。而从技术层面理解法律,则较为新颖。基于上述背景,在下文中笔者将专门就万安黎及其研究路径的发展历程进行说明。

---

① See John M. Conley & William M O'barr, *Legal Anthropology Comes Home:A Brief History of the Ethnographic Study of Law*, Loyola of Los Angeles Law Review, Vol. 27, p. 56(1993).

② See Sally Falk Moore, *Introduction to Current Research and Interpretation in Legal Anthropology*, in Sally Falk Moore (ed.), Law and Anthropology: A Reader, Blackwell Publishing, p. 104(2005).

③ See Rosemary Coomb, *The Cultural Life of Intellectual Properties*, Duke University Press, 1998.

[三] 法律知识、技术与现代社会:万安黎的法律人类学之路

万安黎①,又译安纳莉丝·莱丝②、安丽丝·瑞尔③。她于1984年进入普林斯顿大学公共与国际事务学院学习,专业为东亚研究。在通识教育阶段培养了对国际事务和公共议题的关心后,她前往近代以来在社会学和人类学研究享有盛誉的伦敦政治经济学院就读社会人类学硕士。④

完成硕士阶段学习后,她先回到美国哈佛大学法学院,学习JD(法律博士)课程,系统地了解法律知识,而后再到剑桥大学攻读人类学博士学位。万安黎接受了两个学科各自最为系统的训练,并如她所说:"在哈佛大学法学院则着迷于去理解司法是如何被文化实践所塑造的。"⑤作为一位耕耘近三十年的高产学者,她的学术历程也可以分为三个阶段来观察。

(一)探索期:对法律知识的反思与聚焦

万安黎进入人类学系时,有的学者直言不讳地谈及法律与人类学的关系"总是看起来问题重重而且稀薄细弱"。⑥

---

① 现任美国西北大学全球事务副教务长、Roberta Buffett 全球研究所执行所长、西北大学法学院教授。曾任康奈尔大学法学院教授、人类学系教授、康奈尔大学 Jack G. Clark 远东法律研究第五十二任讲席教授。

② 参见中国驻芝加哥总领事馆与美国西北大学校长的访谈:https://www.sohu.com/a/307015231_670057,最后访问日期:2022年5月27日。

③ 张冠梓:《多向度的法——与当代法律人类学家对话》,法律出版社2012年版,第308页。

④ 参见张冠梓:《多向度的法——与当代法律人类学家对话》,法律出版社2012年版,第309页。

⑤ 参见张冠梓:《多向度的法——与当代法律人类学家对话》,法律出版社2012年版,第309页。

⑥ See Francis G. Snyder, *Anthropology, Dispute Processes and Law: A Critical Introduction*, British Journal of Law and Society, Vol. 8, p. 141(1981).

这些现象引起了已经从哈佛大学法学院毕业的万安黎的注意。只不过她无意于整理文献综述,而是将法律人类学的学术史和学者们作为研究对象,以人类学的分析方法去理解法学与人类学的跨学科发展、①因此,在1994年,正在剑桥大学攻读博士学位的万安黎发表了题为《介于两者之间的表达:法律、人类学以及跨学科的修辞》的文章。②

她发现,在反思学科关系和学科交叉问题时,学者们常常从学科贡献角度入手。基于此,万安黎重新审视了两位不同时代的法律人类学代表:梅因,和20世纪著名的人类学家埃德蒙德·利奇(Edmund Leach)。在法学理论贡献的层面,两位学者对于学科交叉和学科关系的认识并不相同:前者将学科交叉视为不同理论探索方式之间的迈进(movement),后者认为是在学科论域之间探索时,理念、方法或论题上创造了关系。简言之,深受历史法学理论影响的梅因将法学向人类学的转进视作共同研究兴趣下的自然过渡,而受结构—功能主义影响的利奇则更倾向于借鉴工具、解释现象。

进一步说,两种认识分别代表了差异碰撞形成的反思性(reflexive)的研究模式,和专注解释普遍规律的规范性(normative)的研究模式。万安黎要问的是反思性的研究模式和规范性的研究模式之间,具体关系如何?具体呈现何种面貌?她结合前人的研究,发现两种知识模式和两种知识产出之间并不泾渭分明,法律人和人类学家互相对话,两种知

---

① See Annelise Riles, *Representing In-Between: Law, Anthropology, and the Rhetoric of Interdisciplinary*, University of Illinois Law Review, Vol. 1994, p. 598-599(1994).

② See Annelise Riles, *Representing In-Between: Law, Anthropology, and the Rhetoric of Interdisciplinary*, University of Illinois Law Review, Vol. 1994, p. 597-650(1994).

识也得以相互转化。① 对于梅因和利奇而言,他们的研究穿梭在两种知识产出模式之间,在不自觉中完成了反思性和规范性知识的产出。② 而就穆尔而言,她在非洲文化圈所进行的反思性研究,产出的却是能移植到盎格鲁—撒克逊社会的知识成果,成为一种规范性的知识。③

然而如果两种知识和其生产模式“你中有我”,那么二者既不互为替代,也不决然对立。二者本身就有机会互相贯通。所以,文章会认为继续黏合法律与人类学、法律与社会的任务已经失去他自身的“修辞意义”。

通过这一系列讨论,她强调:目前交叉学科对于法学研究而言,其贡献在于揭示了解读法律问题时反思性研究模式和规范性研究模式之间存在的张力,争取让两种知识生产模式在法律人类学范畴中找到交汇点,做出新的理论贡献。

作为万安黎最早的一批学术作品,本文另辟蹊径,以学者的论证视角为研究对象,综合对学术发展史和学科代表性人物的梳理和分析,讨论了法学与人类学之间学科交叉产生的“自然迈向”与“人为建构”两种路径,④并将议题深化到

---

① See Annelise Riles, *Representing In-Between: Law, Anthropology, and the Rhetoric of Interdisciplinary*, University of Illinois Law Review, Vol. 1994, p. 643-644(1994).

② See Annelise Riles, *Representing In-Between: Law, Anthropology, and the Rhetoric of Interdisciplinary*, University of Illinois Law Review, Vol. 1994, p. 644-645(1994).

③ See Annelise Riles, *Representing In-Between: Law, Anthropology, and the Rhetoric of Interdisciplinary*, University of Illinois Law Review, Vol. 1994, p. 645-646(1994).

④ 这种以学术讨论和学者群为核心对象的研究在比较法领域不是万安黎的独创,在20世纪80年代,一批以法学学术(Legal Scholarship)为对象的研究已经出现了。See Mark Tushnet, *Legal Scholarship in the United States: An Overview*, The Modern Law Review, Vol. 50, p. 804-817(1987). See Micheal Chesterman & David Weisbrot, *Legal Scholarship in Australia*, The Modern Law Review, Vol. 50, p. 709-724(1987).

了背后涉及的反思性和规范性两种知识模式的关系处理。从方法上看,万安黎实际上是在两个时代学术史情景中进行横向的知识本质比较,对不同的命题论证风格进行结构性和功能性的分析。从围绕学术史展开分析这一点上看,万安黎是从知识人类学的角度理解交叉学科的本体性和认识论的。而知识人类学较晚近的分支更倾向于从知识谱系在人类社会中的发生演变来认识相应的社会存在(如法律),这一篇学术作品已经初具"STS"研究的风格。

1994 年 9 月到次年 3 月,万安黎在斐济的非政府组织和联合国机构从事为期半年的田野研究,这些成果汇总成为她的博士学位论文:《作为知识田野的国际法与组织:一种人类学的视角》。同时,万安黎利用博士论文相关的田野成果,于 1998 年在《美国民族学家》上发表了《括号内的无限性》一文。① 这篇文章将联合国支持的国际会议与相关法律文件作为民族志的研究对象,围绕活跃在这些会议中的斐济代表,展开对国际法实践中形式性内容的讨论。

这篇文章特别聚焦于"文件"(documents)实体对于斐济代表在国际谈判中的意义,也因此延伸出了万安黎对于"谈判的艺术"(the aesthetics of negotiation)在形式和规模上的功能性分析,同她的博士论文一样,开辟了对国际法认识的新维度。② 而这种把文件等人造物和相关形式作为讨论重点的文章,在万安黎看来与描摹"文化意义"等抽象内容是不同的。"文件"作为一个熟悉的概念工具,将在她的研究中

---

① See Annelise Riles, *Infinity within Brackets*, American Ethnologist, Vol. 25, p. 389-390(1998).

② See Annelise Riles, *Infinity within Brackets*, American Ethnologist, Vol. 25, p. 378-398(1998).

扮演着重要的角色。进言之,在她处理异文化环境与国际法的联系时,文件是现代性意义的分析对象,可以在异文化视野下容纳现代法律活动。这是万安黎将研究深入现代社会的桥梁。笔者认为,对于万安黎的学术生涯而言,这篇文章是她首次向读者展示自己怎样在知识社会学的影响下完成法律人类学的研究。

1999年,万安黎于《国际与比较法季刊》上发表了《理论模型和实务文件:国际法知识的人造物》(Models and Documents: Artefacts of International Legal Knowledge)一文。她从理论家和实践者两个视角理解国际法的知识产生和具体实践。万安黎从理论界与实务界彼此冷眼相待这一现象入手,从知识实践中找到对国际法理论工作的定义,剖析理论家的知识实践与实务界的具体实践的区别。为完成这一分析,万安黎找到了一对遥相呼应的"人造物"(artefact),即与国际体系(inter national system)有关的各种理论模型,以及以"文件"及其转译(translation)为核心的国际法运作。①

在这篇文章中,关于"文件"和转译的章节涉及诸多田野材料,融合了基于斐济的国际组织观察完成的民族志成果。在描绘和分析国际事物文件形成、撰写与转译过程,展示了国际法实务专家的知识实践:相较于超越现实的、分析性的、试图运用于"事件"(incidents)中的国际法学家理论,实务专家是从需要一次次具体回应的文书事物中形成交涉语言和条约文本,呈现出相当的实践技术性(而非内容商讨)。万安黎也由此呼吁,国际法学家可以从实践出发地成为另一种

---

① See Annelise Riles, *Models and Documents: Artefacts of International Legal Knowledge*, International and Comparative Law Quarterly, Vol. 48, p. 805 - 825 (1999).

转译者,对文件体系进行解读,由此贡献新的理论知识。从文章中可以看出,将作者对"文件"的理解进一步推进,放到了知识实践、技术体系的角度进行理解,为读者展现了国际法知识的生产结构和社会功能。

2000年,万安黎完成了《由内而外的工作网络》一书,万安黎希望通过本书呈现出在具体问题上反思性与规范性议题之间的辩证思考,她谈道:"我们如何将法律知识的终点——法律理论和实践所包含的难题、挫折、事实和承诺——作为人类学式反思的起点,反之亦然。"①

本书所言的工作网络(the network),对于万安黎而言,意味着"一系列的机构、知识实践和人造物",而书中强调的"Inside-Out"概念则意味着"他们通过自我回顾而内在地产生影响现实的力量"。② 这与万安黎融入田野,亲身帮助斐济的工作人员完成了预备工作,以及参加在北京召开的第四届世界妇女大会有关。在万安黎看来,这些工作让她意识到个人的努力也将可能成为国际法,③在接受访问时,万安黎说道:

> 这本书充满了像非政府组织的通信简报、拨款建议、组织结构图等文件——我称其为"人为产物"——的材料……我想说的是,以人类学的方式呈现现代法律并不是牵强附会,相反,法律人类学的贡献正在于此。④

① See Annelise Riles, *The Network Inside Out*, University of Michigan Press, xii(2000).

② See Annelise Riles, *The Network Inside Out*, University of Michigan Press, p. 3(2000).

③ 参见张冠梓:《多向度的法——与当代法律人类学家对话》,法律出版社2012年版,第309页。

④ 张冠梓:《多向度的法——与当代法律人类学家对话》,法律出版社2012年版,第310页。

已有书评就万安黎在理论资源方面对知识社会学,特别是拉图尔式的科学社会学径路做出专门评论。这篇书评说道:

> 尽管万安黎熟悉全球化研究,且作为法律人和学者,她显然了解国际法知识。但是她的作品定位于使用科学研究和知识人类学研究理路,尤其是玛丽莲·史特拉森(Marilyn Strathern)和布鲁诺·拉图尔(Bruno Latour)的作品上。因此她并不寻求与效用有关的数据,来证明(斐济)社会工作网络的存在。①

这位书评者指出,她显然受到拉图尔所著《我们从未现代过》一书的影响。他补充道,这本书虽然做出了拉图尔式的民族志,但是其实际的分析方式,却来自另一位科技与社会研究者安德鲁·皮科尔林(Andrew Pickring)的思路。② 这说明读者已经意识到了万安黎用以剖析现代社会与其法律体系的理路,并不来自效果分析和对行动环境的文化解读,而是将这些体系与知识本身作为对象,放在科学、技术与社会研究传统中进行研究。而万安黎在本书中反复强调对知识反思性和内生性现实力量的考察,与她在 1994 年对于法律人类学的本体论和认识论判断是一以贯之的。

此后一段时间,万安黎编著了两本论文集,分别是于

---

① See John D. Kelly, *Reviewed Work of The Network Inside Out*, American Ethnologist, Vol. 29, p. 468(2002).

② See John D. Kelly, *Reviewed Work of The Network Inside Out*, American Ethnologist, Vol. 29, p. 469(2002).

2001 年出版的《对比较法先哲的再思》(*Rethinking the Masters of Comparative Law*)和 2006 年出版的《文件:现代知识的造物》。后一本书收录了她以文件分析官僚政治的人类学新作。① 在这本书的导论里,她将"文件"这一人造的知识载体视作拉图尔理论视角中的民族志对象,她认为"文件"的学术意义在于"民族志对象、分析范畴和一种方法论的新指向"。②

(二)成熟期:概念提炼与方法运用

2000—2011 年前后,万安黎的关心也不仅停留在法律人类学本体论和国际法上,金融法显然是结束斐济调研后的重点研究领域。她对于国际金融市场及其国际私法治理展开了长达十数年的田野调查。而从 2004 年起,围绕日本央行的金融专家和法律政策设计的人类学研究开始陆续问世,六七年后,这些文章将被收入《担保论》的框架内。

万安黎发表于 2004 年的《作为法律知识的财产权:手段和目的》(*Property as Legal Knowledge: Means and Ends*)一文,以法学和人类学研究中对于同一对象产生的不同知识本质为切口,讨论了学者关于财产权对知识形成的论争。这篇文章在类型化知识、围绕知识性质和相应生产方法进行分析的手法上,与过去一致,作者在文章中仍然借助玛丽莲·史特拉森的"知识人造物"概念,将财产权视作法律知识。③

这篇文章虽然试图在认识论层面,围绕作为知识的财产

① See Annelise Riles, *Introduction to Documents: Artifacts of Modern Knowledge*, The University of Michigan Press, p. 71-94(2006).

② See Annelise Riles, *Introduction to Documents: Artifacts of Modern Knowledge*, The University of Michigan Press, p. 6-7(2006).

③ See Annelise Riles, *Property as Legal Knowledge: Means and Ends*, The Journal of the Royal Anthropological Institute, Vol. 10, p. 776(2004).

权展开对于生产过程、知识贡献的跨学科反思,但并非综述式写作,而是运用民族志的方法讨论财产权如何在知识生产中作为一种工具,承载相应的社会目的与功能,形成主流法律理论。这样的方法不是为了呈现彼此之间的误解和差距,而是更为清晰地展现“研究对象”和最后的“生成理论”之间的距离,使得读者通过阅读民族志理解法学的理论生产,反思法律知识与社会的关系。①

除此之外,万安黎还将自己的课堂实践作为民族志的重要内容。② 这种以“我”为对象的民族志写作,不仅是在描绘现代法律体系,而且是打破了经典民族志的他者叙事,从自我出发,反身性地思考本学科。这与万安黎早年作品中对于跨学科理论的思考遥相呼应。

在结尾处,她指出也许正是对于社会现象呈现的目的性和结果性的强调,才使得法律人类学围绕民族志这一方法争论不休,如果人类学家更加关心过程,兴许在认识论层面能够使得人类学家不执着于到底如何为这些社会现象定性、能否用西方语言去描述等问题。③

次年(2005 年),万安黎于《布法罗法律评论》发表了题为《法律的文化研究之新议程:接纳技术性》(*A New Agenda for the Cultural Study of Law*:*Taking on the Technicalities*)的理论研讨文章。这篇文章的发表不仅标志着她对拉图尔的知识研究理路研究有了更细致的认识,并由此提炼出了可供讨

① See Annelise Riles, *Property as Legal Knowledge*: *Means and Ends*, The Journal of the Royal Anthropological Institute, Vol. 10, p. 777-778(2004).

② See Annelise Riles, *Property as Legal Knowledge*: *Means and Ends*, The Journal of the Royal Anthropological Institute, Vol. 10, p. 778-789(2004).

③ See Annelise Riles, *Property as Legal Knowledge*: *Means and Ends*, The Journal of the Royal Anthropological Institute, Vol. 10, p. 790(2004).

论的、具有解释力的命题——法律的技术性(或称法律技术)。

这篇文章的讨论源于万安黎对法学论域中学者类型的判断。她认为,法学领域由两种学者组成,代表了两种议题和偏好:有一类是包括宪法、法史、法律与社会、法理学和法哲学、人文和女权主义法学者在内的文化主义者(culturalists)和经济学、政治科学、教义学、认知科学、公司法律师为代表的工具主义者(instrumentalists)。

文化主义者认为法律是社会规范的体现、是政治妥协的成果、是社会意义的产物,因此他们的理论任务应当是提供对法律规范内容、法律文本含义、法律在文化中的地位的解释。而对于工具主义者而言,法律就是首先是实践的工具性术语,其理论任务在于对法律工具解决具体问题的能力进行评价。

万安黎认为理论的拥趸在此之外还有两个尚未关注到的重要命题:法律和法律思想的技术性。① 她所强调的法律技术性议题主要包括四个方面:(1)以法律工具主义和经理人主义为核心的意识形态;(2)学者和实务工作者这些谦卑却对专业自信而兢兢业业的专家们;(3)解决问题的路径(paradigm);(4)法律学说与论证的技术形式。②

万安黎反思道:文化主义者并不关心技术层面的法律,显然对他们来说,这是实践而非理论。讨论这一议题只让文化主义者认为是在过多地关注法律的工具性而忽视其他重

---

① See Annelise Riles, *A New Agenda for the Cultural Study of Law: Taking on the Technicalities*, Buffalo Law Review, Vol. 53, p. 973-974(2005).

② See Annelise Riles, *A New Agenda for the Cultural Study of Law: Taking on the Technicalities*, Buffalo Law Review, Vol. 53, p. 976(2005).

要议题。而工具主义者似乎也不关心法条的技术细节,具体操作是律师的任务。工具主义者倾向于去设计一套法律机器,而并不着眼于实际的运转过程。①

因此万安黎想站在文化主义者的立场,呼吁文化主义倾向的研究者们不要忽视了法律思想的技术性。她阐述了三点理由:首先,忽视法律技术这种核心命题的径路毫无疑问地会变得边缘化。其次,法律的技术性命题的讨论意味着文化主义者将进入“法律工程师”们的队伍中,这会使得他们习惯的、形而上的政治与社会讨论回到更具体的土壤和对象上。最后,强调了研究的可行性,万安黎认为,学者已经积累了足够的方法,可以用以研究法律的技术性命题。② 笔者认为,这也是法律人类学这种文化主义倾向的学科需要进入现代社会和现代法律体系的理由,也为进入现代社会提供了比较核心的视角。而万安黎深信,这种对技术之道(technical aesthetics)的讨论,是一个将令人文主义者感到惊喜的富矿(rich and exciting)。③

在她看来,这篇文章的讨论能够说明,那些未能激发人文主义或文化主义乃至工具主义法学家兴趣的、平凡枯燥的技术官僚(technoractic,也就是实务工作者)的技术活动,恰恰是法律人工作中形成的有趣产物。人文主义的法律研究者因此应当认真对待“法律技术”这个命题,将它视为法律自身文化实践的产物之一。她呼吁,对于处于其中的技术官

---

① See Annelise Riles, *A New Agenda for the Cultural Study of Law: Taking on the Technicalities*, Buffalo Law Review, Vol. 53, p. 974-975(2005).

② See Annelise Riles, *A New Agenda for the Cultural Study of Law: Taking on the Technicalities*, Buffalo Law Review, Vol. 53, p. 975(2005).

③ See Annelise Riles, *A New Agenda for the Cultural Study of Law: Taking on the Technicalities*, Buffalo Law Review, Vol. 53, p. 976(2005).

僚(实务法律人)和他们的技术,我们应当学习,而非忽视或简单批评。

在此,万安黎展示了分析法律技术性命题和法律知识等对象的方法论工具,她呼吁,文化主义的法律学者可以选择科学技术研究(science and technology studies,STS)和知识人类学(anthropology of knowledge)的研究径路。① 根据万安黎的研究,法律现实主义者在批驳形式主义的逻辑观念时,已经注意到了形式主义者的知识是由现实问题中的实用主义需要引导形成的,这比STS学者对于科学的文化性分析早了半个多世纪。万安黎认为,运用这样的方法恰恰不会让法律技术沦为外围环境中历史、文化的注脚,反而能够解释本身的历史和文化属性。

在文中,当万安黎需要讨论法律形式的效用时,她主动引介科学与技术研究和知识人类学。在她的理解中,STS揭示了诸多孕育科学知识的科学技术和工具的社会特性。这些科学技术和工具的出现,是为了克服现有知识在社会中遇到的关系性的和认识性的困境,对于研究者而言可以从科学知识生产的社会影响,尤其是关系权力性影响的层面来看待这些工具。日积月累的实践中,平凡的技术工具每每带来重大的认识论转型,发挥巨大的能量。这种对技术的分析连接了知识生产与社会实践,因此万安黎相信,人文主义者所关注的政治本质、道德哲学观念等论题,也根植于广泛的技术工具中。万安黎认为:

如果我们认真对待法律冲突学者的提议,认为

① See Annelise Riles, *A New Agenda for the Cultural Study of Law: Taking on the Technicalities*, Buffalo Law Review, Vol. 53, p. 1033(2005).

> 法律是一种技术科学，为什么不借鉴对技术科学知识特征的人文主义研究思维方法更全面地了解法律知识？①

而从认识论的层面看，STS 研究为万安黎围绕法律技术中的人造物，如知识、技术、文件等展开人类学研究，提供了理论基础，能够被用来分析法律的核心命题。万安黎注意到，STS 研究中最具争议且最有特色的认识，是有关科学技术和工具在科学真理性知识生产中的效用。研究者认为，真理是物质与非物质、人类和非人类“行为体”网络的产物。而根据安德鲁·皮克林的观点，科学技术和工具显然不只是某个实验器材（tools），还包括理论工具，理论创新不是参与者、社会环境和认知环境中的造物，而是和这些理论工具本身息息相关。因此万安黎觉得可以沿着皮克林的研究理路，将法律技术作为核心问题进行人类学意义上的对象分析，而不简单与参与者、社会或认知环境混为一谈。②

而对于知识人类学，万安黎则认为这一理路有益于提供更多对于现代技术知识的社会意义解释。根据玛丽琳·史特拉森的研究，万安黎强调知识的形式和所表现出的特征，不只是向社会传达一系列有意义的语词，它本身就是能产生一定社会结果的行为，法律知识概莫能外。

这一篇文章直击法律理论的认识论和方法论议题，它集中提出了法律技术性（technicalities of law）、技术官僚

---

① See Annelise Riles, *A New Agenda for the Cultural Study of Law: Taking on the Technicalities*, Buffalo Law Review, Vol. 53, p. 985 (2005).

② See Annelise Riles, *A New Agenda for the Cultural Study of Law: Taking on the Technicalities*, Buffalo Law Review, Vol. 53, p. 988 (2005).

(technocract)等特色概念,论证了作者所依仗的 STS、知识人类学等方法,并对这些概念和方法进行了阐述。而且,本文结合法律冲突的相关学说史,展现了具体的分析过程和思路,为文化主义者或者说人文主义者提供了新的研究对象和路径。尽管正如她所说,还有很多路径可以选,但毫无疑问,万安黎致力于推介并展示她所关心的法律人类学的核心论题和方法偏好。

第三篇文章并不像前面的作品一样展开了如此深入的认识论和方法论探讨,但也可以让读者感受到万安黎对于法律技术相关命题的认知,以及对于 STS 及知识人类学方法较为系统的运作。在这篇名为《人类学,人权和法律知识:铁笼中的文化》(*Anthropology, Human Rights and Legal Knowledge: Culture in the Iron Cage*)的文章中,万安黎将法律知识细化到了人权知识层面,试着用知识人类学的方式去解剖人权,使得在人权本身蕴含的法律工具主义色彩之外,看到人权和人权实践个体作为民族志对象从工具性中独立出来,重新在文化视野里获得描述与分析,便于研究者解读其中法律意涵。①

总而言之,至 2010 年前后,万安黎已经形成了以法律技术性议题为中心的研究风格,且已经走向成熟。此时,一部完全将研究环境置于现代社会,将研究对象定格于现代国际金融交易法律技术问题的法律人类学作品即将面世。尽管这不是一部在探索现代社会方面具有开创性地位的作品,但就它的核心概念和方法工具在法律人类学领域是具有先驱意义的。这就是由芝加哥大学出版社于 2011 年出版的《担

① See Annelise Riles, *Anthropology, Human Rights, and Legal Knowledge: Culture in the Iron Cage*, American Anthropologist, Vol. 108, p. 52-65(2006).

保论:全球金融市场中的法律推理》一书。

此书立足全球金融市场,以掉期交易的担保制度为研究对象,探讨作为法律技术的担保制度建设这一命题。该研究覆盖金融治理、国际私法、国家管制等论域,理解并解构专家治国,以明确"法律推理"这个具体法律技术的运作和影响。

万安黎在导论中表达了自己的困惑:新自由主义经济学者所鼓吹的私法自治,是在官僚技术专家治国的规制体系建构基础上形成的。要回答这些矛盾和争议之处,势必不能停留于纸面的制度。至少要做"透视"的工作。万安黎认为,自己需要利用法律、制度、社会实践的多种结合,以担保为切口,去理解"全球市场中有关治理特征的更为根本的问题"。全球治理必然不是纸上谈兵,而是具体实践,凡关注社会实践,就无法避开对于各类参与者的调研分析。这些调研分析是为了揭示"在实际生活中,什么是真正的担保"。在此,万安黎认为:"全球金融治理是一套日常化高度分工的知识实践。"①

在深入对自己的困惑和论断进行讨论前,万安黎要想推进如此先驱的人类学研究,有一些认识论和方法论的疑难需要回应。她先就"为什么要从事全球市场治理的人类学研究"这个有关研究意义和可能性的问题分层次展开了回答:第一个要回答的问题是:为什么人类学能研究全球治理?万安黎在此更为具体地回答道,这是因为市场不是一个抽象的造物,而是与人的情感、文化、行动、技术、知识息息相关的社会存在。其中,法律知识不容小觑。反复的经济危机的教训提醒研究者,平凡而具体的法律技术活动可能是危机时代的压舱石和救生筏。

① [美]万安黎:《担保论:全球金融市场中的法律推理》,江照信等译,中国民主法制出版社 2013 年版,第 9 页。

第二个问题则仍和方法论有关:如此规模的研究,其普遍性如何得来?对于万安黎而言,她认为这是因为当产生浓厚的研究偏好并具体执行时,民族志的制作者将认真地去了解市场中各主体的意见,深入了解,以总结和梳理出"普遍性答案"和"洞见"。① 在笔者看来,所谓的锁定"普遍性答案",是在本身有着显著共性可寻找的某些领域内,针对分享相似(乃至相同)知识并类似行动着的个体,基于交往展开反复、深入的讨论研究。这其实是之前万安黎提到的,"比较各地民族志"能够给予共通的知识启发。也就是说,如此宏大的理论生产活动,对于万安黎来说显然不是一次文化批判或者自我反思的过程,研究现代的国际金融法律活动,是为了对法律技术及知识生产有更深刻的认识。那么所产生的理论应当是具有分析性、普遍规范性的。全球化的现代社会,也为"普遍性"提供了现实语境。

这种可以理解为"术"的日常行动,经过解释,可以提炼出背后蕴含着的,全球市场运转和治理中的"道"——金融精英、法律专家们误解和低估了的知识生产和技术转换的重大贡献。② 而当法律人类学家融入技术现场,才能理解这些建议、约定俗成的文件和复杂、多样的金融博弈,作为知识工具所蕴含的社会意义为何。

同时,万安黎试图冲破弗里德曼对于法律技术性命题在法律社会学研究中尴尬处境的揶揄。③ 法律技术不是法律

---

① [美]万安黎:《担保论:全球金融市场中的法律推理》,江照信等译,中国民主法制出版社2013年版,第12页。

② [美]万安黎:《担保论:全球金融市场中的法律推理》,江照信等译,中国民主法制出版社2013年版,第13页。

③ 参见[美]万安黎:《担保论:全球金融市场中的法律推理》,江照信等译,中国民主法制出版社2013年版,第17页。

工具主义无足轻重的注脚。在此，她强调了知识人类学和STS研究对自己的意义。万安黎认为这些研究揭示了：“法律被视为一种现象，不可以简单还原为社会压力与力量，而是自身具有认识上与实体上的自治性。”①这与她在这一时期文章中知识自技术中自我生产的主张相互呼应。

由此，万安黎首次以一个人类学家的视角介入金融法律与国际治理，将技术的承担者——交易员作为中心，连接起中央银行、立法者和学术专家，形成一张与担保制度在国家和私力层面相互交织的工作网络，完成了一本别致的法律人类学民族志。

在这本民族志中，显然没有太多的仪式和文化符号，也没有太多起伏的故事。这是因为如前所述，以法律技术为研究中心的民族志，并不是结合社会环境、个人认知、历史风俗对法律技术进行笼罩式的含义解读，而是把焦点放在法律技术上，以这一有着知识生发性的主体，为社会行动及其影响的考察对象。而法律技术的日常实践枯燥而平凡，但正是靠一张联络后台与前台、企业与国家、合同磋商与法律制定的工作网络，使得读者能意识到担保制作为一项真实发生的、十分活跃的法律技术而言，对于法律及其治理的理论意义，进而对于法律技术的理论意义有着更深刻认知。也正是在这个过程中，现代的法律体系被法律人类学家进行了解构，并由此生发了对于私力法律技术如何实现公共治理的实践性思考，由此提供“对公司治理模式的技术更细致的理解”，

① 参见[美]万安黎：《担保论：全球金融市场中的法律推理》，江照信等译，中国民主法制出版社2013年版，第19页。

而不是针对法律制度的“好坏判断”以及泛泛而谈的文化解读。①

有的书评指出:《担保论》意味着“万安黎采取了不同的径路”②。这种不同之处在于她并不像金融学传统研究那样忽视在场成员的行动。评论者认为,万安黎在金融研究领域采取这一方式,展示了过去相关研究中所假设的担保背后的确定性并不存在,相反,在复杂的、以文书为保证的掉期交易背后,市场参与者要面对的是潜藏起来的非确定性。据此,评论者认为万安黎展示了更加接近现实、完善且民主的监管者责任,这得益于范式的转换。评论者提到,这“体现了她的民族志方法之价值”。③

(三)再出发:迈向更广阔的治理议题

此后,万安黎围绕全球金融的监管和治理等议题,发表了系列文章,许多内容与金融人类学有关,④也不乏以法学理论为中心的讨论。⑤ 2018 年,万安黎本人融合金融人类学、法律人类学于一体的作品:《金融的公民:专家、公众与央行政策》,就金融领域的政策制定活动围绕专家、公众、央

---

① 参见於兴中:《译后记》,载[美]万安黎:《担保论:全球金融市场中的法律推理》,江照信等译,中国民主法制出版社 2013 年版,第 286-287 页。

② Weidemaier, W. Mark C. and Gulati, G. Mitu, *The Review of Collateral Knowledge: Legal Reasoning in the Global Financial Markets*, Political and Legal Anthropology Review, Vol. 36, p. 190(2013).

③ See Weidemaier, W. Mark C. And Gulati, G. Mitu, *The Review of Collateral Knowledge: Legal Reasoning in the Global Financial Markets*, Political and Legal Anthropology Review, Vol. 36, p. 190(2013).

④ See Annelise Riles, *Market Collaboration: Finance, Culture, and Ethnography after Neoliberalism*, American Anthropologist, Vol. 115, p. 555 - 569 (2013); See Annelise Riles, *Is New Governance the Ideal Architecture for Global Financial Regulation?*, Monetary and Economic Studies, Vol. 31, p. 65-108(2013).

⑤ See Annelise Riles, *Managing Regulatory Arbitrage: A Conflicts of Law Approach*, Cornell International Law Journal, Vol. 47, p. 63-120(2014).

行等主体展开民族志分析。①

2021 年，万安黎写就了《牛津法律与人类学手册》中“law as technique”这一词条。② 这是万安黎及其合作研究者对于技术维度的法律研究所做的系统总结。在这一篇词条中，万安黎再次重申了“作为技术的法律”的具体内涵，提出应当从民族志的维度观察和理解法律技术。③

万安黎与合作者梳理了理解法律技术的法社会学(Sociolegal)的理论渊源，她将自己的理论上溯于马克思·韦伯(Maximilian Karl Emil Weber)的形式理性和法律系统论，这开创了对于法律技术的社会性研究。此后，吸收韦伯智识成果的卢埃林在研究中将关注点置于法律职业——特别是法律官员的实践和相应意义上。卢埃林对于法律职业的进入与习得以及法律职业的意义问题，串联起了法律手段和社会目的的联系，开拓了后来者在社会环境中对于法律技术的过程视角。而在法律人类学的影响力层面，布迪厄对法律实践者的内部观察在法律人类学领域，特别是法律技术领域中影响甚深。他如韦伯一样关注法律的形式性，但又通过自己的研究揭示了这种法律的形式性贯彻于实践后，将内在地形成实践者自身的法律活动、概念，而外化为客观的社会效果。而布迪厄开创的这一传统，在万安黎看来得到了后续学者的发扬。

① See Annelise Riles, *Financial Citizenship: Experts, Publics and the Politics of Central Banking*, Cornell University Press, 2018.

② See Annelise Riles and Ralf Michaels, *Law as Technique*, in Marie-Claire Foblets, Mark Goodale, Maria Sapignoli & Olaf Zenker eds, The Oxford Handbook of Law and Anthropology, Oxford University Press, p. 860-874(2022).

③ See Annelise Riles and Ralf Michaels, *Law as Technique*, in Marie-Claire Foblets, Mark Goodale, Maria Sapignoli & Olaf Zenker eds, The Oxford Handbook of Law and Anthropology, Oxford University Press, p. 862-863(2022).

如果说,明确法律技术的研究渊源意味着法律人类学领域中的该项研究有了“向前看”的方向,而越发能明确其作为一条学术线索而非偏好的基础性所在的话,那么该文中对于系统论和 STS 研究径路的总结,则确认了万安黎研究进程中所形成的对法律技术对认知和相应的学术资源,在笔者看来,这意味着“向后来看”,万安黎完成了自己研究径路的框架性总结。在文中,万安黎特意强调了在形式上与人类学有关的几个研究对象,即作为法律人造物的文件、法律推理、法律“神话”(fiction)等方面。① 她认为,之后的工作可以就立足于高质量的经典民族志,将女性主义等话题融入其中,与法律技术、法律知识等核心概念融汇,形成有人类学特征等学术创新。

在最后,万安黎明确道,法律技术研究并不是:“沉迷于将法律场景化,我们在努力争取将法律的手段性,这一为穿梭于法律手段和目的性之间的法律人所重视,却被人类学家忽视的特征,纳入民族志研究中。越来越多的法律社会学者将此作为关注的焦点,他们运用系统论和 STS 来阐释关于法律专业知识的递归性、法律知识的重要性、法律推理和法律技术的表征。以人类学长期以来对于交换等话题中存在的、对形式性对固有坚持为出发点,这一学术脉络突出了人类学理论和方法在阐释法律知识运作方面的潜力,并论证了法律技术民族志为法律人类学充当理论创新引擎的可能。”②

---

① See Annelise Riles and Ralf Michaels, *Law as Technique*, in Marie-Claire Foblets, Mark Goodale, Maria Sapignoli & Olaf Zenker eds, The Oxford Handbook of Law and Anthropology, Oxford University Press, p. 869-873(2022).

② See Annelise Riles and Ralf Michaels, *Law as Technique*, in Marie-Claire Foblets, Mark Goodale, Maria Sapignoli & Olaf Zenker eds, The Oxford Handbook of Law and Anthropology, Oxford University Press, p. 874(2022).

[四] 结论:法律技术与法律人类学的新可能

笔者认为,万安黎提供了法律人类学研究现代社会的方案,就是以“法律技术”为中心的法律人类学研究。具体而言那就是结合 STS 和知识人类学的理论资源,围绕法律技术性命题和法律知识,将现代社会中的法律技术作为研究对象,通过民族志方法,观察其日常实践,解释法律技术及其实践本身作为人类实践、社会行为所具有的社会意义。同时,万安黎也从这一角度将理论视角聚焦到法律技术,这一可能不受重视的法律性质上。因此,在笔者看来,这一理路直通法律的本质特征,能够提供关于法律概念、法律形成、法律运作等核心命题的、不止于反思和描述的一般性理论,换言之,有指出法律某些具体特征的潜力。这是万安黎最重要的贡献。

成熟的 STS 研究和知识人类学使得她依然需要也能够通过田野展开自己的工作,并完成一本法律民族志。不过,这本法律民族志已经在对象上超越了传统的法律民族志,自含有社会意义法律技术,走向现代社会及其法律实践。而对于上述理论的成功借鉴,对于法律技术这个概念性命题的思考,绝非一朝一夕之功,而是一个长达十数年的研究过程。

万安黎的 STS 方案是否使得法律人类学与其他学科过于融合,而使之失去主体性了呢?应当意识到,以法律技术为中心的理论研究是从人的实践的立场出发,反思法律及其运作过程。这种以人为中心,统合文化、社群等多要素,去解构法律技术的研究方案,实际上是现代社会中关于法律技术的田野民族志。通过融合 STS 等理论,万安黎对于祛魅法律理性、还原技术现场的努力得以成功,但并未动摇法律人类学的基本立场。

同时,正是万安黎她借助人类学工具反思法律技术命题,开拓了从技术、知识与社会角度理解法律核心命题的可能。人类学送给法律人类学的礼物应当是对各种维度的意义的关怀,最终是对实践中的人的关怀。正如约翰 · 康利和威廉 · 奥巴尔所言:

> 将那些与现代社会有关的问题放在脑海里,(法律)人类学家应该坚持做那些他们最擅长做的事:持之以恒地、认真地打量着真实的环境中那些真实的人。然后法律人类学家将能够履行他们百年来的承诺——阐明人类社会的日常秩序。①

① See John M. Conley & William M O'barr, *Legal Anthropology Comes Home*:*A Brief History of the Ethnographic Study of Law*, Loyola of Los Angeles Law Review, Vol. 27, p. 64(1993).

何为人类学家的公共性:以劳拉·纳德为例

王静宜*

摘　要:21世纪以来,人类学界开始注重学科的公共意识与公共责任,倡导人类学家的研究更多地向公共奔赴。作为先行者,纳德对公共议题的求索是较为深刻的,这体现在,她的研究展现出了全景视角和不受羁绊的研究思维,她认为法律人类学研究应该以研究法律和社会问题为己任,人类学的研究应该为生活服务而不是为权力服务,人类学的研究应是一切与人类有关的事物。在公共联结上,纳德对多种公共议题的参与方式包括合作、跨界与对话等,在其研究中,"他者"从来都不是沉默的,普通的民众也能够向人类学家提供有关文化、当地的社会状况以及公正与不公正的知识。在此基础上,纳德通过多元化的方式呈现了研究的知识成果。同时,纳德在面对研究中涉及的风险与利益时选择了对弱者的公正和对权力的挑战,因此,纳德通过履行一位人类学家的公共责任而构建了其公共形象。

关键词:人类学家　公共性　劳拉·纳德

---

* 王静宜,云南师范大学马克思主义学院副研究员、云南师范大学教育学博士后科研流动站在站人员。本文系2020年国家社科基金一般项目"西南地区村落生态秩序建构中的少数民族女性参与问题研究"(20BMZ062),2020年云南省博士后定向培养资助项目,云南省"兴滇英才支持计划"青年人才专项,云南省哲学社会科学石中英专家工作站,云南师范大学"登峰扎根"优秀科研创新团队支持。感谢上海外国语大学法学院王伟臣副教授和湖南师范大学法学院谢思思同学给予的帮助。

[一]问题的提出

尽管人类学的滥觞与殖民主义有关,但是从初代开始,人类学家无一不对被压迫者怀有深切的同情,并终其一生与种族主义进行抗争。从 19 世纪人类学成为一门独立的学科起,人类学家们就离开了扶手椅,奔赴广阔的田野,深耕于普通民众之中,不断在理论与实践之间穿梭,为学科的发展贡献力量。人类学基于田野调查和民族志材料对人类社会文化的体悟与解读,能够对社会公众产生深刻的影响,这是人类学除了学科理论发展外,更为重要的贡献。纵观学科发展史,人类学与广阔的公共领域有着密切的联系,人类学家们深切关怀社会,并活跃于公众的视野,积极地为反对种族主义、反对战争、捍卫社会公平与正义、捍卫人权等做出努力。英国的布洛尼斯拉夫·马林诺夫斯基(Bronislaw Malinowski)、美国的弗朗茨·博厄斯(Franz Boas)及其弟子玛格丽特·米德(Margaret Mead)等,都是这样向公共领域传播人类学知识、体现出公共责任担当的人类学家。

1987 年,美国历史学家拉塞尔·雅各比(Russell Jacoby)出版了《最后的知识分子》一书,他在书中沮丧地用“最后一代:公共知识分子的消逝”来形容学院派知识分子的转变,因为他"体察到一个代际更替的过程：从本世纪初的公共知识分子，到世纪末已演变为学院派的思想者。知识分子并未消失，但其内涵已经改变：他们变得越来越专业化和超然于世"。① 尽管受到了诸多批评，但他的反思："公共知识分子的消逝"这个立论却是有依据的。2008 年，美国人类学会成立了"实践、应用与公共利益委员会"（The Committee on Practicing, Applied and Public Interest Anthropology, CoPAPIA），以促进人类学家从事更多学术之外的、与公共利益相关的工作。无独有偶，2011 年，宾夕法尼亚大学杰出人类学教授杰瑞·萨布罗夫（Jerry Sabloff）在美国人类学界最具影响的学术期刊《美国人类学家》上发表了题为《玛格丽特·米德去哪了？人类学与公共知识分子》的文章，在缅怀玛格丽特·米德的同时，痛心疾首地诉说了美国人类学界缺少公共知识分子的现状。同时，他指出虽然人类学的研究在全球化、城镇化、生态的可持续发展、战争与种族冲突、疫病与人类发展等方面都有着独特的见解，但是人类学家们却没有发出他们应当且能够发出的声音，他们的研究成果既不被公众所理解，也不被政策制定者所采纳。他举了一个形象的例子：如果在大街上让路人说出一位在世的著名人类学家的名字，路人可能会脑海一片空白："谁是人类学家？"或者"你指的是那些研究黑猩猩的人吗？"再或者，路人会提到玛格丽特·米德这个名字。② 2019 年，《公共人类学家》（*Public Anthropologist*）这一学术期刊在美国的创办，更加印证了美国人类学

① ［美］拉塞尔·雅各比：《最后的知识分子》，载许纪霖主编：《公共性与公共知识分子》，江苏人民出版社 2006 年版，第 1 页。

② Jerry Sabloff, *Where Have You Gone, Margaret Mead? Anthropology and Public Intellectuals*, American Anthropologist, Vol. 113:3, p. 408－416(2011). 中译版载微信公众号"复旦人类学"，2021 年 1 月 9 日。

家的公共性凋零的状况。

劳拉·纳德(Laura Nader)①是当代西方法律人类学界的国际学术权威,1961年在哈佛大学获得人类学博士后就一直在美国加州大学伯克利分校人类学系从教,是该系第一位获得终身教授职位的女教师。纳德虽然来自博厄斯学派之外的哈佛大学,但是她在伯克利如鱼得水,凭借宽泛的知识基础、敏锐的研究嗅觉和跨学科的研究视角,涉猎民族志、社会学、法哲学等学科,在革新人类学研究方法的同时,不断地拓展法律人类学理论创新的领域,并提出了对西方社会的研究进路、纠纷过程研究与过程控制理论、和谐理论等被学界广泛接受的理论。她的研究对法律人类学、人类学乃至其他社会科学研究产生了重要影响,因此她本人也被誉为加州大学伯克利分校的"杰出大使"(an outstanding ambassador),②以及"继博厄斯之后最具良心道德的美国人类学家"。③ 本文从公共议题、公共联结和公共责任三个方面阐述作为"少数"的纳德身上展现出的人类学家的公共性。

[二] 何为人类学家的公共性

公共性(public)是社会科学研究广泛使用的一个概念,不同学科从不同维度对这个概念有不同的阐述。人类学与

---

① 纳德的更多详情可参见张晓辉、王静宜:《"不受羁绊的人类学"——劳拉·纳德法律人类学研究及其贡献》,载《思想战线》2019年第3期。以及王静宜:《劳拉·纳德法律人类学思想研究》,中国社会科学出版社2020年版。

② Laura Nader, *Laura Nader, A Life of Teaching, Investigation, Scholarship and Scope, Interviews Conducted by Lisa Rubens and Samuel Redman*, University of California Prees, 2014.

③ David Price, *Threatening Anthropology, Durham*, Duke University Press, 2004.

公共性这一概念的联结肇始于21世纪后公共人类学(public anthropology)的诞生,其作为人类学的一个分支最为显著的特点便在于人类学向公众的奔赴,这种别具一格的学科抱负使知识界将其誉为人类学的第五个分支学科。① 关于公共人类学的引介,国内已有周大鸣、段颖(2012),马腾嶽(2014),朱凌飞(2014),李家驹(2015),陈兴贵(2016),常姝(2020)几位学者的阐述。2019年,名为《公共人类学家》的学术期刊在美国创刊,对人类学家的身份提出双重性界定,既要做"民族志的见证者,向大众描绘超出生活边界之外的其他的社会文化",又要做"介入型知识分子,通过民族志来重新设定公共辩论的框架,以新的洞见和框架改变既有的认知,并朝向有益于他者的社会政治变迁"。② 常姝(2020)从公共议题、公共联结以及公共责任三个方面来阐述人类学家所肩负的这种双重性任务,本文也是基于这三个维度对人类学家的公共性进行探讨。

首先是人类学议题的公共性。人类学的议题如何体现出公共性呢?罗伯特·鲍洛夫斯基(Robert Borofsky)是美国最早倡议人类学家进行公共研究的学者,他旗帜鲜明地指出:人类学的公共取向,在理论上具有霸权的敏感性,而在实践上是要处理真实的社会问题。③

其实就是说人类学的议题应当走出学术孤岛,回归社会

---

① 陈兴贵:《理解公共人类学学科内涵的四个维度》,载《吉首大学学报(社会科学版)》2016年第6期,第102页。

② Thomas Eriksen, *Public Anthropology in the 21st Century, with Some Examples from Normay*, česk Lid, 103:1(2016). 转引自常姝:《人类学的公共责任与社会价值:以美国和挪威为例》,载《社会学评论》2020年第4期,第35页。

③ Robert Borofsky, *Public Anthropology Where to*?, Anthropology News, Vol. 41, p. 9-10(2000). 转引自马腾嶽:《英美应用人类学与公共人类学之历史、争论与发展》,载《思想战线》2014年第1期,第87页。

现实,将学科知识和研究成果予以公众,不再是仅仅陷入"学科之茧"中,在内部独立门户、自我繁殖、自给自足。① 人类学的研究选题应更具有公众面向,"走出樊篱、直面公众",甚至是"介入"(intervention)公众,与公众有更多的对话、合作,把公众视为合作密切的伙伴,为他们的生存和发展提供更优的选择,为公众社会现实问题的思考和解决提供更多的解释与解决方案。人类学家应当与时俱进地转换研究选题,在种族、女权主义、移民、文化等②这些人类学经典传统的议题上不断延伸,围绕当今世界具有全球普遍性和重要性的社会问题拓展研究,如战争、能源、生态灾害、公共卫生与健康、移民、气候变化等。常姝总结了人类学公共议题的取向特征:一是深入生活世界的扎根性;二是把微观研究与宏观世界相链接的关系性;三是对诸如不平等、不公正等问题的批判性;四是跨文化比较分析;五是对多种关系追踪考察的过程性。③

其次是人类学家的公共联结。当人类学家已经产出了"为其说话"(speaking for)的知识和成果之后,与公众进行联结的方式、参与的方式、知识成果的呈现方式对于公共性的体现都很重要。在这里,一个重要的问题就是如何实践。

知识成果的呈现、参与和联结渠道尤为重要。就知识信息受众范围而言,人类学家外向性的增强,使学科的见解能够让更多方参与和涉入公共领域,汇聚出理解和解决复杂社

① Thomas Eriksen, *Public Anthropology in the 21st Century, with Some Examples from Normay*, česk Lid, 03:1(2016). 转引自常姝:《人类学的公共责任与社会价值:以美国和挪威为例》,载《社会学评论》2020 年第 4 期,第 33 页。

② 周大鸣、段颖:《公共人类学:21 世纪人类学发展的新趋势》,载《民族研究》2021 年第 3 期,第 42 页。

③ 常姝:《人类学的公共责任与社会价值:以美国和挪威为例》,载《社会学评论》2020 年第 4 期,第 41 页。

会问题的更好的方案。① 一方面，人类学家的知识成果要能够让公众理解，“回归通俗的表达”，②无论是呈现的方式还是语言的表达，都需要更贴近公众，作品能够被公众阅读且理解，深刻的思想要采用通俗的表达。另一方面是联结的渠道。人类学家的个体实践能够增强向公众的传播及其影响力，通过多元的渠道向公众传播人类学的研究成果。现今的信息技术、新兴媒体的发展，已经为人类学家的公共联结提供了很好的条件。除此之外，人类学家还应积极探索公众喜闻乐见的形式来呈现学科知识和研究成果。

最后是人类学家的公共责任。人类学家应该积极履行社会的责任包括三个方面：一是学术伦理的恪守，二是应当正视研究中的政治蕴含，三是人类学家公共形象的构建。

第一是人类学家能够恪守学术伦理。事实上，人类学自诞生以来，学科的发展取向就一直伴随着一对矛盾：浓烈的人文关怀和伴随殖民主义的扩张而发展的主线，这对矛盾在20世纪后半叶体现得尤为明显。美国一些人类学家参与的军事情报工作，导致学科伦理出现危机。美国在此后的几十年中，才逐渐形成人类学的伦理原则，这些原则成为从事人类学研究的人恪守的学术规范和解决伦理问题的依据。1971年5月，美国人类学会（American Anthropology Association）通过的《专业责任原则》（Principles of Professional Responsibility）提出了人类学研究工作的六项原则：（1）对研究对象的责任至高无上；（2）对公众的责任：观点和成果必

① 参见常姝：《人类学的公共责任与社会价值：以美国和挪威为例》，载《社会学评论》2020年第4期，第35页。

② ［美］拉塞尔·雅各比：《最后的知识分子》，载许纪霖主编：《公共性与公共知识分子》，江苏人民出版社2006年版，第7页。

须保持正直和诚实;(3)维护学科的声誉;(4)坦诚公正地对待学生;(5)向资助方坦白的责任;(6)诚实坦率地对待自己的政府和外国政府。2012年11月美国人类学会再次通过了《专业责任原则》,旨在弥补“1971原则”中的缺陷,列出了从事人类学研究的七项原则:(1)不伤害;(2)公开诚实对待工作;(3)获得知情同意和必要许可;(4)权衡竞争性伦理义务(人类学家应权衡自己对相关方负有的相互竞争的伦理义务,并认识到对研究对象的伦理义务是首要的);(5)分享成果;(6)保护和保存数据;(7)保持相互尊重与合乎伦理的专业关系。① 事实上,美国人类学会《专业责任和原则》从1971年到2012年的内容变化,恰好说明人类学家们在从事研究过程存在的学术伦理缺乏。

第二是人类学家应当正视研究中的政治蕴含。政治及其相关的意识形态在社会研究中的渗透,也远比我们想象得深远。不仅是研究的伦理,政治也是研究者必须要正视和面对的。社会科学的研究以社会个体、社会关系、社会事实等作为研究对象,研究领域有政治力量的介入,是无可避免的。艾尔·巴比(Earl Babbie)指出,正视政治问题,即使面对争议和敌对,科学探索依旧持续如初,有意识地考虑政治及其相关的意识形态问题,从而不断丰富社会研究的理论与方法,并且公开地表达自己的科学见解和价值观念,这是面对研究中的政治问题时,公共知识分子应有的行为。② 在笔者看来,勇于直面政治及其相关的意识形态带来的压力等问

① 牛冬:《略述美国人类学伦理原则的形成》,载《世界民族》2021年第1期。

② [美]艾尔·巴比:《社会研究方法》(第13版),邱泽奇译,清华大学出版社2020年版,第47-48页。

题,并且采取相应的态度并付诸行动,这也是防止社会科学研究“内卷化”倾向最行之有效的办法之一。

第三是人类学家公共形象的构建。人类学家在公共形象方面的构建是依靠人类学家们自己的践行。要改变人类学家公共性凋零的现状,萨布罗夫的提议较为全面,包括:首先是作为个体的人类学家不断去讲述自己除了发表之外的其他活动对于学科的意义;其次是去说服大学管理者,勇于发起对体制的挑战;最后是写作面向公众,与公众多交流,充分利用好各种媒介。① 总结起来,人类学家的公共形象应当是:关心政治、参与社会、投身文化。

[三] 纳德对公共议题的求索

纳德在学术界通常是以法律人类学界的国际学术权威这个身份出现的,但是她的涉猎广泛已经远远超过法律人类学、人类学甚至社会科学。

(一) 法律的生命

法律的生命,在这里,想要表达的是通过法律人类学研究进行的反思与批判。2004 年,在芝加哥召开的法律与社会研究协会(Law & Society Association)上,各位学者对纳德所作的贡献进行了讨论,一致认为纳德的研究工作是站在比法律人类学更为广泛的视角之上。更为重要的是,她展现出的法律人类学的全景(fullest)视角,其中一部分指向了应当

① Jerry Sabloff, *Where Have You Gone, Margaret Mead? Anthropology and Public Intellectuals*, American Anthropologist, Vol. 113:3, p. 408-416(2011).

聚焦但实际并未被学者们所关注的部分。①

一是跨国的政治与经济。纳德在墨西哥的萨巴特克社会进行了长达十几年的研究,她通过萨巴特克的案例提出了和谐的法律模式(harmony law model)的观点,延伸出对非西方法律、西方帝国主义法律的思考,努力寻找法律改革、经济失衡与跨国公司资本主义兴起之间的联系。尽管法律人类学界和法社会学界都探讨了跨国法律运动各个层面的问题,但是跨国的政治与经济问题却没有得到重视。纳德将跨国政治经济与法律的研究相结合,采用开放性话语、民主化和自由主义合法性的表达,使得法律人类学研究斩获新的空间。②

二是社会正义与和谐。对法律中心主义及其替代性选择的关注是近来关注较多的议题之一。奥尔巴赫(Auerbach,1983)等学者对这个问题的研究多从法律史和法理学的角度进行,而纳德采用的路径与大家不同,她是将其放在社会中进行,将其作为一种历史进程,这种历史进程不仅是重要的社会法的实践,而且以此延伸到对工人和消费者等权利受到侵犯的群体进行思考。在这个层面上,纳德进行的是从法律文化的角度对社会正义进行研究。面对赞誉不绝的替代性纠纷解决(ADR)和大众司法(popular justice),纳德将其称为"借由人治而逃避根本问题"并一直持续不断地进行批判。正如纳德所描述的,一方面,以策略性的使用

① [美]马克·古德尔:《法律中的生命:劳拉·纳德和法律人类学的未来》,王伟臣、周晓程译,载吴大华主编:《法律人类学论丛》(第5辑),中国社会科学出版社2017年版。

② [美]马克·古德尔:《法律中的生命:劳拉·纳德和法律人类学的未来》,王伟臣、周晓程译,载吴大华主编:《法律人类学论丛》(第5辑),中国社会科学出版社2017年版。

冲突与对抗为基础，使用法律的手段来寻求社会正义；另一方面，通过妥协、融合以及求同存异来调解冲突，这二者在话语上存在的冲突一直以来都被忽视了，很少有人进行相关的研究和分析。新的法律人类学将启动这一主题，这样一来便需要一种同法律人类学相当的观念人类学，需要对冲突的功能和意义进行重新评价，最后还需要将“法”与“法律制度”重新进行结合。①

三是法律人类学的未来面向。纳德对于法律人类学研究展现出的生命力体现于她的研究信念，那就是：法律人类学研究应该以研究法律和社会问题为己任，不仅仅只是理论与实践结合的简单演绎，而且在现实生活中，对于追求社会正义与平等，反对资本主义霸权统治，都要做出应有的贡献。正如马克·古德尔（Mark Goodale，2005）特别谈到纳德对于学科的贡献，不仅仅在于法律人类学的理论与方法，同时还在于纳德那种生机勃勃（animate）的法律民族志和理论衔接以及经久不衰（enduring）的法律人类学迫切需要的信念。②

有意思的是，笔者注意到，纳德出版的专著《法律的生命》采用的是“the life of the law”，而古德尔在评价纳德的贡献时，用的则是“the life in the law”，介词的使用从“of”到“in”，古德尔把纳德对法律文化的研究的赞扬从“法律所具有的生命力”升华到了“法律中的生命”，把纳德本身也融入这个过程，可见对纳德的赞誉程度之高。

---

① ［美］马克·古德尔：《法律中的生命：劳拉·纳德和法律人类学的未来》，王伟臣、周晓程译，载吴大华主编：《法律人类学论丛》（第5辑），中国社会科学出版社2017年版。

② ［美］马克·古德尔：《法律中的生命：劳拉·纳德和法律人类学的未来》，王伟臣、周晓程译，载吴大华主编：《法律人类学论丛》（第5辑），中国社会科学出版社2017年版。

(二)从“晦暗”到“诸善”

针对美国社会不平等的加深,人类学界出现了重视社会生活中的严酷因素(权力、支配、不平等、压迫)的晦暗人类学(dark anthropology)分析,进而在“诸善的人类学”(anthropology of the good)框架下对“善的生活”(the good life)、“幸福”(happiness)以及道德伦理进行研究,并且提倡批判与抗争(resistance)。①

纳德很早就提出,权力才应该是人类学的中心议题,遗憾的是,这个议题一直被搁置。早在 20 世纪 60 年代,她就积极倡议人类学研究视角要从“向下的”(study down)转为“向上的”(study up),积极地将研究面向权力。纳德关于人类学研究视角转向的议题,也是她所有作品中引用率最高、影响最广的。

尽管纳德研究的关键词,一直是权力、不平等、控制等社会生活中的严酷因素,但实际上,面对这些严酷的议题,她并没有陷在其中变得消沉、低落或者沮丧,相反,越是面对人类学的困境与挑战,她越是勇往直前。在世纪之交,她在发表的题为《人类学!》的演讲中说道:“非常高兴能有此机会和大家谈谈人类学。虽然面临着困难,但人类学已经发展到一个令人兴奋的转折点,这是一个需要新的融合与公民参与的时刻,大学与公众之间的关系正在被重新定义……我们将努力建设一个美国科学基金会,这是一个旨在对人与自然、生活质量负责的机构——积极探讨具有地方性民主意义的问题;让公民参与制定和研究;在实践和理论之间架起桥梁;运

① [美]雪莉·B. 奥特娜:《晦暗的人类学及其他者:二十世纪八十年代以来的理论》,王正宇译,载《西南民族大学学报(人文社会科学版)》2019 年第 4 期。

用知识为生活服务，而不是为权力服务。”①

（三）赤裸的科学

纳德指出，知识界需要一种视野考察不同的科学，她始终相信，人类学广泛的研究视角能够看到其他学科的视角盲区。② 她称之为“赤裸的科学”（Naked Science，1996），把人类学（甚至社会科学）和自然科学放在同一个框架中进行讨论，考察什么是科学？什么是西方的科学？她将科学，尤其是把西方的科学技术放在文化的背景中进行探讨，发现科学和技术不一定是社会进步的同义词（science and technology are not necessarily synonymous with social progress），自然的科学，尤其是西方的科学对其他科学的权力，是有社会和文化根源的。通过对科学进行文化的考察，我们会发现科学带有隐蔽的伪装，剥去外衣（伪装）之后，我们看到了赤裸裸的科学：科学的意识形态性。③

纳德自学生时代起就对自然科学有着浓厚的兴趣，真正开始对自然科学的考察始于20世纪70年代，她参与了能源可持续性的公共政策讨论。此后，纳德撰写了多篇思考能源问题的论文，还主编了《能源读本》（*the Energy Reader*），汇集了很多从人类学（社会科学）视野对能源与社会文化的考察智识。④ 她坚持认为，能源是一个非常重要的社会问题，她从多维度考察了民主社会的能源选择（Energy Choices in a

---

① Laura Nader，*Anthropology*！，In Distinguished Lecture，103：1，p. 609－620（2000）.

② Laura Nader，*Contrarian Anthropology：The Unwritten Rules of Academia*，New York Berghahnbooks Press，2018.

③ Laura Nader edited，*Naked Science－Anthropological Inquiry into Boundaries*，Power and Knowledge Routledge，1996.

④ Laura Nader edited，*The Energy Reader*，In Chichester Wiley－Blackwell，2010.

Democratic Society,1980),指出对能源的思考要翻越研究视角的樊篱(Barriers to Thinking New About Energy,1979)。此外,还对科学家和工程师们忽略地对待人性弱点(human frailty)的心态进行了研究。①

2018年,纳德出版了《不受羁绊的人类学:学术研究的潜规则》(*Contrarian Anthropology: The Unwritten Rules of Academia*)一书,该书是纳德对自己60年学术生涯的总结性呈现。她指出,人类学家本应研究一切与人类有关的事物,但人类学家们的眼睛常常被蒙蔽了,缩小了他们的研究视野。她认为,人类学的研究应该是"不受羁绊的",这种"不受羁绊的",就是废止学术界的那些隐形规则及其产生的不良后果。一些学者的研究已经关注到这些方面,并对这些根深蒂固的思维模式进行批判。纳德进一步指出,批判关键点在于:研究思维(the study of mindsets,亦可理解为:研究的心态),②这种研究思维广泛地植根于文化实践当中,尤其是当涉及人类学、能源科学、法律以及社会性别的研究时,研究思维是与"不受羁绊的人类学"相互缠绕的(intertwine)的。

[四] 纳德的公共联结

(一) 多种公共议题参与的方式:合作、跨界与对话

20世纪60年代,纳德就开启了大型合作研究。她先后主持了伯克利乡村法律研究项目(The Berkeley Village Law

---

① Laura Nader, *Contrarian Anthropology: The Unwritten Rules of Academia*, New York Berghahnbooks Press, 2018, p. 5-6.

② The study of mindsets 等文中出现的一些词句是本文作者自己的翻译,尚有商榷空间,列出原文以供讨论。

Project,1965—1978)和伯克利投诉研究项目(The Berkeley Compliant project,1970—1980)。两个项目通过大规模的集体研究作业,分别收集了全球性的法律文化资料和美国的消费文化资料,实现了各大院校的合作、培养了大批学生,同时还建立了学术与行动之间的联系。在此基础上,纳德还与美国消费者投诉中心等机构合作,对美国民众无法诉诸法律等问题进行批判。有意思的是,伯克利投诉研究项目受到的质疑,如采用的方式不符合法律民族志的研究传统,恰好说明了纳德勇于跨界尝试的勇气。

纳德第一次受邀参加跨学科研讨会时,就遭受到质疑:"你不是法学家,怎么敢谈论法律?"从这一次开始,纳德一直不断思考人类学与法学、对法律及其使用者的理解,并且从全球性素材中找寻答案。① 又有一次,她受到物理协会邀请前往参会时,她反问一位自称为"增值反应堆之父"的物理学家:"那么增值反应堆之母是谁?"②这些都是纳德参与跨界活动遇到的鲜活例子,也是促使她对研究思维、边界等思考的动力。她对人类学家们没有把对文化的批评精神用到其他领域感到惋惜。她犀利地指出,美国学者的双重标准、对霸权的例外主义、美国特殊论等,这些问题是人类学家应该好好反思的,进而提出不断在镜中审视自己(a look in the mirror)的研究思维。

纳德积极倡导不同文化之间的对话。2012 年,她出版了《文化与尊严:中东与西方的对话》(*Culture and Dignity*:

① Laura Nader, *The Life of the Law: Anthropological Projects*, University of California Press, 2002.

② Laura Nader, *Contrarian Anthropology: The Unwritten Rules of Academia*, New York Berghahnbooks Press, 2018.

Dialogues between the Middle East and the West)一书,在书中,她将自己称为东西方文化的中间人(in-between)。同时身处于中东和美国文化之中使纳德具有文化敏感性(culture sensitized)。她通过自己半个世纪的田野观察、教学、演讲、写作等活动,从人类学的脉络进行梳理,以解答:我们的观察对于我们自己的文化和尊严意味着什么?对文化的探索要到什么程度才能理解处于不同文化群体中的人的尊严之间的关系?①

(二)对"他者"的认识与态度

笔者大胆地将纳德所面对的"他者"分为两类:一类是作为普通民众的"他者";另一类是拥有一定权力的"他者"。

一方面,是作为普通民众的"他者"。纳德指出,"他者"从来不是沉默的,②他们能够提供非常重要的知识与信息。她的研究始终恪守这样一个前提:普通的民众能够向我们提供有关文化、当地的社会状况以及公正与不公正的知识。这些知识,正是当下人类学所关注的研究题目,不断地改变着人们对"他者"的看法,不断地提倡不同文化之间的相互尊重和相互关注。与此同时,尽管拥有很高的威望,纳德仍然以向学生学习为荣,当她回忆起一位从来不屑于向学生学习的同事时,甚至难掩愤怒之情。③

另一方面,是拥有一定权力的"他者"。以纳德对待科学家的态度为例。在她刚刚入职伯克利不久,就收到了来自自

---

① Laura Nader, *Culture and Dignity: Dialogues Between the Middle East and the West*, In Chichester Wiley-Blackwell, 2012.

② Laura Nader, *Contrarian Anthropology: The Unwritten Rules of Academia*, New York Berghahnbooks Press, 2018, p. 7-8.

③ Laura Nader, *Laura Nader: A Life of Teaching, Investigation, Scholarship and Scope, Interviews conducted by Lisa Rubens and Samuel Redman*, University of California, 2014.

然科学界的演讲邀请。而后多年，纳德不断前往美国很多国家级实验室：洛斯阿拉莫斯实验室（Alamos）、劳伦斯利弗莫尔实验室（Lawrence Livermore Lab）等，从社科研究的视角，对自然科学的一些问题进行探讨，将对文化的批评精神运用到了自然科学领域。当她在劳伦斯伯克利实验室（Lawrence Berkeley Laboratory）演讲时谈到自然科学的学术自由时，一张纸条递了过来，上面写着："能不能让这位女士闭嘴？"写纸条的人认为，在国家级实验室工作的科学家应该获得终身教职，这样他们才能不会受到束缚可以畅所欲言而不用担心会丢掉工作。①

（三）知识成果的呈现方式：多元化

纳德坚守的人类学的正义和抱负，与她的信念相关，即人们通过控制过程可以认清被遮蔽的社会生活。教育、研究、社会参与和评论性的公众对话是纳德用来战胜控制过程的工具，也为我们提供了范例。纳德积极运用多种范式呈现知识成果，如拍摄电影、公开演讲、媒体采访、使用社交软件等。

她拍摄了两部法律人类学电影，分别是：《使其平衡》（*To Make the Balance*，1966）和《微小的公正：劳拉·纳德看世界》（*Little Injustices：Laura Nader sees the World*，1981）。《微小的公正》是美国公共广播电视公司的奥赛德纪录片系列（Odyssey Series documentary，PBS），记录了纳德自20世纪60年代开始的研究，关注市民们怎样理解组织机构以及与他们生活相关的权力和控制。1981年，简·霍夫曼·弗瑞茨（Jan Hoffman French）首次将这部电影播放给学生们看时，

① Laura Nader，*Contrarian Anthropology：The Unwritten Rules of Academia*，New York Berghahnbooks Press，2018.

就受到了热烈欢迎,引发了学生们积极思考。① 当这部电影在伍罗德·威尔逊中心(The Woodrow Wilson Center)播放时,一些观影者表现出极大的不安,认为这是对美国法律系统的消极评价。对此,纳德却认为,这正是给美国人反观自己、审视自己的好素材。②

纳德多次获得演讲荣誉:普通人类学杰出讲座奖(Council for General Anthropology AAA Distinguish Lecture, 1995)、约翰·霍普金斯大学授予明兹杰出讲座奖(Mintz Distinguish Lecture, Johns Hopkins University, 1995)、特伦顿大学授予卡多佐讲座奖(Cardozo Lectures, University of Trento, Ttaly, 1996)、美国人类学协会杰出讲座奖(Distinguish Lecture, American Anthropological Association, 2000)、开罗大学杰出讲座奖(Distinguish Lecture, American University Cairo, 2004)。③ 她的演讲范围非常广泛,除了面向社会科学界和自然科学界,还面向公众。尽管纳德公开演讲的题目多种多样,但实际上很多的演进都直指同一个主题:对权力的动态追踪,唤起人们对以多种方式隐藏的权力、意识形态进行的重新认识和思考。

此外,笔者在整理纳德的作品时发现,除了用英文撰写外,纳德也还有用意大利文和葡萄牙文等撰写的作品。她的一些论文,还在比利时、加拿大、巴西等国发表。

---

① Jan Hoffman French, *Personal Encounters with Work of Laura Nader*, Law & society Review, Vol. 39:4, p. 957-964(2005).

② Laura Nader, *Laura Nader: A Life of Teaching, Investigation, Scholarship and Scope, Interviews Conducted by Lisa Rubens and Samuel Redman*, University of California Press, 2014, p. 79.

③ Laura Nader, *Laura Nader: A Life of Teaching, Investigation, Scholarship and Scope, Interviews Conducted by Lisa Rubens and Samuel Redman*, University of California Press, 2014, p. 162.

[五]纳德的公共责任体现

(一)如何恪守学术伦理:公正与挑战

从纳德在研究中恪守的伦理中,可以看出她对社会的特定责任,这种责任是她对社会的那种超越经济利己主义或者常规道德标准,能够帮助其他学者对抗妥协的压力,同时改善学者的声誉和工作环境。对于学者来说,面对的最为困难的伦理问题就是研究涉及的各种风险与利益。对此,纳德的践行可以归纳为:公正与挑战。

面对社会问题的挑战,人类学家不得不经常提供自己的专业知识以满足公众的需求和兴趣,纳德的工作一次次证明反抗不是无用的,运用我们的科学技术能证明、揭示和评论单一文化体系,有助于我们增强对自己命运的控制力。她向我们展示了一种对民主化进程的确信,那就是相信人民高于制度,而不是相信自上而下的权力体系。半个多世纪以来,纳德一直在研究法律的运用和滥用,以及如何解决或强制性地规避冲突。无论是美国控制过程的特殊性、掠夺的法律属性、论证人类学家向上、向下和跨界研究的可能性,或是引人注目的对强制和谐的分析,都是纳德的研究主题。

纳德从不能容忍恃强凌弱,一旦有机会,她就会让那些有权者和掠夺者知道她的态度。任何人只要看过纳德公开纠正那些对她的误读,就会知道她不是一个逃避对抗的人。有一次,她受邀到《纽约客》(New York)演讲时,看到两幅主角是女性的宣传板,其中一个穿着衣服,另外一个则露出了大半部分裸体。仅仅是两幅宣传板,她都进行了认真思考:为什么两幅画上女性的展现方式截然不同?服饰与平等可能以什么样的方式进行联结?不同的文化对待女性的态度是怎样的?①

(二)作为政治参与的法律人类学

纳德从不避讳研究中涉及的政治问题,也不避讳谈及意识形态的问题。相反,她对于西方法律和政治的阴暗面进行了激烈的批判。她说:“无论我们是否愿意,法律人类学都是一种政治参与(political engagement)。仅仅认识到其作为一种想象力的释放是不够的,而将社会的文本仅作为一种分析方法也是不够的。”这正是纳德最基本也是最深厚的观点:“法律的研究与批评能够生产出与政治相关涉的人类学知识。”②

自“二战”以来,人类学家们对待阿拉伯地区的问题,对待西方与中东关系的问题变得越来越沉默了。例如,要招聘一位民族学家前往阿拉伯,所有人都会选择“远离动乱地区”。讽刺的是,尽管人类学家们总是对受难的人民充满同情,但是一提及阿拉伯世界的问题,他们的同情心就会大打折扣。更为重要的是,在这些“沉默”的现象背后,是“人类学家的工作遭殃、人民蒙难、文明蒙尘”的问题。如何打破沉默?人类学家能够做的就是从文化层面提出批判,从而为减少暴力做出贡献。纳德更进一步地指出,作为一个普通公民,和平地抗议是能为国家、人民的安全做出的最好努力了。但是作为人类学家,应当要比普通的公民做得更多。③

---

① Laura Nader, *Contrarian Anthropology: The Unwritten Rules of Academia*, New York Berghahnbooks Press, 2018, p. 5-6.

② Mark Goodale, *Life in the Law: Laura Nader and the Future of Legal Anthropology*, Law & Society Vol. 39:4, p. 945-956(2005).

③ Laura Nader, *Culture and Dignity: Dialogues Between the Middle East and the West*, In Chichester Wiley-Blackwell, 2012:, p. 197-206.

（三）人类学家的公共形象构建

从纳德的个人履历可以看出一位人类学家的公共责任。纳德有着多重身份，除了学者和教授的身份外，她还在多个组织担任职务，包括：美国心理健康研究中心文化人类学委员会、美国国家学术研究会行为社会科学分会、美国国家科学基金顾问委员会、卡耐基儿童基金会、科研培训委员会、美国国家学术研究会核资源与替代资源分会、美国能源消耗与生产行为委员会、美国国会图书馆学者委员会。① 可以说纳德身上投射出伯克利学派的特点，那种对于社会问题深切忧患的意识决定了学派的研究必然投身社会、关怀天下。

纳德的研究工作不断证明了人类学对于社会的价值。在她看来，历史、殖民主义、权力关系甚至个性特点都是背景性知识（context），这些背景性知识对于揭示隐藏在背后的社会关系具有重要意义。她的人类学研究表明，背景性知识能够揭示出被隐藏了的因果关系，及其相互的联系，可以整理出这样一些关键词：透明度（transparency）、正义（justice）、打破沉默（breaking silences）、识别（identifying）、挑战过程控制（challenging controlling processes）、揭示并质疑权力关系，坚持独立的批判精神。②

纳德将“通过行动展示自我”（show me by doing）作为自己的座右铭，③“独立的思想和坚定的信念”也正是她原生家

① Laura Nader, *Laura Nader: A Life of Teaching, Investigation, Scholarship and Scope, Interviews Conducted by Lisa Rubens and Samuel Redman*, University of California Press, 2014, p. 162.

② Laura Nader, *Laura Nader: A Life of Teaching, Investigation, Scholarship and Scope, Interviews Conducted by Lisa Rubens and Samuel Redman*, University of California Press, 2014.

③ David Price, *Threatening Anthropology*, *Durham*, Duke University Press, 2004.

庭的理念。从她身上,我们还看到一位学者的坚忍不拔。笔者对纳德的不同时间线进行交叉对比,发现在纳德查出乳腺癌并进行治疗的年份,仍然有论文发表。当她前往拍摄《使其平衡》时,怀孕已有3月,医生不建议她前往,但她仍然坚持。而她在生育孩子的年份与进行田野调查的年份也有交叉,她生了3个孩子却没有休过产假,可见她从未停止过求索的脚步。她积极地参与各种社会性事务。美国医学协会在积极寻求外界对他们的批评时,纳德也积极参与其中。她说:参与这些社会性事务,都对她了解人类学领域外的世界助益良多。①

总而言之,纳德的公共性的体现可以归纳为:面向(to)公众;为了(for)公众以及关涉(about)公众。② 心中有火,眼里有光,绝不做"庸碌之徒"(philistine)③,这便是纳德用其一生展现给我们的一位人类学家的品质。

---

① Laura Nader, *Contrarian Anthropology: The Unwritten Rules of Academia*, New York Berghahnbooks Press, 2018.

② 许纪霖:《从特殊走向普遍:专业化时代的公共知识分子如何可能?》,载许纪霖主编:《公共性与公共知识分子》,江苏人民出版社2006年版,第29页。

③ 庸碌之徒(philistine),即生活在一个全然未经探察的世界里而安然适之的人(Davies, 1968),对庸碌之徒和庸碌之气(philistinism)的讨论出自法兰克福学派对社会理论与公共领域的探讨。参见[英]布莱恩·特纳:《Blackwell社会理论指南》(第2版),李康译,上海人民出版社2003年版,第604页。

《法律和社会科学》(2023)　第 20 卷第 1 辑,第 343~360 页

人类学家在法学院讲什么

——格拉克曼与格尔茨的讲座比较

王伟臣*

摘　要:耶鲁大学斯法学院斯托尔斯讲座于 1963 年和 1981 年分别邀请人类学家格拉克曼和格尔茨做了系列或专题讲座。作为史上第一次受邀的人类学家,格拉克曼试图通过对部落社会习惯法的介绍来同英美法学进行知识对话。凭借着溢出学科的影响力,获得邀请的格尔茨却选择另起炉灶,以完全不同的方式阐释了人类学家研究法律问题时需要关注的重点。对比这两场讲座,可以发现,格拉克曼意图构建一个能够同时为法学和人类学所接受的跨学科的法律人类学。格尔茨则认为,人类学的法律研究一定要体现出人类学的特点,可以完全不用考虑法学的研究范式。法律人类学近来复兴的诸多表现证明了,格尔茨的观点反而能够更好地促进法学与人类学的相互理解和借鉴。

关键词:斯托尔斯讲座　格拉克曼　格尔茨　学科关系

* 王伟臣,上海外国语大学法学院副教授。

法律人类学的发展一直受到法学与人类学这两个学科相互关系的影响。甚至"法律(和)人类学"(Law and Anthropology)这个带有"连词"的短语本身被当成了这门学科的代名词。① 但是纵观法律人类学的历史,专门探讨法学(法律)和人类学关系的作品并不多见。其中,万安黎(Annelise Riles)于1994年发表的论文《介于两者之间的表达:法律、人类学以及跨学科的修辞》②是迄今为止关于这一

① 比如,笔者目前所检索到的法律人类学史上的第一篇学术综述,便是由罗伯特·罗维(Robert Lowie)于1927年发表的《人类学和法律》。参见Robert H. Lowie, *Anthropology and Law*, in William Fielding Ogburn and Alexander Goldenweiser, eds. , The Social Sciences and Their Interrelations, 1927, p. 50-57。须注意的是,此时距马林诺夫斯基(Malinowski)出版《原始社会的犯罪与习俗》还有8年时间。作为马氏之后最重要的法律人类学家,霍贝尔(Hoebel)也使用连词短语来指代法律人类学,只不过他把罗维的"人类学和法律"换成了"法律和人类学"。参见E. A. Hoebel, *Law and Anthropology*, Virginia Law Review, Vol. 32, p. 835(1946)。20世纪60年代,法律人类学在试图学科化关键时期,新一代的领军人物萨利·福尔康·穆尔(Sally Falk Moore)还在使用这个连词短语。参见Sally Falk Moore, *Law and Anthropology*, Biennial Review of Anthropology, Vol. 6, p. 252(1969)。当然,不可否认,法律社会学、法律经济学等其他法律和社会科学的交叉学科也存在这个现象。此外,关于英语世界对"法律人类学"的称谓请参见本辑外国专家的问答。

② Annelise Riles, *Representing In-Between: Law, Anthropology, and the Rhetoric of Interdisciplinarity*, University of Illinois Law Review, Vol. 1994, p. 597(1994). 该文中译版参见[美]万安黎:《介于两者之间的表达:法律、人类学以及跨学科的修辞》,王伟臣、邹琪译,载《法理》(第8卷第1辑),商务印书馆2022年版。

问题讨论得最为深入的作品。在这篇长达 55 页的论文中，万安黎详细比较了 19 世纪法学家亨利·梅因（Henry Maine）和 20 世纪人类学家埃德蒙德·利奇（Edmund Leach）关于跨学科法律研究的看法，并据此揭示出关于法律研究的反思性模式与规范性模式之间的对立关系。

值得一提的是，该文第三部分的第一节“关系研究”简要回顾了耶鲁大学法学院举办的两场斯托尔斯（Storrs）讲座：一场是由人类学家马克斯·格拉克曼（Max Gluckman）于 1963 年发表的系列演讲；另一场则是由人类学家克利福德·格尔茨（Clifford Geertz）于 1981 年发表的专题演讲。万安黎认为，耶鲁法学院举办的这两场前后跨度近 20 年的人类学讲座同样体现了法学和人类学复杂而曲折的关系。当然，在万安黎的叙述逻辑中，“格拉克曼—格尔茨”的对比主要是为强化“梅因—利奇”的对比而服务的。所以，她关于这两场讲座的分析并不充分，主要停留在讲座内容的摘录，对讲座的前因后果也着笔不多。这也是万安黎一文最大的缺憾。本文认为，就讨论法学与人类学的关系而言，格拉克曼—格尔茨的对比可能更加具有典型性，从知识社会学的角度详细梳理、对比这两场讲座不仅能够更加直接、立体地展现出法学与人类学的学科差异与互动关系，还能解释 20 世纪 80 年代法律人类学短暂衰败，进入 21 世纪又能够慢慢复兴的原因。

［一］耶鲁法学院与斯托尔斯讲座

根据“美国新闻与世界报道”（U. S. News & World Report）于 2021 年发布的排名，耶鲁法学院再次获评为“全美第一法学院”。实际上,自“二战”以后,耶鲁法学院就已经稳坐前三了。① 作为美国顶尖法学院,耶鲁法学院自然也代表了美国(西方)法学的最高水准。在某种程度上也可以视为美国(西方)法学学科的缩影。所以,从知识社会学的角度来讲,耶鲁法学院本身就是一个讨论法学与跨学科研究的绝佳的分析样本。

斯托尔斯讲座创立于 1889 年,距今已有 130 多年的历史,是耶鲁法学院久负盛名的年度讲座。该讲座的特点是,每年原则上只邀请 1 位至 2 位非耶鲁法学院的法学家或者法学院以外的顶尖学者做系列演讲。所以,有不少著名的法学家都曾做客过斯托尔斯讲座。比如,1921 年,时任哈佛大学法学院院长的罗斯科 · 庞德(Roscoe Pound)和时任联邦最高法院大法官的本杰明 · 卡多佐(Benjamin Cardozo)同时获得邀请。后来,他们各自都出版了讲座的演讲稿,即著名的《法理学导论》(*An Introduction to the Philosophy of Law*)和《司法过程的性质》(*The Nature of the Judicial Process*)。由此也可以发现,斯托尔斯讲座的主题和内容一般应是未发表过的,需要演讲者专门撰写讲义。

此外,1963 年,时任哈佛大学法学院教授的朗 · 富勒(Lon L. Fuller)也得到斯托尔斯讲座的邀请。我们要知道,20 世纪 60 年代,英美法理学界的标志性事件即富勒与牛津大学法理学教授哈特(H. L. A. Hart)的论战。在这场论战中,富勒的身份为新自然法学派的领军人物,其代表作《法律的道德性》(*The Morality of Law*)就脱胎于斯托尔斯讲座的

① 关于耶鲁法学院近 50 年的发展,参见[美]劳拉 · 凯尔曼:《黑暗年代:再造耶鲁法学院》,阎天译,北京大学出版社 2016 年版。

演讲稿。① 由此,我们又可以发现斯托尔斯讲座的一个特点:紧追学术热点。

[二] 第一场人类学讲座:格拉克曼的破冰之旅

1963年,斯托尔斯讲座除了邀请富勒之外,还邀请了一位人类学家,即格拉克曼。② 后者受到邀请其实更具开创意义。因为他是斯托尔斯讲座创立74年来邀请的第一位人类学家。那么,为什么他会在此时受到邀请呢?

要回答这个问题,必须得回到19世纪末(斯托尔斯讲座创立之时)的学科与知识生产背景。彼时,社会科学诸学科开始创立。众所周知,这些学科的创立方式或依据是对研究对象做资源切割。当然,这些学科主要切割或研究的是西方社会。而非西方社会则是东方学和人类学的领域。其中,人类学专注于所谓的"不文明"社会,即广泛存在于非洲、大洋洲、美洲的部落社会。由此,人类学就变成了一门小型的综合社会科学,只要是与部落社会有关的文化或制度,不管是政治、经济,还是宗教、法律,都是它的研究范围。进入20世纪以后,巴顿(Barton)、图恩瓦尔德(Thurnwald)、马林诺夫斯基等学者以田野调查为基础撰写了多部法律民族志作品,推动现代意义上法律人类学的诞生。20世纪30年代,沙佩拉(Schapera)与霍贝尔又分别开创了关于非洲部落社会和北美印第安人法律的人类学研究。但是上述学者都没有得到斯托尔斯讲座的邀请。

---

① [美]富勒:《法律的道德性》,郑戈译,商务印书馆2005年版,第3页。

② Max Gluckman, *The Ideas in Barotse Jurisprudence*, Yale University Press, 1965, p. xv.

当然,斯托尔斯讲座水平再高,也只是美国的一所法学院的讲座而已,它的选题策划肯定有不少偶然因素。马林诺夫斯基、霍贝尔是否受到邀请与其本人的学术影响力也没有必然的关系。但是如果考虑到1963年格拉克曼受到邀请这一既定事实,我们也许可以在偶然因素之间窥见一些必然的学术规律。同创立于19世纪后半叶的社会科学诸学科相比,法学的历史非常悠久。不仅早已完成学科化的建制,而且进入20世纪以后依然垄断法律研究。除了法国、德国的比较法学者以外,大多数法学研究者主要关注西方社会自身的法律现象。这一点在美国表现得尤为明显。换言之,美国法学(院)不太关心其他国家的法律问题,自然也就对当时专注部落社会法律研究的法律人类学不感兴趣了。但是到了20世纪60年代,情况发生了改变。一方面,跨学科的知识开始慢慢渗透进法学(院),其标志就是1964年美国法律社会学协会(The Law and Society Association)的成立;①另一方面,20世纪50年代是法律人类学发展的黄金时期。这表现在研究成果和方法均取得了较大的突破。以格拉克曼为代表的新一代人类学家将卢埃林(Llewellyn)发明的"问题个案研究法"(trouble-case method)应用于对非洲部落社会司法实践的现场观察,发表了一系列的重要成果,还创建了"曼城学派"这一在人类学界较有影响力的学术流派。此外,也就在这一时期,格拉克曼和与另一位人类学家、美国学者保罗·博安南(Paul Bohannan)就法律文化的普遍性和特殊性展开了一场激烈的学术争论,引发学界的普遍关注。综上所述,此时的格拉克曼及其所代表的人类学的法律研究似乎突

① [美]奥斯汀·萨拉特、[美]帕特丽夏·尤伊克主编:《法社会学手册》,王文华、刘明、刘冬影译,法律出版社2019年版,第105-106页。

破了学科的屏障,开始影响到法学学科。由此,他才获得斯托尔斯讲座的邀请,开启这场由人类学驶向法学的破冰之旅。

据格拉克曼介绍,早在 1960 年 10 月,他就收到耶鲁法学院的邀请,并很快就把题目确定为“法律观念的社会学”。为了准备讲座,他参考了卡多佐(Cardozo)的《司法过程的性质》,认为“它包含了非常丰富的内容以至于我认为它至少需要八场讲座,所以我也按照相似的长度准备我的讲稿……”。① 笔者认为,格拉克曼之所以参考卡多佐的《司法过程的性质》,除了该书也是源于斯托尔斯讲座以外,另一个原因也许更为重要:作为人类学家的格拉克曼对于如何在法学院演讲没有经验。

一般而言,一场合格的学术演讲,除了要展示演讲者的基本学术水准以外,至少得让听众能够听懂或理解演讲内容。当然,格拉克曼的要求更高,他希望能够尽可能地提高演讲的生动性,增强互动性。在他看来,讲座的听众都是耶鲁法学院的师生,所以首先得考虑他们的知识背景。但如前所述,在 20 世纪中叶以前,人类学和法学至少从研究区域上讲并没有重合的部分。那么,如何才能让以前只关注美国法律的法学师生对赞比亚部落社会的习惯法产生兴趣呢?

在准备的过程中,格拉克曼首先想到的就是卡多佐的《司法过程的性质》。一方面,此书深入浅出,阅读起来并不枯燥;另一方面,此书的结构直接源于斯托尔斯讲座的系列演讲,其篇章设计值得效仿。于是,格拉克曼便仿照《司法过程的性质》设计了系列讲座的主题。一共分为 8 讲,分别为:导论——部落法程序;巴罗策(Barotse)宪法与他们的权力

① Max Gluckman, *The Ideas in Barotse Jurisprudence*, Yale University Press, 1965, p. xv.

论;土地上的身份与权利;社会延续中的不动产与动产;所有权与巴罗策法学的专业词汇;契约中义务的重要性;损害、赔偿与责任;义务与债。我们可以发现,这样的专题设计几乎是在部落社会田野资料的基础上“按照英美法的标题进行了组织”①:宪法、所有权法、侵权法、合同法……所以在这个意义上,格拉克曼宣称:“我并不确定,但‘梅因爵士《古代法》的脚注’或许是本书(讲座主题)更准确的标题。”②

但据格拉克曼自己的回忆,“……到了耶鲁之后,院方工作人员告诉我只安排了四场讲座”③。之所以被砍掉一半,是因为耶鲁法学院临时邀请了富勒。这样又给格拉克曼带来了新的困扰。在系列讲座减半的情况下,如何能够确保体系性和生动性?此外,富勒的重磅加盟自然也吸引了整个耶鲁法学院的注意力,在此情况下,如何能够尽可能地与富勒的讲座分庭抗礼?于是乎,他做了两项重要调整。第一,从原有的八节授课中挑选出四节:巴罗策宪法与他们的权力论、土地上的身份与权利、所有权与巴罗策法学的专业词汇、契约中义务的重要性。第二,改变了原有的比较对象。格拉克曼自己表示:“因为我30年前曾经在南非学习过法律,所以如果我将巴罗策法与罗马—荷兰法进行比较可能会轻松得多,但是我觉得与英美法的比较才更为合适。”④之所以改

① Annelise Riles, *Representing In - Between: Law, Anthropology, and the Rhetoric of Interdisciplinarity*, University of Illinois Law Review, Vol. 1994, p. 638 (1994).

② Max Gluckman, *The Ideas in Barotse Jurisprudence*, Yale University Press, 1965, p. xvi.

③ Max Gluckman, *The Ideas in Barotse Jurisprudence*, Yale University Press, 1965, p. xv.

④ Max Gluckman, *The Ideas in Barotse Jurisprudence*, Yale University Press, 1965, p. xvii.

变比较对象，从大陆法转移到英美法还是为了“照顾”法学院师生的知识背景。

换言之，格拉克曼试图通过对部落社会习惯法的介绍来同英美法学进行知识对话。比如，在讲座的开篇，格拉克曼就提到如何利用人类学的田野调查资料来验证梅因的理论：

> 比如在法律的早期阶段人法和物法之间是否难分难解地纠缠在一起，个体是否被家族所覆盖，合同是否是不完全的转让以致未履行合同中找不到义务，实体法是否完全隐蔽于程序之中，法律在多大程度上受到宗教、巫术以及仪式的影响，拟制在法律发展中是否是一个重要问题。梅因的资料主要来自两个方面：一是罗马法、日耳曼法以及凯尔特法经由少数文献而保存下的残余，另外就是相对较少的关于印度法律实践的记录，而我大量细致的案例则有助于修正梅因对于法律观念以及法律实践发展中的一些判断。[1]

在后续的讲座中，格拉克曼按照这种思路，将巴罗策习惯法用英美的法学术语做了十分生动的展示。顺利完成四场讲座后，格拉克曼在此基础上完成《巴罗策的法学观念》一书，1965 年由耶鲁大学出版社正式出版。

［三］第二场人类学讲座：格尔茨的我行我素

时隔 18 年后，作为人类学家的格尔茨也受到斯托尔斯

① Max Gluckman, *The Ideas in Barotse Jurisprudence*, Yale University Press, 1965, p. xvi.

讲座的邀请。那么,为什么格尔茨也会受到邀请呢?可以肯定的是,这并不是因为法律人类学的影响进一步扩大。实际上,此时的法律人类学正遭遇范式危机。如简·科利尔(Jane Collier)所言:“我所投身的是一门从来未被正式承认的分支学科:法律人类学。这一可能的分支学科在 20 世纪 60 年代到 70 年代曾短暂地繁荣过,但是却从来未曾像心理人类学、经济人类学和政治人类学那样获得公认和独立的地位……法律人类学直到 20 世纪 60 年代中期才被提出来,大多数从事这门专业的学生直到 20 世纪 70 年代才取得学位,而此时人类学的就业大门早已关闭,结果那些取得学位的人再没有机会从事相应的研究。”①而有机会从事法律人类学研究的学者也对这门学科的研究意义有所质疑。比如,西蒙·罗伯茨(Simon Roberts)在发表于 1978 年的一篇名为《我们是否需要法律人类学?》文章中直截了当地表示,“当今大多数英国人类学家对人类学的这一分支领域似乎已经失去兴趣了”。②

此外,还有一个重要的背景是,在获得邀请之前,格尔茨并没有专门研究过法律。不管是他早年的关于宗教生活和符号体验的研究,还是中期的社会经济问题,抑或晚期的对符号和文化的重新关注,都没有直接涉及关于法律的讨论。因而,截至 1981 年,格尔茨并没有出版过专门讨论法律的民族志作品。那么,在此背景下,他又为什么会获得邀请呢?笔者认为,耶鲁法学院可能看中的并不是其法律人类学的背

① 参见[美]克利尔:《北美社会人类学分支学科的兴起与衰落》,载[美]古塔、[美]弗格森主编:《人类学定位——田野科学的界限与基础》,骆建建、袁同凯、郭立新等译,华夏出版社 2005 年版,第 121 页。

② [英]西蒙·罗伯茨:《我们是否需要法律人类学》,王伟臣译,载《法律人类学论丛》(第 3 辑),社会科学文献出版社 2015 年版,第 4 页。

景,而主要是他作为文化人类学家强大的影响力。据统计,"国际社会科学论文中对格尔茨作品的引用远远超过其他的人类学家。在国际性的人类学杂志《美国人类学家》和《当代人类学》中,几乎每篇论文都要提及他的作品……与列维·斯特劳斯一度获得的地位一样,格尔茨可以说是国际人类学界在整个社会科学中的最高代表人物之一"。① 由此,正是因为格尔茨的影响力已经溢出人类学界,所以他才获得了一向紧追学术热点的斯托尔斯讲座的邀请。

受到邀请的格尔茨应该也比他的前辈格拉克曼更加自信。尽管此时的法律人类学发展不佳,但格尔茨所倡导的解释人类学的影响力却越来越大。此外,和格拉克曼相比,格尔茨也没有"一定要让法律人士听得懂"的打算或负担。格尔茨从一开始就否定了法律人类学"半人马学科"的可能性。② 在他看来,如果法学与人类学之间还可能有交集的话,"那么只可能集中于法律问题本身——对法律制度和法律实践的共同兴趣——而不是理论或研究方法"。③ 所以他的这篇名为《地方性知识:事实与法律的比较透视》的演讲稿依然和法律有关。

首先,格尔茨区分出两种法律人类学,一种是法律人类学(legal anthropology),另一种是法律的人类学(anthropology of law)。前一种偏重法学,后一种偏重人类学。④ 但不管哪

① 王铭铭:《格尔兹的解释人类学》,载《教学与研究》1999 年第 4 期,第 32 页。

② 参见[美]克利福德·吉尔茨:《地方知识:事实与法律的比较透视》,邓正来译,载梁治平主编:《法律的文化解释》,生活·读书·新知三联书店 1998 年版,第 76 页。

③ Annelise Riles, *Representing In - Between: Law, Anthropology, and the Rhetoric of Interdisciplinarity*, University of Illinois Law Review, Vol. 1994, p. 638 (1994).

④ 须注意的是,这种划分并不是格尔茨的原创。最早做出这种划分的是罗伯茨。参见[英]西蒙·罗伯茨:《我们是否需要法律人类学》,王伟臣译,载《法律人类学论丛》(第 3 辑),社会科学文献出版社 2015 年版,第 3-10 页。

种,在格尔茨看来,其研究都不太成功,所以他宣布,其本人的研究完全不同于前辈学者。于是,他从格尔茨语言特征入手,分析了一个名为“雷格瑞的麻烦”的案例,并通过这个案例强调,人类学的法律研究应该回到意义和象征层面,应该关注法律的意义世界。那么,什么又是法律的意义世界呢?他又依次讨论了伊斯兰的法律认识、印度的法律认识以及马来亚的法律认识。最后得出结论,法律是一种地方性知识。

格尔茨的这篇演讲对中国法学及法律的跨学科研究造成了巨大影响。但细究起来,该文其实存在一定的疏漏。从逻辑上讲,这篇演讲的关键并非最后的“法律是地方性知识”,而是前半部分的“关注法律的意义世界”。而这里的“意义世界”则是通过“雷格瑞的麻烦”这个案例得出的。由于格尔茨超高的影响力,这个案例似乎和巴里斗鸡一样有名。① 但案例本身并不复杂。它包括6个事件或步骤:(1)雷格瑞的妻子离家出走;(2)雷格瑞请村议会帮忙,但是被拒绝;(3)雷格瑞拒绝履行担任村议员的义务;(4)村议会决定驱逐雷格瑞;(5)前巴厘王公(现政府官员)用国家法为雷格瑞辩护;(6)村议会以传统(地方性知识)为由拒绝了辩护。整个案例只有3页的篇幅。

更为重要的是,这个案例的发生时间是1958年。② 为什么格尔茨在1981年要讲一个23年前的案件?原因可能很简单,过去格尔茨并没有专门做过聚焦于(“狭义的”)法律问题的民族志研究,他并没有太多的关于法律的民族志资

---

① 参见张静:《“雷格瑞事件”引出的知识论问题》,载《清华社会学评论》(第2期),鹭江出版社2000年版,第108页。

② “这件事发生在1958年,此人(雷格瑞)可能已经去世了”,参见[美]克利福德·吉尔茨:《地方知识:事实与法律的比较透视》,邓正来译,载梁治平主编:《法律的文化解释》,生活·读书·新知三联书店1998年版,第84页。

料。但由于讲座还是需要与法律有关，所以笔者猜测，他应该是在翻阅过去的田野笔记时看到了这则23年前的案例。尽管这个案例较为陈旧，但却是整篇演讲稿中唯一来自田野经验的资料。他关于印度的法律认识的讨论来自两则传说，关于马来亚的法律认识的分析则基于一首叙事诗。和格拉克曼的演讲相比，格尔茨的演讲更接近于法律和文学，而不太像是那种典型的以田野调查为基础的法律人类学。换言之，格尔茨在1981年所强调的“法律的意义世界”，其实只有1958年的一则篇幅很小的案例作为支撑。不仅如此，按照美国学者罗伯特·海登（Robert M. Hayden）的观察，“格尔茨从来都没有被看作一名法律人类学家，而且对于这一领域自20世纪60年代末以来的发展似乎全然不知。这使得他的研究既让人惊喜，又让人失望。惊喜在于，他对于法律人类学最近的一些主流观点进行了独立的回应；失望在于，他的研究依赖于过时的规则范式，限制了其原创性视角的效用”。① 海登还表示，“讽刺的是，格尔茨作为‘地方性知识’以及文化间差异重要性的拥护者，却不加鉴别的采纳了‘法律’（law）这个单词所具有的标准的英语意义。到了这里，他整个理论都已经坍塌了”。②

［四］谁的讲座更为成功

上文以“为何受邀请”、“如何准备和讲授”为重点依次

① Robert M. Hayden, *Review: Rules, Processes, and Interpretations: Geertz, Comaroff, and Roberts*, American Bar Foundation Research Journal, Vol. 9, p. 475 (1984).

② Robert M. Hayden, *Review: Rules, Processes, and Interpretations: Geertz, Comaroff, and Roberts*, American Bar Foundation Research Journal, Vol. 9, p. 477 (1984).

回顾了格拉克曼和格尔茨这两场横跨近 20 年的平行讲座,那么,我们首先考虑的一个问题是:谁的讲座更为成功呢?

按照上文的分析,相比于格尔茨的“不专业”或“跑题”,似乎格拉克曼更为成功。首先,格拉克曼是第一位受到邀请的人类学家。其次,他开篇就引用梅因并试图和英美法学展开知识对话。再次,从讲座后出版的《巴罗策的法学观念》中的“自述”也可以发现,他对于讲座的设计和讲授还是比较自信的。最后,耶鲁大学教授查尔斯·布莱克(Charles L. Black)在为《巴罗策的法学观念》所撰写的序言中也对格拉克曼的演讲赞不绝口。但事实可能恰好相反。上文提到,格拉克曼为了“照顾”法律人士,直接、大量使用英美的法律概念。那么,这种“照顾”的效果如何呢?遗憾的是,笔者并没有或者也不可能找到当时的听众对讲座的评价,但是在此后的近 20 年的时间里(一直到邀请格尔茨之前),斯托尔斯讲座并没有再邀请其他人类学家了。当然,仍需强调的是,这里肯定也有着不少偶然的因素。但我们可以反问,如果格拉克曼的讲座非常成功的话,那么为什么此后近 20 年时间里都没有再邀请其他人类学家呢?我们可以想象,部落社会的习惯法经过英美法的包装之后,当然能够为法学师生所理解,但是这对于本来就对部落社会不感兴趣的法学(院、学科)来说,又有着怎样的知识增量呢?法学院的师生又该如何与这种研究做知识对话呢?

相比之下,格尔茨并不愿意迁就法律人士,也不愿意在格拉克曼等人所开创的法律人类学的进路内展开讨论,而选择另起炉灶,以完全不同的方式阐释了人类学家研究法律问题时需要关注的重点。正如他在《地方性知识》的导言中所阐明的,“这场讲座的挑战在于,我必须努力想象出某种货真价实的人类学……”。① 当然,他被海登这样“专业的”②法律人类学者批评为“对最新的发展全然无知”,但问题在于,法律人类学(者)是否有资格判断或评价作为解释人类学家的格尔茨的研究?人类学的法律研究是否只有“法律(纠纷)人类学”这一种模式?此外,相关的问题是,格尔茨的演讲并没有参考较为丰富的田野资料,那么,人类学的法律研究是否一定需要丰富的田野案例呢?人类学研究法律的特殊性又在哪里?讲座成功与否与这些问题的答案密切相关。当然,这些问题也在提示我们,比讨论讲座成功更为重要的是,怎样在法学与人类学的互动关系中来认识和理解这两场讲座。

就法律的研究而言,法学有着两千多年的研究经验。在诸社会科学当中,人类学较早涉足法律研究,但较之法学,还是太过年轻,以至于经典的研究方法即纠纷案例研究法也是拜法学所赐。格拉克曼的田野方法是纠纷案例研究法,他的首部作品《北罗得西亚巴罗策人的司法过程》也是基于纠纷案例研究法而作。除此之外,就其个人的角度来讲,作为人类学家的格拉克曼也有着人类学的背景。在本科阶段,他曾经系统地学习过罗马—荷兰法,后来一度有机会成为一名南非执业律师。格拉克曼深知西方法学的系统性和解释力,而平等主义的观念也使得他觉得使用法学方法研究他者的法

---

① [美]克利福德·格尔茨:《地方知识》,杨德睿译,商务印书馆 2017 年版,第 24 页。

② 这里的“专业的”是指,海登曾出版过专门讨论法律问题的民族志。比如,Robert M. Hayden, *Disputes and Arguments Amongst Nomads: A Caste Council in India*, Oxford University Press, 1999。该书是在海登于 1981 年发表的博士论文的基础上改编的。20 世纪 70 年代,海登曾对印度的种姓与法律问题做了较长时间的田野调查,而格尔茨的“地方性知识”一文同样也提到了印度,这可能是海登专门撰文批评格尔茨的一个原因。

律并不存在学科交流上的障碍,反而相得益彰,能够取得丰富的研究成果。

不过由于人类学家的身份,他在首部著作中还是比较克制的。但就是这种对法学方法的有限借用却得到了来自法学的鼓励。比如,他在首部作品的前言中提到,“当本书快要完稿之时,我非常荣幸地结识了古德哈特(Goodhart)教授,他对我的研究产生了兴趣。在我交至出版社之前,他阅读并评论了我的手稿,并欣然同意为我撰写序言,并向法学界推荐此书”。① 这里的古德哈特曾经把持牛津大学法理学教授席位长达 20 年(1931—1951 年)之久,直到 1951 年因晋升为大学学院院长忙于行政事务,才将教鞭转交于以微弱多数当选的哈特(H. L. A. Hart)。后来,耶鲁法学院竟然破天荒地邀请他为专业的法学师生们讲授法律问题。于是,受到鼓舞的格拉克曼在斯托尔斯讲座中“肆无忌惮”地全面借用英美法体系,并由此完成了第二部法律民族志。② 关于这部作品的章节标题,如果把研究对象“巴罗策”删去,似乎就变成了一部英美法入门。在格拉克曼看来,这种努力是值得尝试的,因为“他力图在理论和方法层面上构建学科之间的关系。他试图完善法学理论,同时也接受了法学理论”。③ 格拉克曼意图构建一个能够同时为法学和人类学所接受的跨学科的法律人类学。

格尔茨则完全不同。他没有从事过专门的法律研究,对

① Max Gluckman, *The Judicial Process among the Barotse of Northern Rhodesia*, Manchester University Press, 1955, p. xxi.

② 参见王伟臣:《法律人类学的困境:格卢克曼与博安南之争》,商务印书馆 2013 年,第 299 页。

③ Annelise Riles, *Representing In - Between: Law, Anthropology, and the Rhetoric of Interdisciplinarity*, University of Illinois Law Review, Vol. 1994, p. 638 (1994).

法律人类学的发展也不完全了解，所以才会受到海登的批评。也正是因为格尔茨没有考虑法律人类学的研究成果，所以他才没有受到法学研究范式的影响。在格尔茨看来，从理论和方法上将法学与人类学结合起来是不可能的。他已经不再考虑法学理论了。格尔茨从一开始就否定了法律人类学“半人马学科”的可能性。他认为，法律现象是公共的学术资源，任何学科都可以研究，人类学自然也不例外。而人类学的法律研究一定要体现出人类学的特点，可以完全不用考虑法学的研究范式。

格尔茨的立场具有极强的突破性意义，他试图（可能他自己也不确定）将人类学从法学的束缚中解放出来。但可惜的是，与中国的学术界的认识恰好相反，至少在英美法律人类学领域，格尔茨的这篇演讲并没有产生太大的影响。① 20世纪80年代，尽管法律人类学还是出现了一些作品，但较之格拉克曼时代已经萎缩了不少。到了万安黎写作“跨学科的修辞”的时代，法律人类学面临着成员过少的危险。但很快的，法律人类学开始了触底反弹，自20世纪末以来，它已经开始慢慢摆脱法学的影响，开始关注纠纷和法庭以外的法律现象，比如法律话语、跨国法律流动、人权与妇女保护、国际金融等非纠纷领域，呈现出慢慢复兴的态势。与此同时，其影响力也开始慢慢增强，参与者也并不仅限于人类学学科。

---

① 比如，穆尔（Moore）虽然没有对格尔茨提出批评，但是却把他与博安南（Bohannan）归于一类：“许多年后，格尔茨提出了一个与博安南类似的主张……”。换言之，在穆尔看来，格尔茨并没有提出新的观点或者研究范式。Sally Falk Moore, *Certainties Undone: Fifty Turbulent Years of Legal Anthropology, 1949-1999*, The Journal of the Royal Anthropological Institute, Vol. 7, p. 99(2001).

[五] 结语：人类学家在法学院应该讲什么

结合这一复兴背景再去分析格拉克曼和格尔茨的讲座似乎可以发现一个有趣的悖论。人类学家在法学院应该讲什么？这两位学者显然持不同的看法。格拉克曼试图沟通人类学和法学,所以在讲座中大量使用“法言法语”,在研究中也尽可能地使用源于法学的研究方法。但问题在于,这种研究充其量只是人类学家对法律的法学研究,是一种法学的“人类学”,出于研究对象层面上的新鲜感,暂时会吸引法学的注意。由于没有专属的“独门绝技”①,长此以往并不会得到法学的认同,因而也不会获得法学家的参与,学科不可能实现交叉。格尔茨并不追求人类学与法学的交叉,同时也由于他并不在传统的法律人类学研究谱系之中,所以就另辟蹊径,不(大量)讨论纠纷案例,而是从意义和象征层面入手,强调人类学的自主性,主张人类学式的法律理解。法律人类学近来复兴的一个重要体现或者原因就在于,其慢慢超越了传统意义上的对于纠纷或司法的过度关注,在某种程度上也验证了格尔茨的想法。有趣的是,格拉克曼试图交叉,却弄巧成拙;格尔茨反对交叉,却有可能无心插柳。个中悖论,颇堪玩味。

① 人类学的田野调查方法是该学科较之其他学科的一种“独家”的研究方法,但是在很长一段时间里,人类学使用这种方法研究的都是纠纷或冲突。

《法律和社会科学》(2023)　第20卷第1辑,第361~398页

法律与社会的对话:运动的兴起与转变的口述史

[美]卡尔文·莫里尔(Calvin Morrill)
[美]劳伦·B. 埃德尔曼(Lauren B. Edelman)
[美]方　嫣(Yan Fang)
[美]罗桑·格林斯潘(Rosann Greenspan)*

摘　要:可以使用健在的创始人的口述史探讨法律与社会作为一个学术运动的兴起,及其向一个学术领域的转变过程。口述史来自"法律与社会的对话"公共档案,这个独特的公共档案汇集了对法律与社会运动创始人的采访。研究展现该运动如何从20世纪60年代和70年代的政治机会中汲取力量,分析学者为研究和训练创造空间所运用的动员结构,以及对该运动的意义、身份、情感进行结晶的框架过程。虽然法律与社会在学术界从未成为制度化的学科,但它却催化了其他学术运动,并持续在社会科学学科和法学院中影响着研究和教学。

关键词:法律与社会　学术运动　制度化领域　口述史

---

* 卡尔文·莫里尔、劳伦·B. 埃德尔曼、方嫣,美国加州大学伯克利分校法学院法理学与社会政策项目成员;罗桑·格林斯潘,美国加州大学伯克利分校法学院法律与社会研究中心成员。本文由爱丁堡大学比较法专业硕士研究生吴瑞娜翻译,由中国人民大学法学理论专业硕士研究生高凯铭校对。中译本有删节。

[一]引言

在过去的 20 年里,已有很多对法律与社会研究进行回顾的努力。例如,2005 年《法律与社会科学年度评论》(*Annual Review of Law and Social Science*)的创立,产生了一系列广义上理解为法律与社会的评论文章。在这一时期还出现了源源不断的书籍为法律与社会学术领域(field)提供框架,或是将重印文章①和原创文章②编辑成集,或是出版介绍性的专著和教科书。③

---

① Ian Haney López ed., *Race, Law and Society*, Ashgate Publishing, 2007; Erik Larson & Patrick Schmidt eds., *The Law & Society Reader* Ⅱ, New York University Press, 2014; Stewart Macaulay, Lawrence Meir Friedman & Elizabeth Mertz eds., *Law in Action: A Socio-Legal Reader*, Foundation Press, 2007; Austin Sarat ed., *The Social Organization of Law: Introductory Readings*, Oxford University Press, 2004.

② Austin Sarat ed., *The Blackwell Companion to Law and Society*, Wiley-Blackwell, 2004; Austin Sarat & Patricia Ewick eds., *The Handbook of Law and Society*, Wiley, 2015; Shauhin Talesh, Elizabeth Mertz & Heinz Klug eds., *Research Handbook on Modern Legal Realism*, Edward Elgar. In press, 2020.

③ Kitty Calavita, *Invitation to Law and Society: An Introduction to the Study of Real Law*, University of Chicago Press, 2016(2010); Matthew Lippman, *Law and Society*, SAGE Publications, 2017; Steven Vago & Steven E. Barkan, *Law & Society*, Routledge, 2018(1981); Riaz Tejani, *Law and Society Today*, University of California Press, 2019; Anthony Walsh & Craig Hemmens, *Law, Justice, and Society: A Sociolegal Introduction*, Oxford University Press, 2019.

在这些作品中,学者使用多种方法回顾法律与社会研究。一种方法是确定法律与社会的"正典"(canon),即对"那些所有人都会将其作为进入知识和专业界的一种仪式而阅读的标准文本"①进行定性分析。在另一种方法中,学者们确定并强调法律与社会研究在其发展的不同节点所缺失的东西,特别是着眼于交叉性(intersectional)、女权主义(feminist)、批判种族理论(critical race theory,CRT)、酷儿(queer)和(或)残疾研究(disability studies)。还有一些学者对以理论为驱动的研究问题、方法论、作者的人口学特点(demographics)和学术学科(discipline)归属等要素的变化趋势进行定性和定量的内容分析,以评估《法律与社会评论》(*Law & Society Review*, *LSR*)前几十年发表的文章焦点的实质性转变。② 在第四种方法中,学者分析了50年间社会法律(sociolegal)的文章和书籍的引用次数,以确定较高知名度的出版物集群,这些出版物定义了法律与社会研究的独特时代。③

口述史方法很少被运用于回顾法律与社会的发展,尽管

---

① Carroll Seron & Susan S. Silbey, *Profession, Science, and Culture: An Emergent Canon of Law and Society Research*, in Austin Sarat ed., Blackwell Companion to Law and Society, Blackwell, 2004, p. 31; Carroll Seron, Susan Bibler Coutin & Pauline White Meeusen, *Is There a Canon of Law and Society?*, Annual Review of Law and Social Science, Vol:9, p. 287-306(2013).

② Richard L. Abel, *Law and Society: Project and Practice*, Annual Review of Law and Social Science, Vol: 6, p. 1-23(2010); Joachim J. Savelsberg et al., *Discussion Law & Society Review at Fifty: A Debate on the Future of Publishing by the Law & Society Association*, Law & Society Review, Vol: 50, p. 1017-1036(2016); Susan S. Silbey, *From the Editor*, Law & Society Review, Vol: 34, p. 859-872(2000).

③ Calvin Morrill & Kelsey Mayo, *Charting the "Classics" in Law and Society: The Development of the Field over the Past Half-Century*, in Austin Sarat & Patricia Ewick eds., The Handbook of Law and Society, Wiley, 2015, p. 18-36.

它在社会科学和人文学科中有着丰富的传统。这有点令人惊讶,因为在法律与社会研究中广泛使用了与口述史方法有所重合的访谈方法,被用来研究广泛的社会法律现象,包括法院、纠纷、法律与社会不平等、法律与社会运动、法律意识、法律动员、法律职业和实践、立法机构、警务工作、监狱、监管执行和跨国法律领域。① 此外,学者还利用口述史记录法律与社会相邻领域的发展,如犯罪学②和人类学③。

本文使用健在的创始人和其他主要人物的口述史来探讨法律与社会作为学术运动的兴起以及它向一个学术领域的转变。所谓学术领域,指的是由学者、学生及其他有关各方组成的网络和组织(如专业协会、研究中心、学术项目)所创造和使用的公认且持久的学术体系。④ 本文,以及本文所借鉴的多份口述史,将领域与学科区别开来。学科是指在学院和大学中得到普遍认可的领域,通常基于一套核心的理论假设或论点,有一种或一系列既定的方法论,以及具有以学位授予部门为形式的广泛组织包容性。⑤ 社会学、经济学、历史学、哲学、政治学、心理学和人类学等是学术界公认的学科,并在绝大多数大学都能找到这些学科。相比之下,法律

---

① Simon Halliday & Patrick Schmidt, *Conducting Law and Society Research: Reflections on Methods and Practices*, Cambridge University Press, 2009.

② Johann Koehler, *Development and Fracture of a Discipline: Legacies of the School of Criminology at Berkeley*, Criminology, Vol: 53, p. 513 - 544 (2015); John H. Laub, *Talking about Crime: Oral History in Criminology and Criminal Justice*, The Oral History Review, Vol: 12, p. 29-42 (1984).

③ Alan Macfarlane, Sarah Harrion & Mark Turin, *Anthropological and Other Ancestors: Notes on Setting up a Visual Archive of the Discipline*, Anthropology News, Vol: 46, p. 21-22 (2005).

④ Scott Frickel & Neil Gross, *A General Theory of Scientific/Intellectual Movements*, American Sociological Review, Vol: 70, p. 204-232 (2005).

⑤ Jerry A. Jacobs, *In Defense of Disciplines: Interdisciplinarity and Specialization in the Research University*, University of Chicago Press, 2014, p. 27.

与社会则是跨学科和多学科的。它借鉴了其他学科，并明确地采用了大帐篷式(big-tent)的理论和方法。①

本文所采用的口述史主要来自一个独特的公共档案，该档案是对法律与社会创始人的采访，名为“法律与社会的对话”(Conversations in Law and Society)，由加州大学伯克利分校法律与社会研究中心(Center for the Study of Law & Society，CSLS)维护。② 本文运用叙述法律与社会研究历史的已出版资料对 CSLS 的口述史进行考证和补充。本文的讨论始于对口述史方法的简要回顾，以及 CSLS 档案是如何建立的。首先探讨了法律与社会作为学术运动的集体兴起，然后转向创始人对法律与社会成为一个学术领域的看法。本文的结论是观察到法律与社会没有达到一个学科的地位，但却催化了其他学术运动，并持续影响社会科学学科和法学院中的研究。

[二]口述史方法

口述史可以挖掘出行为者自己的声音和影响了学术生涯、运动、领域发展的集体动态的个体意义，这些难以从已发表的文献中得到启发。③ 因为口述史必然是关乎于时间的，所以它可以用来研究人们在其学术生涯和研究贡献中如何

---

① Howard S. Erlanger, *Organizations, Institutions, and the Story of Shmuel: Reflections on the 40th Anniversary of the Law and Society Association*, Law & Society Review, Vol: 39, p. 1-10(2005).

② 该档案可在加州大学伯克利分校法学院 CSLS 的网上找到：https://www.law.berkeley.edu/research/center-for-the-study-of-law-society/conversations-in-law-and-society/，最后访问日期：2020 年 5 月 1 日。

③ James A. Holstein & Jaber F. Gubrium, *Constructing the Life Course*, General Hall, 2000(1990).

理解和概观社会进程。[1] 这种时间取向让我们可以对在学术生涯、运动、领域和学科的发展过程中导向不同路径和意外事件的转折点进行探讨。

[三]在伯克利创建CSLS口述史档案馆

本文是基于CSLS口述史档案中23位学者的口述史。在这些人中,有22人接受了CSLS学者劳伦·埃德尔曼、罗伯特·卡根(Robert Kagan)、大卫·利伯曼(David Lieberman)、卡尔文·莫里尔和乔纳森·西蒙(Jonathan Simon)的采访,是在现场观众面前录制的系列会议的一部分。[2] 菲利普·塞尔兹尼克(Philip Selznick)在这个系列开始之前已经去世了,但罗杰·科特雷尔(Roger Cotterrell)在他生前对他进行了两次录音采访。[3] 这两次采访经科特雷尔的同意,被添加到了CSLS档案中。

从2010年开始,我们试着采访第一代法律与社会的创始人,他们的学术生涯开始于20世纪50年代和60年代。后来,我们也开始采访那些早期学术生涯与第一代创始人有所重合的学者。创始人指的是那些对法律与社会的早期发展做出了多项重大贡献的学者。我们也留意了学科组合和性别以平衡这些标准。然而,在该领域的第一代和早期创始人中,种族多样性似乎有所缺失。这种明显的多样性缺失,

---

① John H. Laub, *Talking about Crime: Oral History in Criminology and Criminal Justice*, The Oral History Review, Vol:12, p. 29-42(1984).

② CSLS的主任罗桑·格林斯潘(现已退休)指导了每场录像会议,并维护了CSLS的档案,莫里尔在埃德尔曼和西蒙的参与下制作了这一系列。

③ Roger Cotterrell, *Selznick interviewed: Philip Selznick in Conversation with Roger Cotterrell*, Journal of Law and Society, Vol:31, p. 291-317(2004).

再加上领域内特定文本的“正典化”（canonization）①，反映在本文所采访的学者的构成中。

在接受采访的23位学者中，有12位仅拥有某一学科的博士学位；7位拥有法律学位［法律博士和（或）法学学士］，但没有法学博士学位；4位同时拥有法律学位和博士学位。6人拥有社会学博士学位，5人拥有人类学博士学位，4人拥有政治学博士学位，1人拥有历史学博士学位。9人在其学术生涯中主要隶属于（社科）学科部门，8人隶属于法学院，6人隶属于跨学科项目，其中5人在加州大学伯克利分校的法理学与社会政策（Jurisprudence and Social Policy，JSP）博士项目。本文中所有学者都出生在美国，只有两位例外：珍·科马罗夫（Jean Comaroff）和约翰·科马罗夫（John Comaroff）来自南非。

遗憾的是，本文没能采访到该领域一些传奇创始人，因为他们已经去世或健康状况不佳。由于预算和其他方面的限制，本文所采访的法律与社会领域的创始人和早期成员只是很小的一部分。CSLS系列尚在进行中，在资金允许的情况下，将继续向档案中增加关键的贡献者。因此，我们把本文看作是一份临时报告。下文表1总结了每位创始人的学位、近期主要隶属的学术机构、采访者以及本评论所依据的采访日期。

---

① Carroll Seron，Susan Bibler Coutin & Pauline White Meeusen，*Is There a Canon of Law and Society?*，Annual Review of Law and Social Science，Vol：9，p. 287-306（2013）.

表1 法律与社会研究中心档案中的法律与社会创始人及其学历、近期所隶属的学术机构、采访者和采访日期

法律与社会创始人及其学历	所隶属学术机构	采访者与采访时间
菲利普·塞尔兹尼克(Philip Selznick)哥伦比亚大学社会学博士,1947年	法律与社会学荣誉教授,加州大学伯克利分校	罗杰·科特雷尔2002年1月
约瑟夫·古斯菲尔德(Joseph Gusfield)芝加哥大学社会学博士,1954年	社会学荣誉教授,加州大学圣地亚哥分校	劳伦·埃德尔曼2010年2月12日
斯图尔特·麦考利(Stewart Macaulay),斯坦福大学法学硕士,1954年	法学荣誉教授,威斯康星大学麦迪逊分校	劳伦·埃德尔曼2010年4月23日
劳伦斯·弗里德曼(Lawrence Friedman)芝加哥大学法律博士,1951年	马里恩·赖斯·科克伍德(Marion Rice Kirkwood)法学教授、历史和政治学教授,斯坦福大学	劳伦·埃德尔曼2010年10月15日
劳拉·纳德(Laura Nader)哈佛大学人类学博士,1960年	人类学教授,加州大学伯克利分校	卡尔文·莫里尔2011年3月3日
马克·格兰特(Marc Galanter)芝加哥大学法律博士,1957年	约翰和瑞拉·博斯哈德(John and Rylla Bosshard)法学和南亚研究荣誉教授,威斯康星大学麦迪逊分校	劳伦·埃德尔曼2011年4月8日
杰罗姆·斯科尔尼克(Jerome Skolnick)耶鲁大学社会学博士,1957年	克莱尔·桑德斯·克莱门茨(Claire Sanders Clements)院长主席荣誉法学教授,加州大学伯克利分校	卡尔文·莫里尔2012年2月10日
莎莉·福尔克·穆尔(Sally Falk Moore)哥伦比亚大学法学院法律博士,1947年;哥伦比亚大学人类学博士,1957年	人类学系主任、维克多·S.托马斯(Victor S. Thomas)荣誉教授,哈佛大学	卡尔文·莫里尔2012年3月2日

续表

法律与社会创始人及其学历	所隶属学术机构	采访者与采访时间
桑福德·卡迪什(Sanford Kadish)哥伦比亚大学法学院法律博士,1948年	亚历山大·F.(Alexander F.)和梅·T.莫里森(May T. Morrison)法学荣誉教授,加州大学伯克利分校	大卫·利伯曼2012年10月5日
威廉·缪尔(William Muir)密歇根大学法律博士,1958年;耶鲁大学政治学博士,1965年	政治学荣誉教授,加州大学伯克利分校	罗伯特·卡根2013年1月25日
哈里·沙伊贝(Harry Scheiber)哥伦比亚大学历史学博士,1962年	校长荣誉教授,斯特凡·A.里森菲尔德(Stefan A. Riesenfeld)法学荣誉教授,历史学荣誉教授,加州大学伯克利分校	大卫·利伯曼2013年4月5日
理查德·施瓦茨(Richard Schwartz)耶鲁大学社会学博士,1956年	欧内斯特·I.怀特(Ernest I. White)法学荣誉教授,雪城大学	卡尔文·莫里尔2013年5月31日
路易丝·楚贝克(Louise Trubek)耶鲁大学法学院法学学士,1960年;大卫·楚贝克(David Trubek)耶鲁大学法学院法学学士,1961年	法律诊所荣誉教授,威斯康星大学麦迪逊分校;沃斯·巴斯科姆(Voss-Bascom)法学荣誉教授,威斯康星大学麦迪逊分校	乔纳森·西蒙2013年11月8日
罗伯特·卡根(Robert Kagan)哥伦比亚法学院法学学士,1962年;耶鲁大学社会学博士,1974年	政治学和法学荣誉教授,加州大学伯克利分校	卡尔文·莫里尔2014年3月14日
萨利·安格尔·梅丽(Sally Engle Merry)布兰戴斯大学人类学博士,1978年	西尔弗(Silver)人类学教授,纽约大学	卡尔文·莫里尔2015年2月6日

续表

法律与社会创始人及其学历	所隶属学术机构	采访者与采访时间
珍·科马罗夫（Jone Komarov）伦敦政治经济学院人类学博士，1974年；约翰·科马罗夫伦敦政治经济学院人类学博士，1973年	休·K.福斯特（Hugh K. Foster）非洲及非洲裔美国人研究、人类学教授，哈佛大学；阿弗烈·诺夫·怀海德（Alfred North Whitehead）非洲及非洲裔美国人研究、人类学教授，哈佛大学	卡尔文·莫里尔 2015年9月11日
马尔科姆·费利（Malcolm Feeley）明尼苏达大学政治学博士，1969年	克莱尔·桑德斯·克莱门茨（Claire Sanders Clements）院长法学荣誉教授，加州大学伯克利分校	乔纳森·西蒙 2015年10月23日
苏珊·西尔贝（Susan Silbey）芝加哥大学政治学博士，1974年	莱昂和安妮·戈德堡（Leon and Anne Goldberg）人文科学教授，社会学和人类学教授，行为和政策科学教授，麻省理工学院	卡尔文·莫里尔 2017年2月3日
奥斯汀·萨拉特（Austin Sarat）耶鲁大学法学院法律博士，1988年；威斯康星大学麦迪逊分校政治学博士，1973年	威廉·纳尔逊·克伦威尔（William Nelson Cromwell）法学和政治学教授，安赫斯特学院	乔纳森·西蒙 2017年4月21日
基蒂·卡拉维塔（Kitty Calavita）特拉华大学社会学博士，1980年	犯罪学、法学、社会学校长荣誉教授，加州大学尔湾分校	乔纳森·西蒙 2017年11月30日
理查德·德尔加多（Richard Delgado）加州大学伯克利分校法律博士，1974年	约翰·J.斯帕克曼（John J. Sparkman）法学教授，阿拉巴马大学法学院	乔纳森·西蒙 2019年4月24日

除了其中一次例外，其他访谈都是在伯克利以开放形式进行的，持续时间从53分钟到87分钟不等，一般采访时间大约为70分钟（除了塞尔兹尼克的采访是在多天内进行的）。每一次访谈都以生平部分开始，被访者被问及他们的早期教育和个人

生活,以及他们如何对法律与社会研究产生兴趣。访谈随后过渡到讨论每位参与者最广为人知研究,在结束时会问参与者希望年轻学者能从他们的研究和生涯中获得什么启示?以及他们认为该领域的下一步或方向是什么?对于在现场观众面前录制的访谈(除了两个以外),在正式部分结束后,在采访者的主持下,观众有机会向被访者提问。篇幅所限,每份口述史只能从较长的叙述中节选一些简短的内容。因此,我们邀请读者访问 CSLS 档案馆,聆听创始人用他们自己的声音表达。除非另有说明,本文中的节选可以代表整个采访的广泛形态。

[四] 法律与社会运动的兴起

弗里克尔(Scott Frickel)和格罗斯(Neil Gross)指出,过去 200 年的全球知识动态可以理解为“科学/知识运动”(scientific/intellectual movements,SIMs)之间的竞争,这些运动涉及学者之间协调合作的集体行动,以批评现有的学术进路并开创新的方法论和学术研究领域。① 20 世纪 60 年代和 70 年代的法律与社会的早期,可以被看作建立在早期的(但基本上是奄奄一息的)法律现实主义运动(legal realist movement)之上的学术运动,该运动在 20 世纪 20 年代和 30 年代试图在法律学界推翻实证主义法学(legal positivism)。② 法律与社会运动汇集

---

① Scott Frickel & Neil Gross, *A General Theory of Scientific/Intellectual Movements*, 70 American Sociological Review 204, 204(2005).

② Lawrence M. Friedman, *The Law and Society Movement*, Stanford Law Review, Vol:38, p. 763-780(1986); Brian Leiter, *American Legal Realism*, in W. Edmundson & M. Golding eds., The Blackwell Guide to Legal Philosophy and Legal Theory, Blackwell, 2005, p. 50-66; David M. Trubek, *Back to the Future: The Short, Happy Life of the Law and Society Movement*, Florida State University Law Review, Vol:18, p. 4-55(1990).

了对法学理论研究和法律在社会科学研究中的地位的多种不满,并提供了一个研究对象——行动中的法(law - in - action)——法律与社会学者认为这会促使对紧迫的社会问题产生更多的理论性和规范性理解。① 正如在学术运动中所常见的那样,法律与社会运动受到了更广泛的历史环境的影响,这些环境成就了社会运动学者所称的"政治机会"(political opportunities),削弱了现有制度上的正统观念,使视角得以转变。②

(一)促成运动的政治机会

根据法律与社会的创始人的讲述,20 世纪中期不仅为提高人们对法律怎样与社会相联系的认识创造了政治机会,而且还对社会科学中现存的研究范式(paradigms)以及法学院中对法律的传统理解提出了质疑:美国的社会动荡、关于社会不平等与权利的具有里程碑意义的立法和判决、以及欧洲的社会动荡和殖民制度的瓦解。③

罗伯特 · 卡根(Int. 2014)通过回忆他在进入耶鲁大学攻读社会学博士之前,仍是新泽西州的一名执业律师时,对 20 世纪

① Philip Selznick, *Jurisprudence and Social Policy: Aspirations and Perspectives*, California Law Review, Vol:68, p. 206-220(1980).

② Scott Frickel & Neil Gross, *A General Theory of Scientific/Intellectual Movements*, American Sociological Review, Vol: 70, p. 204 - 232 (2005); Doug McAdam, John D. McCarthy & Mayer N. Zald, *Introduction: Opportunities, mobilizing structures, and framing processes - toward a synthetic, comparative perspective on social movements*, in Doug McAdam, John D. McCarthy & Mayer N. Zald eds., Comparative Perspectives on Social Movements: Political Opportunities, Mobilizing Structures, Framing Processes, Cambridge University Press, 1996, p. 1-22.

③ Richard L. Abel, *Law and Society: Project and Practice*, Annual Review of Law and Social Science, Vol:6, p. 1-23(2010).

60 年代社会动荡的反应,指出了这些政治机会中的第一个:①

> ……这个世界正在爆炸。民权运动(The Civil Rights Movement)、城市权利、环境运动、克利夫兰的凯霍加河(the Cuyahoga River in Cleveland)大火、声势浩大的反越战运动、反主流文化……我是新泽西人清洁空气协会的联合创始人……法律正在爆发:向贫穷宣战(War on Poverty)、沃伦法院(Warren Court)和正当程序革命(Due Process Revolution)、《选举权法案》(Voting Rights Act)……因此政府在很大的社会压力下使用法律去试图改造社会。所以我的问题是:"我该做些什么?"我想也许我想教书,但我不想在法学院教书……教人们如何成为律师。不。我如饥似渴地阅读克纳委员会(Kerner Commission)关于种族不平等、种族分裂、城市抗议的报告。我确实有了这样的想法,即社会科学对这样一个正在分崩离析的社会可以做出一些贡献。(5:55)

正如许多创始人一样,卡根将 20 世纪 60 年代的社会动荡与关于法律、社会及社会科学之间联系的思考之间建立了多重

---

① 录音访谈的摘录以访谈进行的年份和时间点来标识,前者直接出现在受访者的名字后面(如:Int. 2014),后者直接出现在引文后面(如:5:55),表明访谈中的引文何时开始。一些引文来自科特雷尔:Roger Cotterrell, *Selznick interviewed:Philip Selznick in Conversation with Roger Cotterrell*, Journal of Law and Society, Vol:31, p. 291-317(2004)或克里吉耶:Martin Krygier, *Philip Selznick:Ideals in the World*, Stanford University Press, 2012 使用的科特雷尔对塞尔兹尼克的采访或其他公开资料。文中首次提到受访者的名字时,也引用了该学者的经典之作。我们也查阅了文中引用的一些学者的经典之作,他们也是法律与社会运动的早期成员,但至今尚未对他们进行访谈。

关联,包括探究法律在延续抑或消除不平等中所扮演的角色。

美国联邦最高法院的一些具有里程碑意义的判决也在多位创始人回顾如何理解法律与社会之间的联系方面占据了重要地位。例如,1954年关于学校废除种族隔离(desegregation)的布朗案判决①是马克·格兰特(Int. 2011)关于申请富布赖特奖学金(Fulbright fellowship)到印度访学的决定中的关键性原因。他当时已经在芝加哥大学获得了法学学士学位。他回忆说:

> ……我没有在我以为会被征召(入伍)的时候被征召,所以我想我有两年……的自由……我可以做任何事情,去某个地方。因此,我申请了富布赖特……我很幸运地有一个很好的老师马克斯·莱茵斯坦(Max Rheinstein),他对我的申请给予了帮助。当时处于20世纪50年代中期,我是在布朗案几年后写这份申请,那时美国还没有一部全国性的民权法,但它正在酝酿之中……我读过一点关于歧视的文献……我对那些我认为与印度的种姓歧视具有可比性的东西感兴趣。就在我提出申请的前几年,印度通过了一部国家民权法……我获得了富布赖特奖学金,当我到了印度,我发现得到大力推动的并不是反歧视方面,而是平权行动方面,为弱势群体提供机会和向他们转移资源……因此,我感到震惊的是,在印度有关于这类事情的完整概念,而在美国却没有……要到20世纪60年代才会出现。看,在20世纪50年代的法学院,(法律)……如雨点般倾泻而下,形成社会反应……但(我在印度学

① Brown *v.* Board of Education, 347 U.S. 483(1954).

习法律的经历）让我思考，使我……（转向）……不同的观点，走向一种认为社会是强大的、充满力量的观点，法律则不安地躺在这些力量之上，而不是直接向它们倾泻而下。（6:15，18:42）

格兰特在印度和美国研究法律的比较经验促使他对法律采取一种“不同的视角”——这种视角挑战了传统的法律学术，并成为法律与社会视角的先声。

另一个具有里程碑意义的最高法院案件，即 1966 年关于第五修正案权利（Fifth Amendment rights）的米兰达案①，出现在社会学家苏珊·西尔贝（Int. 2017）对她 20 世纪 60 年代中期在芝加哥大学攻读政治学博士经历的描述中：

我有这样一种理念，即法律处于普通民众之中时才是意义重大的。这是在反战运动（the anti - war movement）之前，民权运动开始升温的沃伦法院时期。在米兰达判决之后，我记得我写过论文，阐述了法院怎么说（what the courts say）并不重要，重要的是警察怎么做（what the police do）。（11:49）

西尔贝的叙述中提到民权运动和米兰达判决创造了一个背景。在这个背景下，她把对法律的思考从法律决定（“法院说什么”）转向法律官员的行为（“警察做什么”）。

珍·科马罗夫和约翰·科马罗夫（Int. 2015）阐述了法律与社会运动兴起的历史环境和政治机遇之间的第三种互动，特别

① Miranda *v.* Arizona, 384 U. S. 436(1966).

考虑到人类学方面。他们描述了自己作为人类学博士生在伦敦政治经济学院(London School of Economics,LSE)学习的时光,他们刚刚从开普敦大学本科毕业,作为在南非种族隔离制度的暴力中成长的白色人种、犹太人(如珍所说的“统治阶级中被统治的一部分”):

> 珍:“……20 世纪 60 年代的 LSE 是一个非常活跃的地方。在伦敦,大量的美国人……来到这里避难(以逃避越南战争期间应征入伍)。这里已经是一个后殖民主义(postcolonial)的地方,尽管我们当时还不知道这个词汇……这里是一个‘超乎寻常的发酵的地方’……我记得当我刚到的时候,我胆战心惊地走在(靠近 LSE 的)街上,一个开着黑色出租车的司机差点把我撞倒,他在窗外喊道:‘如果你想成为红色的,你需要快一点。’…… 我认为我们(那时)还没有完全体会到 1968 年和 1969 年(大规模的学生罢工和其他抗议活动)在当时的欧洲意味着什么……(在 LSE)人类学系发生的很多事情都表现了这些问题,在那里我们研究了人类学,其中一个方向就是历史。”
>
> 约翰:“这是《新左派评论》(*New Left Review*)蓬勃发展的时期……而你必须亮明立场。而且我们被灌输了一种结构功能主义(structural-functionalist)人类学……但你如何就非殖民化的时刻而言来解读这个问题? ……用托马斯·库恩(Thomas Kuhn)的话来说,这是一个令人难以置信的范式的政治断裂的时代……珍在写关于非洲基督教的文章,我在写关于非洲政治和法律的文章……我们无法在专著中写下这些章节,

因为我们所处的世界根本不像以前那样了……重塑人类学，必然地，成为我们历史定位的一部分。”(10:53)

科马罗夫夫妇明确地将非洲对欧洲殖民主义的抵抗和解体以及欧美的社会动荡与约翰所说的“范式的政治断裂”联系起来。在这里，我们得以置身其中并从为运动构成提供帮助的学者的角度窥见，学术运动的政治机会是什么样子的——正如珍所说，这是一个“超乎寻常的发酵”时期。

(二)动员结构(mobilizing structures)

如果戏剧性的政治机会能够导致传统学术领域和观点的动摇，那么这些可能性必须要被“动员结构”中的人抓住，这些结构是“集体工具，非正式的和正式的，人们通过这些工具……参与到集体行动中”。[①] 20 世纪 40 年代到 60 年代，在没有明显协作的情况下，各大学开始研究生课程的授课，这有助于奠定法律与社会动员结构的基础。约瑟夫·古斯菲尔德(Int. 2010)讲述了无疑是美国大学中最早的此类课程之一的情况：20 世纪 40 年代末，他在获得社会学博士学位之前，作为学生在芝加哥大学的法学院参加了一个研讨会。他回忆说，研讨会“使用了马克斯·韦伯(Max Weber)的法律社会学手稿，该手稿刚刚由爱德华·希尔斯(Edward Shils)翻译，由德国犹太流亡者马克斯·莱因斯坦授课”。(4:55)马尔科姆·费利(Int. 2015)提供了另一个发生在十多年后明尼苏达大学政治学系的例子，当时他的经

① Doug McAdam, John D. McCarthy & Mayer N. Zald, *Introduction: Opportunities, mobilizing structures, and framing processes – toward a synthetic, comparative perspective on social movements*, in Doug McAdam, John D. McCarthy & Mayer N. Zald eds., Comparative Perspectives on Social Movements: Political Opportunities, Mobilizing Structures, Framing Processes, Cambridge University Press, 1996, p. 3.

历如下所述:

> 在研究生院的第一天就收到了塞缪尔·克里斯洛夫(Sam Krislov)教授的课程教学大纲……上面有一本书,是卡尔·卢埃林(Karl Llewellyn)和 E. 亚当森·霍贝尔(E. Adamson Hoebel)的《夏安人的方式》(*The Cheyenne Way*),它让我着了迷。(5:00)

这些例子也说明了法律与社会和法律社会学在美国发展的两条主要知识路径:一是通过欧洲社会理论,二是通过美国的法律现实主义。①

创始人指出,在 20 世纪 50 年代和 60 年代,有多种协调的动员结构的存在,包括基金会对跨学科法律与社会研究会议、工作坊、研讨会和研究中心的资助;创办致力于研究法律与社会的学术期刊和专著系列;提供博士前期及博士后奖学金;1964 年成立了法律与社会协会(Law & Society Association,LSA);1972 年在国家科学基金会(National Science Foundation)设立了法律与社会科学项目;以及从 20 世纪 50 年代开始之后的数十年间,在大学和法学院发展了法律与社会的培训项目。

最早的动员结构是 20 世纪 50 年代末哈佛大学的法律与社会关系暑期学院和 20 世纪 60 年代初达特茅斯学院的法律与社会科学暑期学院,两者都由社会科学研究委员会资助,②J. 威拉

---

① Calvin Morrill & Lauren B. Edelman, *Sociology of Law and New Legal Realism*, in Shauhin Talesh, Elizabeth Mertz & Heinz Klug eds., Research Handbook on Modern Legal Realism, Edward Elgar Publishing, 2020.

② Bryant Garth & Joyce Sterling, *From Legal Realism to Law and Society: Reshaping Law for the Last Stages of the Social Activist State*, Law & Society Review, Vol:32, p. 409-472(1998).

德·赫斯特(J. Willard Hurst)领导了另一项工作,他在 20 世纪 50 年代从洛克菲勒基金会(Rockefeller Foundation)获得资金,将有学术潜力的年轻学者带到威斯康星学习法律史,包括劳伦斯·弗里德曼。塞尔兹尼克则动员了罗素·塞奇基金会(the Russell Sage Foundation,RSF)的支持,于 1961 年在伯克利创立了 CSLS,作为 RSF 发展法律的社会科学研究的努力的一部分。RSF 还资助了丹佛大学、西北大学和威斯康星大学麦迪逊分校类似的法律与社会研究中心。理查德·施瓦茨(Int. 2013)在西北大学任教时,共同组织了达特茅斯暑期学院,并在 1966 年担任了《法律与社会评论》的第一任编辑,他牢记着这些努力的重要性:

> (达特茅斯)暑期学院很重要,当我们(施瓦茨和哈里·卡尔文)与一些我们以前不认识的人一起开启(它)。(参与者)通过这个过程了解彼此对法律与社会科学的各种进路,这是具有很重要的教育性的,开始成为学者们之间交流的方式。这些暑期项目通常有一个主题,如将社会科学方法论用于研究法律……罗素·塞奇在为那些开展法律与社会研究活动的原始中心的四个机构提供资金方面发挥了重要作用……(而且)每个(地方)不同的领导学者在(为他们的大学)获得资金方面非常重要,如伯克利的塞尔兹尼克……哈里(鲍尔)①有一个想法,即我们需要一种(法律与社会学者之间的)交流方式。因此,他联系了(罗素)塞奇,向他们提议资助一个法律与社会通讯……小伦纳

① Harry Ball,时任威斯康星大学麦迪逊分校社会学教授,也是 LSA 的第一任主席。

> 德·S.科特雷尔(Leonard S. Cottrell, Jr.)①,是一位家喻户晓的批评家,他负责审查他们(RSF)采取的支持行动,在审议了那些提议的内容后,他说,"一份通讯是不够的,你需要的是一份学术性的出版物。"由此,(RSF)决定资助(LSR)……有RSF这样的基金会在背后支持我们是很重要的……不仅仅是资金……我们已经是一个全方位启航的跨学科运动……暑期学院开设在……很好的大学里……(法律与社会)在这些大学和基金会的资助下成为一个持续被关注的对象。(31:00)

在上述摘录中,施瓦茨强调了早期精英基金会与大学的联系,对于动员和法律与社会有关的努力,以及对于运动的跨学科特性的务实和务虚的意义。

然而,另一个由RSF资助的动员结构是20世纪60年代和70年代在耶鲁大学法学院由斯坦顿·惠勒(Stanton Wheeler)领导的法律与社会的研究基金项目。RSF的研究基金项目聚集了多位社会法律学者,他们帮助定义这一运动和领域,包括唐纳德·布莱克(Donald Black)、马尔科姆·费利、罗伯特·卡根和尼尔·维德马尔(Neil Vidmar)。同时,最初由大卫·楚贝克领导的"法律与现代化项目"(Law and Modernization Project),带来了数十位对研究美国以外的法律制度感兴趣的学者。楚贝克(Int. 2013)关于他在耶鲁大学担任法学助理教授期间的这段摘录,说明了促进法律与社会运动兴起的多种动员结构,包括私人

① 美国社会学协会(American Sociological Association)前主席和RSF的研究主任。

和公共的软资金资助，以及跨学科的、非正式的网络，将当地和范围更广的知名或不知名的学者群体联系起来。随着法律与社会的动员结构与另一个新生的学术运动——法律和经济（law and economics）——的动员结构交叉，楚贝克也指出了围绕二者风向变化的一些迹象：

> 耶鲁大学曾设法让其他人对法律与社会方面进行大量投资，然后是法律与现代化。因此，有两个大项目，一个是由罗素·塞奇资助的，由斯坦顿·惠勒负责，另一个是法律与现代化，由美国国际开发署（US Agency for International Development in the State Department，USAID）资助，由我负责，两年后理查德·阿贝尔（Richard Abel）到任后，与威廉·费尔斯蒂纳（William Felstiner）一起负责管理……虽然这些项目是独立的，但它们重合在一起……我在1966年到任时，法律与社会协会几乎不存在。我们在1967年得到了法律与现代化的资金……我们四处寻找在其他国家学习法律的人，但是在美国没有很多。我们找到了两个人，劳拉·纳德和马克·格兰特。劳拉把一批人类学家带到耶鲁，我们完全沉浸在那个世界里。在塞奇资助的项目中，斯坦顿·惠勒有社会学家和政治学家……因此，形成了一个非正式的社会—法律学者的学院，这些学者正在开始他们的职业生涯。因为我们有这些资源，我们可以引进更多刚刚开始涉足法律与社会的资深人士……因此有了一批骨干学者……这是1967年至1975年的阶段，但是在那之后就结束了。（在耶鲁）只剩下一个人，那就是斯坦顿·惠勒……为

> 什么会发生这种情况?部分原因是像许多其他事情一样,软性资金枯竭了。部分原因是(耶鲁)法学院内部的动荡,这种动荡是由与法律与社会科学无关的力量、黑豹党和(越南)战争有关的政治产生的……明显地,他们(耶鲁大学法学院)做出了一个决定,不再继续(法律与社会)研究线。我知道原因吗?我不知道。唯一能说的是,这个(阶段)同时也是法律和经济的诞生。(21:41)

创始人在他们的叙述中指出的最后一个动员结构是,随着运动的发展壮大,创立了学位授予项目。如上所述,一些奖学金和培训项目以及有学生参与的研究中心在伯克利、丹佛、耶鲁、西北和威斯康星麦迪逊等大学蓬勃发展。一些本科生项目在20世纪70年代中期出现,例如在马萨诸塞大学安赫斯特分校,但当时授予学位的法律与社会研究生项目还并未存在。如果没有偶然的机会,也许这样的项目就不会出现。最明显的例子是1978年在伯克利与本科法律研究专业一起创立的JSP项目。JSP是从犯罪学学院的断壁残垣中诞生的,该学院于1976年被加州大学关闭,旨在遏止犯罪学学院越来越多的激进派学者。① 在时任伯克利法学院院长的桑福德·卡迪什的支持下,塞尔兹尼克领导了创建JSP的工作。卡迪什(Int. 2012)记得:

> 菲利普(塞尔兹尼克)已经……用他的视野来解决了(JSP的)一些细节问题……我们继承了犯罪学学院悲哀的遗骸,一个关闭的商店……(该学院的关闭)

① Johann Koehler, *Development and Fracture of a Discipline: Legacies of the School of Criminology at Berkeley*, Criminology, Vol:53, p. 513-544(2015).

在校园里造成了很多政治问题……来自学生和教师的左派愤怒……当犯罪是美国社会的主要问题之一时，怎么可以关闭一个犯罪学学院呢？……拥有“相当于全职”(full time equivalent, FTEs)的教职和工作的人……我们要用这些做什么？……JSP 是一个机会……(为了)所有的知识资源，但不是来自法律人，而是来自历史学家、经济学家、社会学家……我们加入了一个知识运动……(并)从其他学科获得知识营养……(为了)……这个世纪性的机会……它运转得非常好，并得到了蓬勃发展。(42:38)

(三)框架过程(framing processes)

学术运动不仅产生于政治机会和动员结构，也产生于促进招贤纳士和集体战略的创想，用社会运动的说法就是“框架过程”。①在这种动态中，地位高、有魅力的学者非常重要，他们创建对传统学术不满的框架，同时，也在树立其他的学术进路。②每一位法律与社会的创始人都会讲述这样一个故事，在他们研究生生涯之前、期间或之后，有碰到一位富有魅力的学者将他们招揽进入法律与社会的研究框架中。例如，哈里·沙贝尔(Int. 2013)就说明了魅力型学者和框架在他被招募到这个运动中所扮演的角色。他在 20 世纪 70 年代遇到了劳伦斯·弗里德曼、

---

① Doug McAdam, John D. McCarthy & Mayer N. Zald, *Introduction: Opportunities, mobilizing structures, and framing processes - toward a synthetic, comparative perspective on social movements*, in Doug McAdam, John D. McCarthy & Mayer N. Zald eds., Comparative Perspectives on Social Movements: Political Opportunities, Mobilizing Structures, Framing Processes, Cambridge University Press, 1996, p. 5.

② Scott Frickel & Neil Gross, *A General Theory of Scientific/Intellectual Movements*, American Sociological Review, Vol:70, p. 209-213(2005).

斯坦顿·惠勒和斯图尔特·麦考利:“他们向我解释,我是一个法律与社会学者。斯坦顿·惠勒是一位不可思议的学术创业者,他们(弗里德曼、麦考利和惠勒)认为我可以为这个运动贡献一些东西。”(11:57)

在人与人之间的互动之外,还出现了各种学者,他们创造并将这一运动发展为一项集体事业。塞尔兹尼克在伯克利发挥了这一作用,正如弗里德曼(Int. 2010)所观察到的,法律史学家 J. 威拉德·赫斯特在威斯康星也发挥了这一作用:

> 那些有幸认识威拉德·赫斯特的人知道他是一个多么伟大的人物。他影响了整整一代法律史学家,但更重要的……也许是……一整代像斯图尔特·麦考利这样的人,他们对法律与社会之间的联系感兴趣,但还不知道该怎么称呼它。威斯康星的整个氛围……对这种工作的开展很有帮助。不仅有历史学、社会学、政治学方面的学者……这是一个非常……高产的土壤……鼓励人们做这样的研究。赫斯特基本上创立了法律史,这是说他把法律史从只关注理论和宏大的案例转向了对行动中的法的研究。(他写的一本)书……虽然并不是他最有名的书……是关于威斯康星州的木材行业以及法律与木材行业交织的各个方面。对你来说,这可能听起来不像是火箭科学般高深,但在当时的背景下,写威斯康星而不是东海岸、国家舞台或伟大思想家的伟大思想……这是革命性的。他主持编写了一整套关于威斯康星州法律及其与社会之间关系的专著……赫斯特在(威斯康星州)和领域内都深受尊重,人们都很敬畏他。(3:27)

正如弗里德曼所强调的,赫斯特所开创的框架超越了法律史,而更广泛地扩展到了法律与社会,超越了他与学者个人的交流和指导,扩展到了他所写的书和系列专著中。

弗里德曼对赫斯特在威斯康星的活动的描述也指出了在法律与社会的框架中如何传达以各种情感为基础的团结,特别是兴奋。劳拉·纳德(Int. 2011)描述了法律与社会在运动早期传达出的感受:

> 我记得在20世纪60年代初,我和一群人去了丹佛法学院,他们都是创立法律与社会的人。我们是孤独的。无论我们在哪里我们都是孤独的。比如(某一个人)是唯一在斯坦福大学或其他地方做这样那样事情的人。我就是唯一一个对法律感兴趣的人类学家。社会学、政治学,每个人都觉得没有一个可以把群星凝聚起来的东西。我们还有这样一个理念,即应该知道比一个学科更多的东西。法律人应该知道比他们在三年的教育中得到的更多的知识……法律与社会协会创立了,它的意图和意义是:……跨越边界,分享和创造一个有趣的知识共同体。(27:03)

因此,法律与社会的框架给了学者集体身份和参与更宏大事业的感觉,这是一个跨学科运动,正在显著地“跨越边界”。

正如前面的例子所表明的,随着时间的推移,构架过程可以引导运动领袖和追随者认识到他们活动的意义和可能性。正如纳德在上文所说,“跨越边界”的想法也使早期的法律与社会运动领导人面临着职业风险(他们的追随者不知是否摆脱了职业风险)。楚贝克(Int. 2013)对20世纪70年代初耶鲁大学法学

院的法律与社会时代的终结提供了额外的见解:

> 很明显,我们生活在一个泡泡中,一个由我们建立的法律与社会的泡泡。我们不明白我们在多大程度上脱离了(耶鲁)法学院的管理者,他们最初雇用我们时,并没有把我们当成法律与社会学者;在我们被雇用时,几乎没有真正意义上的法律与社会的自我认同和自我标榜……但我们不知道我们已经超越了(传统法律学术)的范畴……对法律、法律与不平等、法律与变革采取了更多的外部主义的进路……我在1973年去了威斯康星。这是少数几个理解法律与社会的地方之一……我收到一份来自威拉德·赫斯特的信……关于我所写的有关马克斯·韦伯的法律社会学的文章……这篇文章在耶鲁并不被重视和喜欢……赫斯特认为我做了一些创造性的工作……所以这才是一个理解法律与社会是什么、意味着什么的地方。(31:33)

楚贝克的评论强调了当时学术框架的境况:在一种情况下,是被压制的目标,而另一种情况,却是具有价值的标志。这些评论以及楚贝克之前的评论都强调了法律与社会运动的轨迹,该运动在退出了耶鲁大学的同时,在伯克利和威斯康星两所公立大学得到了有力的支持——在这两所大学里分别围绕着当时的两位学术地位很高的学者塞尔兹尼克和赫斯特进行组织。在这些地方,法律与社会运动的动员结构和框架获得了持续的制度性保证,其形式包括大量的学者、研究中心,以及以伯克利为例的一个博士生项目——JSP。

[五] 法律与社会作为一个领域

很难指出法律与社会运动具有了公认的学术领域特征的确切时期。许多学者将这一转变追溯到20世纪80年代,因为法律与社会成了公认的学术领域,拥有共同的分析性问题、进路和标志性作品;①组织架构(例如,LSA和拥有法律与社会研究、培训和学位授予项目的大学);交流研究成果的多种机制,例如,*LSR*及1988年《法律与社会研究》(*Law & Social Inquiry*)从《美国律师基金会研究杂志》(*American Bar Foundation Research Journal*)改名;以及主流学术出版社的多种专著系列。在创始人的口述史中,法律与社会的三个特点非常突出:对行动中的法的实质性关注,对方法论多元化的承诺,以及有争议的部分刺激了新的学术运动的内部区分和边界。该领域还保持了明确的跨学科性,借鉴了各种理论和方法论的进路。

早期的社会法律学者认为,法律与社会运动的核心贡献是对传统法律学术的批判,而传统法律学术的重点是弗里德曼早前所说的"理论与宏大的案例"(doctrine and great cases)。这种批判通过对行动中的法的坚韧而持久的研究,成为该领域的一种纠正,从而引导了法律、不平等和变革这一问题。弗里德曼(Int. 2010)是这样说的:"法律与社会领域提出的两个基本问题是,法律从哪里来,它有什么影响? ……(为了回答这些问题)你必须找出法律体系是如何运作的。"(16:00)莎莉·福尔克·

① Richard L. Abel, *Law and Society*: *Project and Practice*, Annual Review of Law and Social Science, Vol:6, p. 1-23(2010); Felice J. Levine, *Goose Bumps and "The Search for Signs of Intelligent Life" in Sociolegal Studies*: *After Twenty-Five Years*, Law & Society Review, Vol:24, p. 7-34(1990); Carroll Seron & Susan S. Silbey, *Profession, Science, and Culture*: *An Emergent Canon of Law and Society Research*, in Austin Sarat ed., Blackwell Companion to Law and Society, Blackwell, 2004, p. 30-60.

穆尔(Int. 2012)深刻地补充说,要想成为一名法律与社会学者,就需要把法律作为"持续发展的事物来研究,而不仅仅是文本"。(43:46)随着法律与社会的形成,重点转向了书本上的法(law-on-the-books)和行动中的法之间的"差距"(gap),正如斯图尔特·麦考利(Int. 2010)在谈到他对商业中的非合同关系的经典研究时指出的:"现在你已经有了这些(汽车经销商)法规,这些法规对汽车行业有什么实际的影响? 这些法律是否影响到田野中的人(在汽车经销商处工作的人)?"(26:00)凯蒂·卡拉维塔(Int. 2017)提出,经验研究不仅揭示了法律与社会之间的差距,而且揭示了更大的复杂性,加深了对两者的理解:"当你做经验研究(empirical research)时,你会发现事情要复杂得多。"(18:22)

除了研究行动中的法之外,该领域还接受了以跨学科为基础的多元化方法论的承诺。① 塞尔兹尼克②指出,对"以问题为中心的研究"(problem-centered inquiry)的承诺可以打破既定学科的正统观念,同时通过"去问题所指向的地方,而不是学科所规定的地方"来推进新知识。③ 西尔贝(Int. 2017)指出,法律与社会的跨学科性不是自由漂浮的,而是锚定在特定的调查对象上,这有助于维持该领域:

① Howard S. Erlanger, *Organizations, Institutions, and the Story of Shmuel: Reflections on the 40th Anniversary of the Law and Society Association*, Law & Society Review, Vol: 39, p. 1 – 10 (2005); Austin Sarat et al., *The Concept of Boundaries in the Practices and Products of Sociolegal Scholarship: An Introduction*, in Austin Sarat et al. eds., Crossing Boundaries: Traditions and Transformations in Law and Society Research, Northwest University Press, 1998, p. 1–17.

② Philip Selznick, *Jurisprudence and Social Policy: Aspirations and Perspectives*, California Law Review, Vol: 68, p. 214(1980).

③ Martin Krygier, *Philip Selznick: Ideals in the World*, Stanford University Press, 2012, p. 228.

> 法律与社会是最成功的跨学科领域之一,因为有共同的(分析性)问题,各学科可以围绕这些问题展开。因此,你可以让心理学家、政治学家和社会学家研究同一件事,例如,诉讼、法院或合法性,这些东西具有凝聚力。(1:01:18)

许多创始人表达了一种领域层面的承诺,即使用系统的、多种社会科学方法和认识论来研究法律,包括民族志田野调查、历史分析、实验和(或)调查分析。① 在方法的讨论中经常性地出现关于跨越时间与空间比较的重要性。纳德(Int. 2011)指出,法律与社会作为一个领域的其中一个特点是愿意……"以许多不同的方式,而不仅仅是一种方式来检验……(假设)"。(15:15)弗里德曼(Int. 2010)建议,历史和比较分析可以促进社会法律研究的方法论"严谨性":"如果你要有一个力求严谨性的研究领域,那么你需要对照组。就现当代法律而言,历史是一个绝佳的对照组。而国际比较也是如此。你可以通过多种方式检验你的假设"。(14:00)

每位创始人还提到了法律与社会运动集体跨越或转变法律学术和教育边界的方式。② 当法律与社会成为一个成熟的领域时,创始人颇堪玩味地指出,这个领域创造了它自己有争议的边

---

① Simon Halliday & Patrick Schmidt, *Conducting Law and Society Research: Reflections on Methods and Practices*, Cambridge University Press, 2009; Austin Sarat et al., *The Concept of Boundaries in the Practices and Products of Sociolegal Scholarship: An Introduction*, in Austin Sarat et al. eds., Crossing Boundaries: Traditions and Transformations in Law and Society Research, Northwest University Press, 1998, p. 1–17.

② Austin Sarat et al., *The Concept of Boundaries in the Practices and Products of Sociolegal Scholarship: An Introduction*, in Austin Sarat et al. eds., Crossing Boundaries: Traditions and Transformations in Law and Society Research, Northwest University Press, 1998, p. 1–17.

界。例如,纳德(Int. 2011)评论说,法律与社会学者“摆脱了他们学科的边界,却只是创造了另一个法律与社会的边界”。(29:30)卡拉维塔(Int. 2017)①观察到该领域内的学术分工,“有点分化为理论化的学者和做严格的经验研究而没有理论化的学者……如果没有与理论相结合的基础经验研究,你就无法推进理论”。(1:08:05)路易丝·楚贝克(Int. 2013)②指出了另一个边界,她试图“将法律诊所和法律与社会结合起来,但没有成功”。(58:03)纳德(Int. 2011)赞同楚贝克的意见,并补充说,公益律师“从未被邀请或者说他们没有邀请自己;他们没有和法律与社会发生交集”。(31:04)

最后这些评论涉及法律与社会领域的描述性和解释性、政策性和批判性研究之间的另一套界限。一些创始人,如杰罗姆·斯科尔尼克(Int. 2012),将他们的研究视为描述性和解释性的,对社会批评避而远之。“我试着不做一个批评家。我的工作是展示警察的真实面貌。”(30:17)西尔贝(Int. 2017)将这些界限与她和萨拉特的文章《政策受众的拉动》③联系起来,这篇文章将试图了解社会问题如何产生的研究与直接促进政策的研究区分开来:“我们想说的是,法律与社会研究总是……与权力和政治有关,但这与如果要参与当下的政策辩论……所涉及的问题从根本上不同。”(33:38)威廉·K.(桑迪)·缪尔(Int. 2013)部分同意西尔贝的观点认为法律与社会研究通常“涉及权力……(和)……价值观的基本冲突”。(20:57)萨利·安格

① Liu in Joachim J. Savelsberg et al., *Discussion Law & Society Review at Fifty:A Debate on the Future of Publishing by the Law & Society Association*, Law & Society Review, Vol:50, p. 1022-1024(2016).

② Ruth Buchanan & Louise G. Trubek, *Resistances and Possibilities: A Critical and Practical Look at Public Interest Lawyering*, New York University Review of Law and Social Change, Vol:19, p. 687-720(1991-1992).

③ Austin Sarat & Susan S. Silbey, *The Pull of the Policy Audience*, Law Policy, Vol:10, p. 97-166(1988).

尔·梅丽(Int. 2015)采取了更为批判性的方法，认为她的研究有助于“审视和批评那些让一些人有话语权而让其他人处于弱势的权力结构”。(59:40)

随着法律与社会变得更加成熟，在20世纪80年代和90年代，在该领域内部和边界上出现了新的学术运动，这些运动为内部和外部的政治机会所塑造。例如，法律与经济学者在1990年成立了美国法律与经济协会(American Law and Economics Association)，并离开了法律与社会领域，追求一个基本独立的研究轨迹。相比之下，心理学家们在1968年成立了美国心理学—法律协会(American Psychology-Law Society)，该协会在1983年成为美国心理学协会(American Psychological Association)的正式分支。此后，一小部分法律心理学家继续积极参与法律与社会协会，包括菲利斯·莱文(Felice Levine)，她在20世纪80年代初指导了国家科学基金会的法律与社会科学项目，并于1987年当选为LSA主席，以及莎丽·塞德曼·戴蒙德(Shari Seidman Diamond)，她于1989年成为LSR主编。莱文和戴蒙德分别是第一位担任法律与社会协会主席和LSR主编的女性。①

---

① 早期深入参与法律与社会的其他心理学家：瓦莱丽·汉斯(Valerie Hans)，现任康奈尔大学查尔斯·F. 雷奇林(Charles F. Rechlin)法学教授；Valerie P. Hans & Neil Vidmar, *Judging the Jury*, Plenum Publishing Corporation, 2001(1986)。琼·塔普(June Tapp)，芝加哥大学的法学教授和美国律师基金会的研究教授；June L. Tapp & Lawrence Kohlberg, *Developing Senses of Law and Legal Justice*, Journal of Social Issues, Vol:27, p. 65-91(1971); June L. Tapp & Felice J. Levine, *Law, Justice, and the Individual in Society: Psychological and Legal Issues*, Holt, Rinehart and Winston, 1977。汤姆·泰勒(Tom Tyler)，现任耶鲁大学马克林·弗莱明(Macklin Fleming)法学和心理学教授；Tom R. Tyler, *Why People Obey the Law*, Princeton University Press, 2006(1990)，以及尼尔·维德马尔。除了莱文和戴蒙德，多位心理学家在20世纪80年代担任了LSA的领导职务，如汉斯，她担任了多个LSA委员会的主席(并在2015年当选为LSA主席)；泰勒，他在多个LSA会议-项目计划委员会任职；维德马尔，他担任了LSA的财务主管。

在 20 世纪 80 年代,美国政府从民权时代的自由法律改革转向注重通过市场创造财富,同时大幅加强对有色人种的人身控制。① 当法学教授意识到民权时代的改革“已经停滞不前,而且在许多方面正在倒退”,②一些人开始明白,传统的法律学术对这种倒退没有提供什么解释,并与法律学生和活动家一起建立了多种批判性学术运动,包括批判法学(critical legal studies, CLS)、女性主义法学以及后来的批判种族理论。这些运动在法律与社会中获得了并不均衡的牵引力,批判法学和女权主义法学比批判种族理论有更多的早期影响。③ 大卫·楚贝克(Int. 2013)参与了批判法学在法律与社会方面的早期努力,他指出,该领域对批判性进路“有政治上的同情心”,“但并不想自觉地跃升为大学里的政治活动家”。(38:42)

在同一时期,法律与社会学者越来越多地转向,正如西尔贝(Int. 2017)所说,转向“意义……事物被称为什么,如何被称为……成为研究行动中的法的一部分”。(22:00)这种转向符合更广泛的社会科学趋势,并从分析上改造了“法律—文化—社会—联系”(law-culture-society-nexus)。④ 受访的三位创始人——梅丽、西尔贝和萨拉特通过参加安赫斯特研讨会(Amherst Seminar)⑤,在法律与社会的这场运动中发挥了关键

---

① Richard L. Abel, *Law and Society: Project and Practice*, Annual Review of Law and Social Science, Vol:6, p. 16-19(2010).

② Richard Delgado, Jean Stefancic, *Critical Race Theory: An Introduction*, New York University Press, 2001, p. 4.

③ Laura E. Gómez, *A Tale of Two Genres: On the Real and Ideal Links between Law and Society and Critical Race Theory*, in Austin Sarat ed., The Blackwell Companion to Law and Society, Blackwell, 2004, p. 155.

④ Lynette J. Chua and David M. Engel, *Legal Consciousness Reconsidered*, Annual Review of Law and Social Science, Vol:15, p. 336(2019).

⑤ Amherst Seminar, *From the Special Issue Editors*, Law & Society Review, Vol:22, p. 629-636(1988).

作用。梅丽(Int. 2015)回忆了该小组如何将法律、文化和权力的研究联系起来，从马克思主义(Marxism)和批判法学中汲取营养：

奥斯汀·萨拉特和约翰·布列汉(John Brigham)……他们决定创建一个……纠纷解决的研讨小组。纠纷解决是每个人都在研究的问题……安赫斯特研讨会(从1980年开始开会，一直持续了15年)出现了有趣的进展……我们开始从纠纷解决转向马克思主义。这是批判法学的发展时期……因此，这个小组真正地转向了这样的工作，法律意识来自这些对于霸权、权力、什么维持着权力关系的关注。(21:37)

然而，安赫斯特研讨会仍在该领域的边界内，这迫使萨拉特(Int. 2017)领导另一场进一步向人文学科推进的学术运动：

法律与社会运动的精神是包容的精神……我担心其中一些(包容)已经消散……(因为)……法律与社会已经成功……我记得当时的想法是，我们可以在法律与社会中对法律现象进行具有人文主义关怀的(humanistically-inflected)文化分析提供一个位置……(这个领域)似乎并不像我所希望的那样——是研究法律与社会而非法律与社会科学。这就是法律、文化与人文的诞生……我们必须开始新的东西，以便为它找到一个学术家园……(和)……与跨学科法律研究结盟，我对这个理念是一个真正的信仰者和倡导者。(47:50,1:12:00)

更广泛的政治机会和该领域内部有争议的分化,不仅帮助促成了“人文主义关怀的”学术运动,正如萨拉特所说,也推动了认识论分歧另一端的法律和经济从法律与社会中进一步分离。法律和经济与20世纪80年代更广泛的政治转变产生了共鸣,转向基于市场的分析和社会问题的解决方案,并随着法律和经济在法学院中的优势地位而与法律与社会渐行渐远。① 弗里德曼(Int. 2010)对这一事件的转变表示惋惜。“在一个理想的世界里,法律与社会和法律与经济之间不会有真正的……冲突或分歧。经济学将是被包含在法律与社会中的社会科学之一……我希望这可能将会发生。”(24:54)

[六]结论

很少有学术运动能成功地改变既定学术领域的游戏规则,更少有学术运动能发展成为领域本身。② 以大多数的标准衡量,法律与社会运动“已经成功了”,正如萨拉特所称。例如,大卫·楚贝克(Int. 2013)指出,“法学院不再是教条式的……(已经)……发生了巨大的变化……以法律与社会希望法学院改变的方式”。(1:07:07)费利(Int. 2015)对这些感受表示了赞同:“在法学院里,每个人都在成为一个法律与社会人。”(1:18:00)理查德·德尔加多(Int. 2019)看到了法律的多个领域,无论是实践还是学术,包括“侵权法、合同法、刑法、家庭法等等,都因为(法律)现实主义、法律与社会以及批判法学所开辟的新视野

---

① Richard L. Abel, *Law and Society: Project and Practice*, Annual Review of Law and Social Science, Vol: 6, p. 16-19(2010); Lawrence M. Friedman, *The Law and Society Movement*, Stanford Law Review, Vol: 38, p. 763-780(1986).

② Scott Frickel & Neil Gross, *A General Theory of Scientific/Intellectual Movements*, American Sociological Review, Vol: 70, p. 204-232(2005).

而发生了变化”。(46:30)

尽管如此,一些创始人还是发出了谨慎的声音,比如弗里德曼(Int. 2010),他认为法学院对法律与社会的接受程度已经“有了一点提高”,但总体而言,“伯克利有 JSP 项目,还有威斯康星、丹佛、西北等法学院,这些学校都接受了……但如果你看一下(美国)大多数精英(法律)学院,他们不做法律与社会的研究。我认为这正在改变”。(7:58)萨拉特(Int. 2017)在本科教育方面指出:“在耶鲁大学、哈佛大学或哥伦比亚大学没有明确的法律与社会项目。”但他补充说,“许多公立大学在法律与社会方面所做的伟大工作是……可及性的典范”。(52:53)其他创始人,如纳德(Int. 2011),观察到法律与社会在人类学中不是“中心”,尽管该领域的地位“因学科而异——在社会学和政治学中稍高”。(32:12)事实上,塞隆和西尔贝①得出结论,法律与社会“从未确保与学科领域相同的自主性和地位,特别是在社会科学领域”。

正如这些评论所反映的,法律与社会已经成为一个领域,但不是一个学科。尽管在过去的几十年里,法律与社会本科生项目和研究生项目的数量有所增长,但法律与社会项目在学术界却并不常见。此外,法律与社会在大多数情况下都明确地纳入并建立在现有学科的理论和方法论原则之上。该领域确实包含了一些独特的信条,比如法律是一种社会和文化制度的想法,这

① Carroll Seron & Susan S. Silbey, *Profession, Science, and Culture: An Emergent Canon of Law and Society Research*, in Austin Sarat ed., Blackwell Companion to Law and Society, Blackwell, 2004, p. 34.

往往会在书本上的法和行动中的法之间产生差距。① 但在大多数情况下,法律与社会将自己表现为跨学科而不是一个学科。弗里德曼指出②:

> 这个领域汇集了一些社会科学家,他们以自己的方式,用自己的技能和方法,关注着法律制度,它是如何运作的,以及它做了什么。他们是人类学家、心理学家、政治学家和社会学家,还有零星的历史学家和经济学家,以及糅杂着其他不同领域的学者。简而言之,法律与社会不是一门学科,而是其他学科在特定社会系统中的应用。

弗里德曼的观察与塞尔兹尼克③将法律与社会描述为以问题为中心产生了共鸣,正如西尔贝(Int. 2017)所观察到的,这使得学科能够锚定该领域的特定焦点。以问题为中心的研究也可以打破既定学科的正统观念④,建立超越学科的框架⑤。用纳

---

① Stewart Macaulay, *Non-Contractual Relations in Business: A Preliminary Study*, American Sociological Review, Vol: 28, p. 55-67 (1963); Calvin Morrill & Lauren B. Edelman, *Sociology of Law and New Legal Realism*, in Shauhin Talesh, Elizabeth Mertz & Heinz Klug eds., Research Handbook on Modern Legal Realism, Edward Elgar Publishing, 2020; Calvin Morrill & Kelsey Mayo, *Charting the "Classics" in Law and Society: The Development of the Field over the Past Half-Century*, in Austin Sarat & Patricia Ewick eds., The Handbook of Law and Society, Wiley, 2015, p. 18-36; Susan S. Silbey, *After Legal Consciousness*, Annual Review of Law and Social Science, Vol: 1, p. 323-368 (2005).

② Lawrence M. Friedman, *Coming of Age: Law and Society Enters an Exclusive Club*, Annual Review of Law and Social Science, Vol: 1, p. 2 (2005).

③ Philip Selznick, *Jurisprudence and Social Policy: Aspirations and Perspectives*, California Law Review, Vol: 68, p. 214 (1980).

④ Martin Krygier, *Philip Selznick: Ideals in the World*, Stanford University Press, 2012, p. 228.

⑤ Lawrence M. Friedman, *Coming of Age: Law and Society Enters an Exclusive Club*, Annual Review of Law and Social Science, Vol: 1, p. 16 (2005).

德(Int. 2011)的话说,法律与社会是“超学科的”。虽然它可能不是一门完善的学科,但许多创始人将法律与社会认定为一个蓬勃发展的领域。梅丽(Int. 2015)是这样说的:

> 该领域的发展让我印象深刻……这个领域确实已经扩大了。我真的很高兴,法律与社会保持了其进步的政治理念,随着国家越来越保守,这似乎越来越难。我担心的是,在最初的几年里,这个领域非常关注美国,我努力尝试让它更加关注国际……我印象深刻的是国际视角在参与和处理的主题种类方面都有所发展。我担心我们会离权力问题太远,离权力运作的各种方式太远。我同样认为重要的是,我们要继续研究那些受权力影响最大的人,那些无权无势的人……关于不平等的问题……我们这个时代有如此多的核心问题。我们一直在努力将非常重要的种族问题保持在这个领域的前沿,还有性别问题和阶级不平等。因此,这些似乎是我们要去的方向,我希望这个领域继续致力于解决这些问题。(57:03)

该领域的扩展是以新型的学术运动、组织和交流方式的形式出现的,包括数十种学术期刊和多个博客。法律与社会协会的年会已经发展到 2500 多名在学术、性别、种族、民族、国家和其他社会身份方面日益多样化的参与者。与纳德之前的评论一致,美国社会学协会、美国政治学协会(American Political Science Association)和美国心理学协会都有与法律与社会重合的蓬勃发展的分会——分别与法律社会学、法律与法院和美国心理学—法律协会相对应。一些主要隶属于其他学术组织的学者,如美国法律史学会、政治与法律人类学协会,也继续参与法律与社会领域的工作。法律与社会协会的内部正式分化为合作研究网络,有助于集中学术研究,并有望产生新的学术运动。在几十个国家的大学里,新老法律与社会研究中心比比皆是。根据萨拉特的评论,本科生法学和司法项目联盟在美国和加拿大的大学(主要是公立大学)中拥有100多个成员项目,每年的会议和法律与社会协会会议同时举行。就法律和社会(或与之近似的)博士项目而言,虽然不像本科生项目那样多,但许多大学也开设了博士学位项目和跨越社会科学和人文科学的法律博士/法学博士项目。无数的大学和学院提供课程、工作坊和其他致力于法律与社会的学术场所。

CSLS法律与社会的对话档案中的口述史揭示了一个尚未实现学科制度化的新领域的抱负和成长的阵痛。他们的故事关于共识和冲突、包容和排斥以及催化新的学术领域,这些故事展示了法律与社会领域如何在既有的学科和法律之内、之间和之上占据一席之地。但更重要的是,这些口述史展示了法律与社会运动如何从其独特的视角出发,对法律与社会之间的关系提供了一种新颖的理解,并继续影响着这些学科,甚至,更根本地,影响着法学院的法律研究。

[七] 披露声明

作者不知道有任何可能被视为影响本评论客观性的隶属关系、会员资格、资金或财务状况。

编辑手记

2021年,侯猛老师、尤陈俊老师、王启梁老师与我共同商议出版一辑“法律人类学在中国”专号。由于稿源充足,我们决定分成两辑出版。本辑是“法律人类学在中国”学说专号,下一辑是“法律人类学在中国”田野专号。

“法律人类学在中国”,可以有多种理解方式。比如,可以理解为“法律人类学的传统”在中国的传播与影响。所以,我们首先以书面问答的方式采访了劳拉·纳德、弗朗西斯·施耐德、诺伯特·鲁兰、马克·古德尔、尹孟修、石田慎一郎、饭田高7位来自美国、英国、法国、日本的外国学者,其中不乏世界级的学术大师。他们的回答呈现出当今世界法律人类学丰富而多元的研究进路,其中有不少可以成为我们中国学者为之着力的方向。

“法律人类学在中国”更可以理解为中国人所从事的法律人类学研究,所以我们以同样的方式书面采访了周勇、朱晓阳、高其才、赵旭东、张佩国等资深学者,邀请他们各自讲述了其从事法律人类学研究的经历以及对于促进法学与人类学沟通融合的看法。虽然他们关注的主题、使用的方法、所处的学术环境并不相同,但是把他们的回答交织在一起,大致能够呈现出过去30年来中国法律人类学的发展图景。

值得一提的是,由张晓辉、王启梁、张剑源、段庆华3代学人共同构建的法律人类学“云大学派”,在田野研究、理论方法、学术传承等多方面为中国法律人类学的发展做出了重要贡献,所以本辑单列了一个特别单元,名为“传承:法律人类学在云南大学”。

在学术论文部分,黄骏庚的文章尝试通过梳理运用司法档案的既有研究,探讨在中国法律史研究中践行民族志方法的重要性与可行性。郭婧的文章结合她所从事的防火研究,讨论了何谓“地方”,她认为,只有认识论的反思才能有效地推动中国法律人类学的本土化。刘顺峰的文章回顾了法律人类学视野下的习惯研究,区分习惯与法律是这门学科在 20 世纪上半叶的主要研究议题。戴溪瀛的文章评述了梅丽于 20 世纪与 21 世纪之交开展的夏威夷殖民研究为法律人类学理论与方法做出的卓越贡献。李浩源的文章以万安黎的研究为例讨论了法律人类学如何研究现代社会及其可使用的理论资源。王静宜的文章通过阐述劳拉 · 纳德的公共议题、与公众的联结以及人类学家的公共形象三个方面,展现出公共人类学家的践行。值得一提的是,纳德、梅丽以及万安黎这 3 位女性法律人类学家也是学界基本公认的过去 50 年来英美法律人类学世界的三代领军人物。

此外,王伟臣的文章通过格拉克曼与格尔茨在耶鲁大学的两场讲座讨论了法学与人类学的关系,并强调只有坚持学科的自主性与独特性才能有效地推动学科对话。由卡尔文 · 莫里尔等人所采访并整理的“法律与社会运动口述史”则提醒我们,不能狭隘地理解法律人类学,而应该将其放到整个法律与社会运动中加以考察。

王伟臣
2022 年 11 月 22 日